ALPHA – OMEGA

Reihe A

LEXIKA · INDIZES · KONKORDANZEN
ZUR KLASSISCHEN PHILOLOGIE

XXV

Ivars Avotins
Miriam Milner Avotins

An Index to the Lives
of the Sophists of Philostratus

1978

Georg Olms Verlag
Hildesheim · New York

ALPHA OMEGA

Ivars Avotins
Miriam Milner Avotins

An Index to the Lives
of the Sophists of Philostratus

1978

Georg Olms Verlag
Hildesheim · New York

© Georg Olms, Hildesheim, 1978
Alle Rechte vorbehalten
Printed in Germany
Herstellung: fotokop wilhelm weihert KG, Darmstadt
ISBN 3 487 06540 1

PREFACE

This index is based on the text of the 1871 Teubner
edition of C. L. Kayser. It also includes those readings
of the Loeb edition of W. C. Wright and of A. Westermann's
Firmin Didot edition of 1849 which differ from Kayser's
version. We have omitted the words δέ, καί, and ὁ, ἡ, τό
except where their occurrence is due to emendation or where
the texts of the three editors differ. Because of the ab-
sence in any edition of a reliable apparatus criticus, man-
uscript readings not found in the text of any of the three
editions have not been recorded. We have attempted to trace
all the emendations admitted into the text of any of the
three editions to their earliest appearance. The many
misattributions, noticeable especially in the Loeb edition,
have been tacitly corrected.

We wish to thank the Department of Classical Studies
at the University of Western Ontario for support at various
stages of the preparation of this index.

Ivars Avotins

Miriam Milner Avotins

ABBREVIATIONS OF EDITIONS, EDITORS, AND EMENDATORS

Βαλ   H. Valesius (Valois, Henri de), <u>Emendationum libri</u>
       <u>quinque et de critica libri duo</u> (Amsterdam, 1740).

Βαλκ   L. C. Valckenaer in K. Schenkl, "Valckenarii anim-
       adversiones in Philostratos," <u>WS</u> 14 (1892) 267-277.

Βαλκ[1] L. C. Valckenaer, <u>Diatribe in Euripidis perditorum</u>
       <u>dramatum reliquias</u> (Leipzig, 1824).

Βε   Richard Bentley

Βουλγ The Vulgate. This term is used by Kayser to refer
       to editions preceding that of Morellius (F. Morell)
       in 1608.

Γρ   J. Gruterus (J. Gruytère)

'Ε   Th. Heyse

'Ια   Albert Jahn, <u>Symbolas ad emendandum et illustran-</u>
       <u>dum Philostrati librum de Vitis Sophistarum in</u>
       <u>medium attulit Albertus Jahnius</u> (Bern, 1837).

'Ιακ   Friedrich Jacobs

'Ιακ[1] Friedrich Jacobs (ed.), <u>Achillis Tatii Alexandrini</u>
       <u>de Leucippes et Clitophontis Amoribus</u> (Leipzig,
       1821).

’Ιακ²   Friedrich Jacobs (ed.), <u>Philostratorum Imagines et Callistrati Statuae</u> (Leipzig, 1825).

Κ¹   C. L. Kayser, <u>Notas criticas in Philostrati Vitas Sophistarum scripsit Carolus Ludovicus Kayser</u> (Heidelberg, 1831).

Κ²   C. L. Kayser (ed.), <u>Vitae Sophistarum</u> (Heidelberg, 1838).

Κ³   C. L. Kayser (ed.), <u>Flavii Philostrati quae supersunt</u> (Zurich, 1844).

Κ⁴   C. L. Kayser (ed.), <u>Flavii Philostrati Opera</u>, II (Leipzig, 1871).

Κα   Isaac Casaubon

Κε   C. Keil

Κοβ   C. G. Cobet, "Ad Philostrati Vitas Sophistarum et Heroica," <u>Mnemosyne</u> N. S. I (1873) 207-233.

Λο   W. C. Wright (ed.), <u>Philostratus and Eunapius. The Lives of the Sophists</u>. The Loeb series. (Cambridge and London, 1921).

Μα   J. N. Madvig, <u>Adversaria critica ad scriptores graecos</u> (Copenhagen, 1871).

Με   J. Meursius (Johann van Meurs), <u>Atticarum lectionum libri VI</u> (Leiden, 1617). (Page numbers from <u>Ioan</u>-

nis Meursi operum v. II ex recensione I. Lami
(Florence, 1743)).

Mo F. Morellius (F. Morell), <u>Philostrati Lemnii opera</u>
<u>quae extant</u> (Paris, 1608).

'Ολ G. Olearius (Celschläger), <u>Philostratorum quae</u>
<u>supersunt omnia</u> (Leipzig, 1709).

Οὐεσσελ **P.** Wesseling, <u>Observationum variarum libri duo</u>
(Amsterdam, 1727).

Οὐεστ **A.** Westermann (ed.), <u>Philostratorum et Callistrati</u>
<u>opera</u> (Paris, 1849).

'Ρε J. J. Reiske in K. Schenkl, "Ioannis Iacobi Reiskii
animadversiones in Philostratos," <u>WS</u> 15 (1893)
116-127 and 200-208.

'Ρι H. Richards, "Notes on the Philostrati," <u>CQ</u> 3
(1909) 104 - 109.

Σ C. Salmasius (Claude de Saumaise)

Σε K. Schenkl. See under Βαλκ and 'Ρε.

Σπ L. Spengel

GREEK TERMS AND ABBREVIATIONS

For technical reasons explanatory words and grammatical terms have been given in Greek. They are:

αἰτιατική	accusative
ἀπαρέμφατος	infinitive
ἄπεστι	is absent; e.g., a word in a given passage or edition
βλ. (βλέπε)	see
γενική	genitive
δοτική	dative
ἐπίρρημα	adverb
ἐπιφώνημα	interjection
ἤ	or
καί	and
μετά	after
μεταξύ	between
παρά	in; in the sense of a reading in a particular text
πρό	before
προστίθ. (προστίθησι), προστιθ. (προστιθέασι)	add(s); of additions in the text of one or more editors
προσφώνησις	dedication
σ. (σελίς)	page
σύνδεσμος	conjunction
χειρόγρ. (χειρόγραφον, χειρόγραφα)	manuscript(s)

The symbol † stands for "plus": e.g., ἐπί † γενική means

ἐπί plus the genitive case.

ARRANGEMENT OF THE ENTRIES

In nouns, adjectives, pronouns, numerals, and parti-
ciples the order of entries is by gender: masculine, fem-
inine, neuter. Within each gender the singular precedes the
plural. The order of cases is nominative, genitive, dative,
accusative, vocative. All forms in a given entry with iden-
tical spelling, even if of a different gender, number, or
case, have been grouped together. They will be found under
that gender, number, or case of this word which occurs first
in the order of entries. For instance, if in the adjective
καλός the genitive plural καλῶν occurs in all three gen-
ders, it will be listed under the masculine forms. If only
the feminine and neuter forms occur, they will be found
under the feminine forms. Likewise, if in the adjective
ἀληθής the form ἀληθῆ is found as a masculine and a fem-
inine accusative singular and as a nominative and an accusa-
tive neuter plural, all these occurrences will be found
under the masculine accusative singular.

Verbs are grouped according to voice: active, middle,
passive. The tenses within each voice are in this order:
present, imperfect, future, aorist, perfect, pluperfect.
Each tense is subdivided as follows: indicative, subjunc-
tive, optative, imperative, infinitive, participle. Verbs
with identical spelling but differing in voice, tense, mood,

or person have been kept separate.

The first two numbers after each entry (e.g., 65,17) refer to a page and line in Kayser's 1871 edition (K^4). The third number (e.g., 557) refers to the pagination of Olearius ('Ολ). If in a given entry the readings of all three editors (Kayser, Wright, Westermann) agree and the entry is not an emendation, only the page numbers are given. If an editor has a reading which differs from that in Kayser's 1871 edition but is found in the ms(s)., this reading is given. E.g., this is one such entry: δήμῳ 61,15,553 K^4, Λο; Δηλίῳ Οὐεστ. This entry means that both δήμῳ and Δηλίῳ are found in the mss., with Westermann's text differing from that of K^4 and the Loeb edition. For the readings of the mss. we have relied chiefly on K^2 and K^3.

If a reading in any, or all, of the three editions is an emendation, its source is given in brackets. For example: διαβαλεῖς 79,32,573 K^4, Λο ('Ρε παρὰ Σε σ. 200); διαβάλλεις Οὐεστ. The reading preceding the brackets -- διαβαλεῖς -- is an emendation and is printed in Kayser's 1871 edition and in the Loeb edition. The information within the brackets states that this emendation is due to Reiske and is found in Schenkl's article on p. 200. Since no bracket follows διαβάλλεις, the reading of Westermann, it is not an emendation but is found in one or more manuscripts.

Ἀβδηρίτης 13,1,494.

ἀβρός ἀβρά 23,21,510. ἀβρόν 77,9,570. ἀβροτέρα 20,7,504.

ἀβρότης ἀβρότητι 32,28,519.

ἀβρύνω ἤβρυνε 74,15,567.

Ἀγαθίων 61,31,553. 62,9,553. 62,27,554. Ἀγαθίωνα 61,28,
    553.

ἀγαθός 19,5,502. 37,14,524. 72,18,565. 106,2,604. ἀγαθόν
    14,6,495. 61,32,553. 91,17,587. 124,31,626. ἀγαθοί
    66,23,558. ἀγαθῶν 112,27,612. ἀγαθούς 20,11,504.
    ἀγαθή 23,11,509. 33,16,520. 117,24,618. 120,17,621.
    ἀγαθῆς 34,32,521. ἀγαθήν 20,13,504. ἀγαθαί 86,31,581.

Ἀγάθων 12,7,493.

ἄγαλμα 54,7,543. 59,12,550. 61,18,553. ἀγάλματα 59,25,551.

ἀγαλματίας 112,9,612.

ἀγαλματοποιία ἀγαλματοποιίας 13,32,495. ἀγαλματοποιίαις
    59,21,551.

ἄγαμαι ἠγάσθη 34,19,521. 42,8,529. 111,18,611. ἀγασθείς
    62,26,554. 93,10,589.

ἄγαν 6,17,486.

ἀγαπάω ἀγαπῶν 105,26,603. ἀγαπήσει 82,4,576.

ἀγαπητός ἀγαπητόν 90,28,586.

ἄγγελος ἀγγέλου 93,26,589. ἀγγέλοις 11,25,492.

ἀγέλη ἀγέλης 18,9,501.

ἀγένειος ἀγενείως 8,28,489.

ἀγεννής ἀγεννές 100,10,596.

ἀγερωχία 18,23,501. ἀγερωχίας 95,17,591. ἀγερωχίαν 43,14,
    531.

ἀγέρωχος ἀγέρωχοι 100,7,596.

ἀγήρως ἀγήρων 10,21,491.

ἀγλαία ἀγλαία 15,6,497.

ἀγνοέω ἀγνοεῖν 31,12,518. ἠγνόει 86,17,581. 104,20,602.

    ἠγνόησε(ν) 26,7,512. 56,20,547. ἀγνοῆσαι 38,14,525.

    92,32,588. ἠγνοήκασι 28,13,515. ἠγνοηκέναι 63,10,554.

    72,27,565. ἀγνοεῖται 84,11,578. ἀγνοεῖσθαι 77,27,571.

    117,28,618. ἠγνοημένα 73,15,566.

ἀγορά 35,32,522. 43,29,532. 105,22,603. ἀγορᾶς 39,2,526.

    40,5,527. 51,21,541. 58,21,549. 76,32,570. 87,9,582.

    105,13,603. ἀγορᾷ 38,26,526. 108,6,606. ἀγοράν 42,25,

    531. 67,31,560. 118,14,618.

ἀγοραῖος 113,32,614. ἀγοραίων 73,22,566. 114,1,614. ἀγορ-

    αίους 76,29,570.

ἀγορεύω ἀγορεύεις 71,17,563. ἀγορεύων 37,22,524 Κ4, Οὐεστ;

    ἀγορεύσων Λο (Κοβ σ. 229). 71,15,563. 71,19,563. ἀγορ-

    εύοντα 4,6,483. ἀγορεύουσιν 20,24,505. ἀγορεύσων

    βλ. ἀγορεύων 37,22,524.

ἄγος ἄγη 43,20,532.

ἀγριαίνω ἠγρίαινε 121,30,622. ἀγριάνας 9,31,490.

ἄγριος ἀγρίους 61,11,553.

᾿Αγριππεῖον 78,8,571. ᾿Αγριππείῳ 85,13,580.

ἄγροικος ἄγροικον 41,25,529. ἀγροίκων 29,10,516. ἀγροικ-

    ότερος 41,14,529. 118,7,618. ἀγροικότερον 102,12,599.

ἀγρός ἀγροῦ 120,4,620. ἀγρῷ 118,3,618. ἀγροῖς 66,27,559.

    ἀγρούς 30,13,517. 31,10,518.

ἀγύμναστος ἀγύμναστοι 28,7,515. ἀγύμναστον 92,4,587.

ἀγχίθυρος 31,18,518. 113,11,613.

ἀγχοῦ 28,23,515. 89,31,585. 95,26,592.

ἄγω ἄγει 3,1,481. 37,28,525. 38,4,525. 106,32,605. ἄγωσιν
104,25,602. ἄγοι 111,12,611. ἄγειν 17,21,500. ἄγων
49,20,539. βλ. ὑπὲρ θαῦμα ἄγων 49,19-20,539. ἄγοντες
92,8,587. ἀγόντων 59,6,550. ἄγουσι 41,4,528. ἦγε(ν)
31,20,518. 31,21,518. 48,31,538. 67,23,560. 71,26,564.
113,11,613. 113,12,613. 113,13,613. ἀγαγών 104,32,603.
ἤγετο 29,31,516 Κ⁴, Λο (Κ² σ. 247); ἠγάγετο Οὐεστ.
ἠγάγετο 23,20,509. βλ. ἤγετο 29,31,516.

ἀγών 19,24,503. ἀγῶνος 50,19,540. ἀγῶνα 27,19,514. 33,29,
520. 49,21,539. 52,8,541. 63,11,555. 79,4,572. 93,8,
589. 103,23,601. 115,22,616. 123,1,624. ἀγώνων 61,13,
553. ἀγῶσι 35,24,522. ἀγῶνας 93,5,588. 113,1,613.

ἀγωνία ἀγωνίας 62,17,554. ἀγωνίᾳ 112,12,612.

ἀγωνιάω ἀγωνιᾷς 52,8,541. ἀγωνιῶντα 32,25,519.

ἀγωνίζομαι 41,13,529. 60,18,552. ἀγωνίζεσθαι 74,26,568.
ἀγωνιζόμενος 12,23,493. 27,12,514. 32,2,518. 38,19,525.
76,3,569. 81,24,575. 85,17,580. ἀγωνιζομένου 38,14,
525. 102,17,599. ἀγωνιζομένοις 101,9,598. ἀγωνιεῖται
37,30,525. ἀγωνιούμενος 50,23,540. ἀγωνιουμένους 58,
31,550. ἠγωνίσατο 53,12,542. ἀγωνίσασθαι 122,2,622.
124,20,626. ἀγωνισάμενος 30,27,517. 49,20,539. ἀγων-
ισάμενον 115,31,616. ἠγώνιστο 84,32,579.

ἀγώνισμα 23,32,510. 44,21,533. 75,13,568. 88,27,583. 124,

6,625.

ἀγωνιστής ἀγωνιστοῦ 52,16,541. ἀγωνιστήν 73,32,567. ἀγων-
    ιστῶν 62,11,553.

ἀγωνιστικός ἀγωνιστικώτερον 126,22,628.

ἀδέκαστος ἀδεκάστους 97,17,593. ἀδεκάστως 97,16,593.

ἀδελφός 63,26,555. ἀδελφῷ 109,22,607. ἀδελφόν 97,14,593.

ἄδηλος 90,4,585.

ἀδίδακτος 36,11,523.

ἀδικέω ἀδικεῖ 65,9,557. 94,30,590. ἀδικοῦντα 25,25,512.
    ἠδίκεις 55,10,545. ἀδικεῖσθαι 70,16,562.

ἄδικος ἀδίκῳ 4,18,483. ἀδίκων 102,19,599. ἀδίκου 99,24,
    596. ἀδικώτατοι 40,31,528.

Ἀδριάνειος Ἀδριάνειοι 106,18,604. Ἀδριανείων βλ. Ἀδρι-
    ανῶν 42,22,530.

Ἀδριανοί 86,23,581. 86,23,581.

Ἀδριανός (ὁ αὐτοκράτωρ) 37,1,524. 42,8,529. 44,5,532.

Ἀδριανός (ὁ σοφιστής) 90,16,586. 90,19,586. 92,12,588.
    101,20,598. 115,1,615. Ἀδριανοῦ 9,5,489. 95,7,591.
    95,9,591. 96,14,592. 103,2,600. 104,2,601. 107,25,605.
    121,11,621. Ἀδριανῷ 57,11,548. 92,9,588. 105,10,603.
    108,28,607. Ἀδριανόν 9,1,489. 43,6,531. 89,32,585.

Ἀδριανός Ἀδριανῶν 42,22,530 Κ⁴, Λο; Ἀδριανείων Οὐεστ
    (Οὐεστ).

ᾄδω ᾄδουσι 120,27,621. ᾄδειν 26,30,513. 29,21,516. 51,11,
    540. ᾄδουσα 19,29,503. ᾄδεται 109,31,608. ᾄδονται
    120,2,620.

ἀεί 20,12,504. 22,19,508. 35,20,522. 41,3,528. 58,16,549.
     77,22,571. 101,8,598. 102,5,599. 102,9,599. 106,6,604.
     117,29,618.

ἀηδής 3,26,482. 7,7,487. ἀηδῆ 51,23,541. ἀηδές 30,1,517.
     32,13,519. 114,22,614. 122,31,624.

ἀηδών ἀηδόνος 93,20,589. ἀηδόνα 29,20,516.

ἀθάνατος 61,19,553. ἀθανάτοισιν 116,15,616. ἀθανάτου 36,
     12,523. ἀθάνατον 60,27,552. ἀθάνατα βλ. θνητά 36,13,
     523.

ἀθεεί 29,8,516. 44,26,533.

Ἀθηνᾶ Ἀθηνᾶς 70,21,563. 74,24,568. Ἀθηνᾶν 38,3,525.

Ἀθῆναι 86,24,581. 90,1,585. Ἀθηνῶν 23,3,509. 31,23,518.
     92,31,588. Ἀθήνας 77,30,571. 80,15,574. Ἀθήναζε 46,
     3,535. 69,30,562. 72,29,565. 92,29,588. 116,30,617.
     Ἀθήνησι(ν) 3,4,481. 4,7,483. 4,27,484. 12,2,492. 12,
     18,493. 16,32,500. 20,23,505. 21,18,506. 21,22,506. 21,
     28,507. 34,4,520. 38,30,526. 40,4,527. 44,19,533. 49,
     20,539. 59,21,551. 59,24,551. 71,12,563. 77,26,571. 78,
     26,572. 80,24,574. 83,32,578. 84,3,578. 85,24,580. 91,
     12,586. 91,18,587. 92,4,587. 92,21,588. 95,11,591. 97,
     20,593. 98,7,594. 98,17,594. 99,4,595. 100,23,597. 101,
     4,598. 101,21,598. 102,11,599. 102,15,599. 103,1,600.
     103,10,600. 104,31,603. 105,2,603. 105,8,603. 105,10,
     603. 106,29,604. 113,3,613. 116,20,617. 117,21,618.
     121,17,621. 121,27,622. 122,15,623. 122,31,624. 126,7,
     627. βλ. Ἀθηναίων 3,20,482.

'Aθήναιον, τό 93,30,589.

'Aθηναῖος 6,15,486. 95,5,591. 103,7,600. 'Aθηναίου 54,25,
544. 55,15,545. 60,12,552. 73,14,566. 108,31,607. 127,
3,628. 'Aθηναίῳ 47,20,536. 71,26,564. 'Aθηναῖον 18,
5,501. 105,6,603. 'Aθηναῖοι 4,17,483. 6,2,485. 9,29,
490. 12,19,493. 22,24,508. 22,28,508. 46,9,535. 56,19,
547, 58,14,549. 58,26,549. 58,30,550. 62,2,553. 65,29,
557. 67,12,559. 69,1,561. 73,6,565. 73,19,566. 78,10,
571. 95,10,591. 97,13,593. 103,14,600. 120,27,621.
123,4,624. 'Aθηναίων 3,11,482. 3,20,482 K⁴, Oὐεστ;
'Aθήνησι Λο (Kοβ σ. 228). 6,5,485. 10,1,490. 13,15,
494. 13,18,494. 15,24,498. 15,26,498. 17,30,501. 18,3,
501. 21,25,506. 22,2,507. 22,3,507. 23,32,510. 24,9,
510. 38,31,526. 39,3,526. 39,26,527. 46,4,535. 46,8,
535. 57,26,549. 57,30,549. 58,9,549. 59,13,550. 59,17,
550. 69,4,561. 69,11,561. 73,17,566. 73,25,566. 84,30,
579. 92,20,588. 103,2,600. 104,21,602. 'Aθηναίοις 9,
27,490. 15,20,498. 18,17,501. 20,26,505. 23,28,510.
39,24,527. 39,29,527. 46,1,535. 48,32,538. 55,20,546.
58,5,549. 58,27,549. 59,19,551. 66,20,558. 72,30,565.
78,1,571. 78,17,572. 97,9,593. 104,7,601. βλ. 'Aθη-
ναίους 5,25,485, 'Aθηναίους 14,22,496. 'Aθηναίους 5,
23,485. 5,25,485 K⁴, Λο; 'Aθηναίοις Oὐεστ. 12,21,493.
12,24,493. 14,22,496 K⁴, Λο; 'Aθηναίοις Oὐεστ. 17,6,
500. 18,32,502. 20,28,505. 39,5,526. 39,7,526. 42,2,
529. 42,7,529. 49,4,538. 58,22,549. 67,18,559. 68,5,

560. 69,1,561. 78,14,572. 80,11,574. 89,13,584. 91,9,
586. 91,16,587. 98,8,594.

Ἀθηνόδωρος 98,11,594.

ἀθλητής 38,16,525. 62,22,554. ἀθλητῶν 58,31,550.

ἄθλιος ἄθλιον 124,2,625.

ἄθλον ἄθλα 12,16,493. 100,4,596.

ἄθλος ἄθλον 62,24,554. ἄθλων 52,20,542. 115,21,616.
ἄθλοις 115,32,616. ἄθλους 61,10,553.

ἀθροίζω ἠθροίσθη 39,11,526.

ἀθρόος ἀθρόον 5,28,485. ἀθρόοι 106,10,604.

ἄθυρμα 10,10,490. 65,12,557. ἀθύρματα 107,3,605.

Ἄθως Ἄθω 82,26,576.

αἱ αἵ 35,4,521.

Αἰακίδης Αἰακιδῶν 55,17,545.

Αἴας Αἴαντος 33,14,520.

Αἰγαί 74,32,568.

Αἴγινα Αἴγιναν 27,1,513.

Αἰγύπτιος 95,27,592. Αἰγύπτιον 6,19,486. Αἰγύπτιοι 2,12,
481. Αἰγυπτίων 113,13,613. Αἰγυπτίους 31,21,518.
Αἰγυπτία 37,4,524. Αἰγυπτίαν 44,7,533. Αἰγυπτίοις 1,
19,480.

Αἴγυπτος 87,8,582. Αἰγύπτου 105,21,603. Αἰγύπτῳ 77,25,
571. 99,30,596. Αἴγυπτον 5,9,484. 104,29,603. 113,15,
613.

Ἀίδης Ἀίδαο 53,8,542.

αἰθέριος αἰθέριον 104,11,602.

Αίθιοπία 5,10,484.

Αίλιανός 123,3,624.

αίμα 4,9,483.

αἴνιγμα αἰνίγματος 84,24,579.

αἰνίττομαι αἰνιττόμενος 53,10,542.

Αἶνος Αἶνον 98,12,594.

αἴξ αἶγες 61,22,553.

Αἴξ Αἰγός 49,4,538.

Αἰολεύς Αἰολέας 31,17,518.

αἵρεσις αἱρέσει 105,4,603. αἵρεσιν 14,28,496. 18,14,501.

αἱρετός αἱρετώτεροι 17,10,500.

αἱρέω ἑλών 41,28,529. 78,28,572. ἡρηκώς 22,11,507. 94,23,

   590. αἱροῦνται 33,25,520. αἱρουμένους 12,26,494.

   εἵλετο 19,8,502. ᾕρηται 76,1,569. ᾕρητο 17,5,500.

αἴρω ἀρεῖ 121,6,621 Κ⁴, Λο, Οὐεστ ('Ρε παρὰ Σε σ. 200).

   ἦρε(ν) 45,17,534. 66,30,559. 74,24,568. 93,11,589.

   ἆρον 104,8,602. ἄρασαν 59,7,550. αἴρεται 96,17,592.

   96,21,593. αἴρεσθαι 109,26,607. ἄρασθαι 99,2,595.

   110,29,610. ἠρμένος 58,12,549. ἠρμένους 109,26,607.

   ἠρμένη 115,31,616.

αἰσθάνομαι αἴσθοιτο 75,8,568. 108,8,606. 108,11,606. 114,

   7,614.

αἴσθησις αἰσθήσεων 28,21,515. αἰσθήσεις 12,32,494. 29,11,

   516.

Αἰσχίνης 3,3,481. 3,15,482. 4,20,483. 4,26,484. 21,32,507.

   22,9,507. 22,22,508. 89,16,584. Αἰσχίνου 3,6,481 Κ⁴,

Οὐεστ; ἄπεστι παρὰ Λο (Κ⁴ σ. XXII). 3,12,482. 21,26,

507. 23,17,509. 23,24,510. 24,2,510. 53,19,543. 85,19,

580. Αἰσχίνη 4,24,483. 22,5,507.

Αἰσχύλος Αἰσχύλον 11,22,492.

αἰσχύνη αἰσχύνης 10,23,491.

αἰσχύνω αἰσχύνων 120,10,620. ᾔσχυνε(ν) 110,24,610. 123,

22,625.

αἰτέω αἰτεῖς 82,26,576. αἰτεῖ 55,7,545. αἰτοίην 111,22,

611. αἰτεῖν 60,10,551.111,19,611. αἰτῶν 53,14,542.

78,5,571. αἰτοῦντος 41,22,529. αἰτοῦντες 80,10,574.

95,12,591. ᾔτησεν 124,17,626. αἰτήσας 47,19,536.

114,27,615. αἰτήσαντι 118,32,619. ᾐτήθη 111,31,611.

αἰτία 25,14,512. 43,23,532. 67,10,559. αἰτίας 16,25,499.

24,13,510. 58,4,549. 63,31,555. 64,13,556. 85,25,580.

99,24,596. 116,2,616. 125,15,627. αἰτίᾳ 109,22,607.

125,32,627. αἰτίαν 8,32,489. 18,18,501. 21,1,505. 22,

8,507. 22,28,508. 25,5,511. 36,3,522. 37,7,524. 60,17,

552. 75,2,568. 85,13,580. 92,3,587. 92,22,588. 99,19,

596. 100,8,596. 101,26,598. 102,22,599. 105,29,603.

110,19,610. 110,26,610. 114,1,614. 125,12,626. αἰ-

τίαι 29,27,516. αἰτίαις 51,32,541. 56,19,547. 110,22,

610.

αἰτιάομαι αἰτιωμένων 51,22,541. 66,31,559. 120,31,621.

αἰτιωμένης 44,10,533.

αἴτιος αἴτιον 22,27,508. αἴτιοι 58,10,549.

Ἀκαδημία Ἀκαδημίας 6,9,485. Ἀκαδημία 5,4,484. 122,32,

624. 'Ακαδημίαν 57,32,549. 'Ακαδημίανδε 106,31,604.

'Ακαρνανία 62,25,554.

ἀκάτιον ἀκατίῳ 13,19,494.

ἀκέραιος 28,27,515. 79,16,573.

ἄκλητος 81,15,575. ἀκλήτων 85,1,579. ἀκλήτους 85,8,579.
86,6,580.

ἀκμάζω ἀκμαζούσαις 42,2,529. ἤκμασεν 39,25,527.

ἀκμαῖος ἀκμαιοτέρας 33,4,519.

ἀκμή ἀκμῆς 30,26,517. 88,32,583. ἀκμῇ 68,8,560. ἀκμήν
37,20,524. 86,25,581. ἀκμάς 48,19,537.

ἀκοή ἀκοῆς 71,22,564. 102,4,599. ἀκοάς 28,24,515.

ἀκόλαστος ἀκόλαστον 27,30,514. ἀκολάστων 51,5,540. 104,18,
602. ἀκολάστου 42,31,531.

ἀκολουθέω ἀκολουθεῖν 6,13,486.

ἀκόλουθος ἀκολούθους 118,16,618.

ἀκούω ἀκούεις 84,7,578. ἀκούοι 109,26,607. ἀκούειν 2,15,
481. 71,20,564. ἀκούων 23,9,509. 51,26,541. 62,10,553.
69,2,561. 71,20,564. 78,2,571. 105,2,603. ἀκούοντες
62,14,554. ἀκούοντας 20,29,505. 125,8,626. ἤκουον
59,4,550. 60,13,552. 74,9,567. 84,27,579. 87,20,582.
88,20,583. 90,2,585. 99,5,595. ἤκουε(ν) 80,22,574.
94,18,590. ἤκουσα 64,30,557. ἤκουσε(ν) 9,31,490. 13,
30,495. 34,16,521. 38,14,525. 38,17,525. 46,30,536. 65,
11,557. 69,9,561. 71,10,563. 98,14,594. 121,31,622.
ἠκούσατε 24,11,510. ἤκουσαν 67,16,559. ἀκοῦσαι 11,15,
492. 37,32,525. 61,15,553. ἀκούσας 48,2,537. ἀκού-

σαντι 110,17,610. ἀκούσαντες 11,16,492. 103,4,600.

ἀκηκοώς 110,2,608. ἠκούετο 8,30,489.

ἄκρα ἄκρας 43,11,531.

Ἀκραγαντῖνος Ἀκραγαντῖνον 15,1,497.

ἀκρατής ἀκρατῶς 19,18,503.

ἄκρατος 18,23,501. ἀκράτου 92,18,588. ἄκρατον 75,5,568.
110,29,610.

ἀκρίβεια ἀκριβείας 87,1,582. 127,5,628. ἀκρίβειαν 126,17,
628.

ἀκριβής ἀκριβές 108,32,607. ἀκριβῆ 21,6,505.

ἀκριβόω ἀκριβοῦντος 105,18,603. ἀκριβούντων 88,3,583.
ἀκριβοῦντας 8,14,488.

ἀκροάομαι ἀκροῶμαι 125,3,626. ἀκροῶ 48,1,537. 88,2,583.
ἀκροᾶσθαι 14,20,496. 17,32,501. 48,25,538. 78,31,572.
106,6,604. ἀκροώμενος 47,9,536. ἀκρowμένοις 36,21,
523. 78,24,572. 79,8,572. 97,16,593. ἀκρowμένους 33,1,
519. 79,1,572. 87,6,582. ἠκροώμην 64,32,557. ἠκρο-
ῶντο 67,5,559. 93,20,589. ἀκροάσομαι 88,1,583. ἀκρο-
άσει 25,25,512. ἀκροασόμεθα 47,30,537. ἀκροάσεσθαι
βλ. ἀκροάσασθαι 116,22,617. ἠκροάσατο 40,2,527. 82,10,
576. 107,26,605. ἀκροάσασθαι 51,16,540. 116,22,617 Κ4,
Οὔεστ; ἀκροάσεσθαι Λο (Βαλ σ. 93). ἀκροασάμενος 41,31,
529. 91,2,586. 108,31,607. ἠκροᾶσθαι 50,6,539. 100,20,
597. 101,24,598. 115,2,615. 120,14,620. ἠκροαμένῳ 37,
17,524.

ἀκρόασις 11,10,491. ἀκροάσεως 39,15,527. 49,7,538. 78,2,

571. 78,11,571. 79,25,573. 83,6,577. 93,19,589. 93,25,

589. 106,8,604. 108,13,606. 109,21,607. 119,12,619.

ἀκροάσει 36,24,523. 88,4,583. 90,8,585. 90,10,585. 91,

10,586. 93,1,588. 116,32,617. ἀκρόασιν 21,24,506. 41,

18,529. 47,31,537. 51,27,541. 79,3,572. 83,6,577. 85,

10,579. 90,32,586. 117,18,617. ἀκροάσεων 84,8,578.

115,11,615. ἀκροάσεις 16,2,499. 51,19,541.

ἀκροατής 13,2,494. 23,19,509. 35,14,522. 74,2,567. 75,16,

568. 83,24,578. 96,14,592. 98,28,595. 100,17,597. 101,

9,598. 103,3,600. 104,2,601. 111,17,611. 114,4,614. 121,

12,621. 121,32,622. 123,30,625. ἀκροατοῦ 120,22,621.

ἀκροατῇ 26,28,513. ἀκροατήν 83,26,578. 94,20,590. 120,

11,620. ἀκροαταί 21,12,506. 95,8,591. ἀκροατῶν 84,19,

579. 84,22,579. 90,9,585. 90,12,585. ἀκροατάς 46,10,

535. 84,26,579. 97,17,593.

ἀκροθίνιον ἀκροθίνια 26,7,512.

ἄκρος ἄκρῳ 35,21,522. ἄκραν 62,7,553.

ἀκτίς ἀκτῖνα 61,3,552. ἀκτίνων 19,20,503.

Ἀκύλας 95,3,591.

ἄκων 121,5,621. ἄκοντα 124,15,626. ἄκοντες 121,29,622.

ἀλαζών 87,11,582. 120,25,621. ἀλαζόνα 37,7,524. 116,11,

616. ἀλαζόνας 95,21,591.

ἀλάομαι ἤλατο 7,16,487.

ἀλγέω ἀλγεῖν 53,29,543. ἤλγησεν 69,3,561.

ἀλειτουργησία ἀλειτουργησίαν βλ. λειτουργησίαν 112,29,613.

ἀλεκτρυών ἀλεκτρυόνων 95,19,591. 105,27,603.

Ἀλέξανδρος (Φιλίππου) 65,23,557. Ἀλεξάνδρου 48,32,538.
99,13,596. 99,16,596. 120,1,620. Ἀλέξανδρον 23,6,509.
99,21,596.

Ἀλέξανδρος (ὁ σοφιστής) 77,7,570. 77,17,571. 78,28,572.
80,26,574. Ἀλεξάνδρου 79,13,573. Ἀλεξάνδρῳ 76,26,
570. 78,12,572. 80,5,573. 82,6,576. Ἀλέξανδρον 80,15,
574. 82,11,576. 89,5,584.

Ἀλέξανδρος (ὁ Καππαδοκεύς) Ἀλέξανδρον 117,31,618.

Ἀλέξανδρος (ὁ Ῥωμαίων αὐτοκράτωρ 222-235) Ἀλεξάνδρῳ 125,
30,627 ἔν τισι χειρογρ. μετὰ 'ξυνῶν'.

ἀλήθεια ἀληθείας 40,31,528. ἀληθείᾳ 102,1,599.

ἀληθής ἀληθῆ 52,31,542. 103,26,601. ἀληθής 10,23,491.
ἀληθές 54,10,543. τἀληθές 63,4,554. 64,10,556. ἀλη-
θέσι 63,25,555. ἀληθῶς 115,1,615. ἀληθεστέρα 67,10,
559. ἀληθέστερα 54,13,543. ἀληθέστατος 87,12,582.
ἀληθεστάτην 29,30,516.

ἀλίσκομαι ἀλίσκεσθαι 113,21,613. ἥλω 22,29,508. 28,26,515.
ἥλωσαν 99,14,596. ἁλούς 112,22,612. ἁλούσῃ 14,5,495.
ἑαλωκότα 52,1,541.

Ἀλκιβιάδης Ἀλκιβιάδην 12,5,493.

Ἀλκιμέδων 68,12,560. Ἀλκιμέδοντος 68,11,560. Ἀλκιμέ-
δοντι 63,23,555. 69,15,561.

ἄλκιμος ἄλκιμοι 38,23,526.

Ἀλκίνοος Ἀλκινόῳ 40,29,528.

Ἀλκμαίων 2,20,481 K⁴, λο. Ἀλκμέων Οὐεστ (Οὐεστ).

Ἀλκμέων βλ. Ἀλκμαίων 2,20,481.

ἀλλά, ἀλλ' 1,8,479. 1,10,480. 4,21,483. 4,31,484. 5,22,485.
7,7,487. 7,10,487. 7,12,487. 7,18,487. 7,32,488. 8,6,
488, 8,21,488. 9,23,490. 10,31,491. 11,10,491. 12,17,
493. 12,31,494. 14,9,495. 14,16,496. 16,16,499. 17,19,
500. 18,1,501. 18,24,501. 18,25,501. 19,15,502. 19,20,
503. 19,31,503. 21,6,505. 23,4,509. 24,12,510. 24,17,
511. 25,5,511. 25,27,512. 26,3,512. 27,4,514. 27,7,514.
28,26,515. 29,30,516. 30,9,517. 30,25,517. 31,14,518.
32,25,519. 32,30,519. 33,14,520. 33,18,520. 33,22,520.
33,28,520. 35,20,522. 35,21,522. 36,17,523. 37,13,524.
38,4,525. 38,16,525. 39,6,526. 40,3,527. 42,14,530. 42,
31,531. 43,18,532. 43,21,532. 43,31,532. 45,6,534. 46,
7,535. 46,14,535. 48,15,537. 50,32,540. 51,25,541. 54,
13,543. 55,1,544. 55,25,547. 56,3,547. 56,23,547. 57,
13,548. 58,16,549. 59,6,550. 62,10,553. 64,9,556. 65,2,
557. 66,20,558. 66,28,559. 68,21,561. 68,32,561. 69,32,
562. 70,32,563. 71,10,563. 72,2,564. 72,5,564. 72,12,
564. 72,15,565. 72,22,565. 73,20,566. 73,28,566. 75,4,
568. 75,6,568. 75,30,569. 79,21,573. 81,16,575. 82,7,
576. 82,28,576. 83,29,578. 84,1,578. 84,6,578. 85,7,
579. 87,11,582. 88,3,583. 88,16,583. 89,11,584. 90,15,
586. 90,21,586. 91,2,586. 91,14,587. 93,2,588. 93,28,
589. 96,17,592. 97,1,593. 97,9,593. 98,29,595. 99,28,
596. 100,10,596. 100,26,597. 101,6,598. 102,5,599.
102,21,599. 102,24,599. 102,27,600. 104,12,602. 104,18,
602. 105,17,603. 105,26,603. 108,8,606. 109,1,607. 109,

8,607. 110,1,608. 110,29,610. 111,4,610. 114,15,614. 117,27,618. 118,4,618. 119,6,619. 119,12,619. 120,17, 621. 120,19,621. 120,26,621. 120,27,621. 121,8,621. 121,13,621. 121,29,622. 122,19,623. 122,32,624. 123,10, 624. 124,14,626. 125,6,626. 126,25,628.

<u>ἀλλᾶς</u> <u>ἀλλᾶντας</u> 52,10,541.

<u>ἀλλήλων</u> 12,17,493. 31,14,518. 70,4,562. 109,26,607. 109, 26,607. <u>ἀλλήλοις</u> 4,21,483. 22,7,507. 62,19,554. 75, 12,568. 118,25,619. 121,29,622. <u>ἀλλήλους</u> 7,23,488. 10, 22,491. 43,17,532. 85,20,580. 106,9,604. <u>ἀλλήλαις</u> 61, 2,552. 71,7,563.

<u>ἄλλος</u> 32,22,519. 72,18,565. 72,18,565. 85,29,580. 122,17, 623. <u>ἄλλου</u> 32,23,519. 36,29,524. <u>ἄλλῳ</u> 22,6,507. 72, 19,565. 91,27,587. <u>ἄλλον</u> 14,13,495. 22,5,507. 49,19, 539. 56,2,547. <u>ἄλλοι</u> 88,10,583. <u>ἄλλων</u> 62,3,553. 75, 31,569. 81,12,575. 95,22,591. 104,6,601. 125,7,626. <u>ἄλλοις</u> 50,16,539. 55,21,547. 59,25,551. <u>ἄλλους</u> 15,31, 498. 77,3,570. <u>ἄλλη</u> 99,22,596. <u>ἄλλης</u> 7,11,487. 37,11, 524. 44,18,533. 65,32,558. <u>ἄλλῃ</u> 7,28,488. 87,14,582. <u>ἄλλην</u> 43,26,532. 60,4,551. 88,10,583. 105,1,603. 105, 20,603. <u>ἄλλαις</u> 53,32,543. <u>ἄλλας</u> 16,8,499. 33,22,520. <u>ἄλλο</u> 21,19,506. 36,29,524. 53,9,542. 60,4,551. 72,18, 565. <u>ἄλλα</u> 7,27,488. 22,25,508. 25,20,512. 43,25,532. 57,28,549. 59,27,551. 91,27,587. 93,13,589. 95,13,591.

<u>ἄλλοσε</u> 43,17,532.

<u>ἀλλότριος</u> <u>ἀλλοτρίᾳ</u> 19,10,502.

ἄλλως 1,12,480. 90,31,586. 113,18,613.

"Αλπεις 25,12,512.

ἄλσος 29,21,516. ἄλσει 40,5,527.

ἄλυπος ἀλύπως 48,23,537. 119,24,620.

ἄλφιτον ἀλφίτοις 61,25,553.

'Αλωάδης 'Αλωάδας 56,14,547.

ἀλωτός 36,11,523. ἀλωτά 60,24,552.

ἅμα 73,8,565. 91,5,586. 91,6,586. 92,26,588.

ἀμαθής ἀμαθῶς 79,32,573.

'Αμάλθεια 'Αμαλθείας 6,31,487.

ἅμαξα ἅμαξαν 8,16,488. ἀμάξαις 50,10,539.

ἁμαρτάνω ἁμαρτάνει 98,3,594. ἁμαρτάνουσιν 21,17,506.
   ἁμαρτάνων 115,29,616. ἁμαρτάνοντας 18,32,502. ἥμαρ-
   τε(ν) 4,7,483. 17,4,500. ἁμαρτεῖν 18,18,501. ἁμαρτα-
   νομένοις 43,12,531.

'Αμάρτυρος 21,4,505. 21,9,505.

'Αμαστριανός 'Αμαστριανόν 95,24,592.

ἀμείβω ἀμείβων 13,17,494.

ἀμείνων 24,26,511. 106,22,604. ἄμεινον 38,12,525. 109,8,
   607. βλ. ἀμείνω 8,12,488. ἀμείνω 8,12,488 Κ⁴,Οὐεστ;
   ἄμεινον Λο (Βουλγ).

ἀμέλγω ἤμελξεν 62,30,554.

ἀμέλεια ἀμελείας 31,24,518.

ἀμελέω ἀμελοῦντος 84,19,579. ἀμελοῦντες 94,30,590. ἠμέλει
   7,32,488. 18,28,502. 109,1,607. 117,26,618. 118,4,618.
   ἠμέλουν 18,24,501. ἠμέλησε(ν) 72,15,565. 86,27,581.

125,27,627. ἀμελοῖτο 92,8,587. ἀμελούμενος 125,16,

627. ἀμελούμενον 72,9,564. ἀμελουμένων 43,20,532.

ἀμήχανος ἀμηχάνω 22,25,508. 99,1,595. ἀμήχανον 118,7,618.

ἄμικτος 62,6,553.

ἄμιλλα ἄμιλλαν 24,27,511.

ἀμιλλάομαι ἀμιλλᾶται 59,3,550.

'Αμμώνιος 'Αμμώνιον 118,1,618.

ἀμνημονέω ἀμνημονῶμεν 54,25,544.

ἀμνησικακία ἀμνησικακίαν βλ. μνησικακίαν 31,6,517.

ἄμουσος ἄμουσοι 28,6,515. ἀμούσως 29,20,516.

ἄμπελος ἀμπέλων 33,17,520. 33,30,520. ἀμπέλους 33,21,520.

ἀμπέχω ἀμπεχόμενος 91,19,587. ἠμπίσχετο 26,11,513.

ἀμύθητος ἀμύθητον 56,24,547.

ἀμφί, ἀμφ' 19,3,502.21,22,506. 28,6,515. 33,11,520. 45,27,

535. 49,32,539. 51,9,540. 58,7,549. 67,30,560. 73,3,

565. 73,22,566. 75,22,569. 85,4,579. 94,6,590. 100,6,

596. 103,9,600. 104,20,602. 120,3,620.

ἀμφιβολία ἀμφιβολίας 110,6,609.

ἀμφιέννυμι ἀμφιέσας 59,14,550.

'Αμφικλῆς 84,6,578. 84,12,578. 90,7,585. 90,24,586.

'Αμφικτύονες 115,32,616.

'Αμφικτυονικός 'Αμφικτυονικοῖς 115,32,616.

'Αμφίπολις 'Αμφιπόλεως 22,20,508. 72,31,565.

"Αμφισσα "Αμφισσαν 23,26,510.

'Αμφιτρίτη 'Αμφιτρίτης 59,26,551.

'Αμφίων 'Αμφίονος 118,6,618.

<u>ἀμφορεύς</u> <u>ἀμφορέα</u> 92,5,587.

<u>ἀμφότερος</u> <u>ἀμφοτέροις</u> 7,22,488.

<u>ἄμφω</u> 24,28,511. 28,19,515. 67,11,559. 87,27,582. 108,16,
606. <u>ἀμφοῖν</u> 22,1,507. 47,9,536. 98,15,594. 103,3,600.
107,26,605. 107,30,605. 117,25,618.

<u>ἄν</u> 3,23,482. 4,26,484. 9,6,489. 9,32,490. 10,30,491. 10,31,
491. 11,27,492. 14,30,496. 15,22,498. 16,2,499. 17,31,
501. 18,11,501. 18,17,501. 18,27,502. 19,1,502. 20,14,
504. 21,14,506. 21,15,506. 21,20,506. 23,26,510. 24,10,
510. 25,28,512. 25,29,512. 25,29,512. 27,23,514. 27,24,
514. 27,25,514. 28,9,515. 28,10,515. 32,27,519. 36,10,
523. 36,13,523. 40,21,528. 46,5,535 προστιθ. Κ⁴ καὶ Λο
πρὸ 'εἴποι' (Κ² σ. 274); ἄπεστι παρὰ Οὐεστ. 50,26,540.
51,10,540. 51,13,540 Κ⁴, Λο (Κοβ παρὰ Κ⁴ σ. ΧΧΙΙΙ);
ἄπεστι παρὰ Οὐεστ. 52,2,541. 54,11,543. 63,16,555. 64,
5,556. 64,10,556. 64,11,556. 64,13,556. 66,29,559. 70,
26,563. 76,3,569 Οὐεστ μετὰ 'τρέφοιτο' (Βουλγ); ἄπεστι
παρὰ Κ⁴ καὶ Λο. 79,1,572. 79,17,573. 87,25,582 Κ⁴, Λο
(Μο); ἄπεστι παρὰ Οὐεστ. 88,15,583. 89,19,585. 91,4,
586 Κ⁴, Λο, Οὐεστ (Κ² σ. 348). 93,25,589. 94,8,590.
95,32,592. 102,28,600. 107,4,605. 109,28,607. 110,21,
610. 110,26,610. 111,6,610. 111,22,611. 112,20,612.
114,3,614. 117,2,617. 120,12,620. 120,12,620. 120,13,
620. 122,18,623. 123,23,625. 126,10,627. 127,6,628.
<u>κἄν</u> 40,8,527. 68,31,561. 113,32,614. 120,10,620.
βλ. <u>αὖ</u> 38,8,525, <u>ἄ</u> 101,1,597.

ἀναβαίνω 96,32,593.

ἀναβάλλω ἀναβάλλεσθαι 51,10,540. ἀνεβάλλετο 46,15,535 Κ[4],
Λο (Βουλγ); ἀνεβάλετο Οὐεστ. 124,12,625. ἀναβαλεῖσ-
θαι 47,31,537. ἀνεβάλετο 117,18,617. βλ. ἀνεβάλλετο
46,15,535. ἀναβαλέσθαι 64,12,556.

ἀνάβασις ἀναβάσεις 38,8,525.

ἀναβιόω ἀναβεβιωκέναι 50,29,540.

ἀναβλέπω ἀνέβλεψεν 56,3,547. ἀναβλέψαντος 78,32,572 Κ[4],
Λο; ἄνω βλέψαντος Οὐεστ (Βουλγ).

ἀναβοάω ἀνεβόησε 54,20,544. ἀναβοῆσαι 80,16,574. ἀναβο-
ήσας 100,15,597. 122,16,623.

ἀναβολή ἀναβολάς 50,25,540.

ἀναγιγνώσκω ἀναγιγνώσκειν 103,29,601. 114,28,615. ἀναγιγ-
νώσκοντι 123,17,624. ἀναγιγνώσκουσι 119,24,620. ἀνέγ-
νω 117,32,618. ἀνάγνωτε 49,23,539. ἀναγνούς 24,7,510.
41,19,529. ἀναγιγνωσκομένης 69,3,561. ἀναγιγνωσκό-
μενα 112,15,612. ἀναγνωσθέντος 50,26,540. ἀναγνωσ-
θεισῶν 58,13,549.

ἀναγκάζω ἠνάγκασε 46,15,535. ἠναγκάζετο 36,23,523.

ἀνάγκη 5,1,484. 17,16,500. 44,30,534. 58,4,549. 78,11,571.
121,19,622. ἀνάγκης 66,13,558.

ἀναγκοφαγέω ἀναγκοφαγῶν 101,8,598.

ἀναγράφω ἀναγράφει 48,28,538. ἀναγράψω 51,1,540. 104,26,
602. ἀνέγραψα 1,3,479. ἀναγράψαι 58,4,549. ἀναγέ-
γραφα 107,29,605.

ἀνάγω ἀνάγει 104,13,602. ἀναγούσης 111,5,610. ἀνῆγεν 100,

2,596. ἀναχθήσῃ 27,3,513.

ἀναγωγή ἀναγωγήν βλ. ἀπαγωγήν 96,27,593.

ἀναδείκνυμι ἀνέδειξεν 56,23,547.

ἀναδέρω ἀναδέροιτο 45,6,534.

ἀναδέω ἀναδησώμεθα 27,2,513.

ἀναδιδάσκω ἀναδιδάσκει 89,18,585. ἀναδιδάσκων 4,4,483.

ἀναζεύγνυμι ἀνέζευξεν 27,18,514. 27,25,514. ἀναζεύξαντι
     27,22,514.

ἀνάθεμα 76,32,570.

ἀναθολόω ἀναθολούντων 67,18,559.

ἀναιδής ἀναιδῆ 94,12,590. ἀναιδῶς 4,10,483.

ἀναιρέω ἀναιρούμενος 29,4,516.

ἀναίσθητος ἀναισθήτοις 104,15,602.

ἀνακαλέω ἀνακαλέσας 100,10,596.

ἀνακαλυπτήρια 111,12,611.

ἀνάκειμαι ἀνάκεινται 82,24,576.

ἀνακτάομαι ἀνακτώμενος 107,13,605. ἀνεκτᾶτο 108,22,606.

ἀνάκτορον ἀνακτόρου 103,16,601.

ἀνακύπτω ἀνακύψας 41,27,529.

ἀναλαμβάνω ἀναλαβών 119,17,619.

ἀναλάμπω ἀναλάμπουσι 88,18,583.

ἀναλίσκω ἀναλωθέν 57,24,548.

ἀναμίγνυμι ἀναμίγνυται 104,15,602.

ἀναμιμνήσκω ἀνεμνήσθη 25,19,512.

'Αναξαγόρας 'Αναξαγόρου 31,1,517.

ἀναπαιδεύω ἀναπαιδεύων 41,3,528. ἀναπαιδεύοντος 36,8,523.

ἀναπαίω   ἀναπαίοντας 104,4,601.

ἀναπαύω   ἀναπαύουσιν 104,25,602.

ἀναπέμπω   ἀναπεμψάντων 67,16,559.   ἀνεπέμφθη 125,13,626.

ἀναπετάννυμι   ἀναπέτασον 79,21,573.

ἀναπηδάω   ἀναπηδᾶν 48,19,537.   ἀνεπήδησε(ν) 78,22,572. 119,
     3,619.   ἀναπηδήσας 8,6,488. 51,30,541. 116,2,616. 124,
     21,626.

ἀναπνέω   ἀναπνέοντες 23,18,509. 28,1,515.   ἀναπνεῦσαι 79,
     21,573.

ἀναπτερόω   ἀναπτεροῦντος 116,25,617.

ἀνάπτω   ἀναψάμενοι 89,3,584 Κ⁴, Οὐεστ; ἐναψάμενοι Λο (Κοβ
     σ. 218).   ἀνῆφθαι 59,4,550.   ἀνημμένους 118,17,618.
     ἀνημμένα 119,22,620.

ἀναρριπτέω   ἀναρριπτοῦντι 117,13,617.

ἀναρτάω   ἀνηρτήσατο 12,4,492.

ἀνασείω   ἀνασείων 124,23,626.   ἀνασείοντες 125,1,626.

ἀνασκευάζω   ἀνεσκεύαζε(ν) 20,28,505. 49,5,538.

ἀνασκοπέω   ἀνασκοπῶν 118,30,619.

ἀναστρέφω   ἀναστρέφοντα 84,5,578.

ἀνατίθημι   ἀνατιθέντες 37,9,524. 40,29,528.   ἀνετίθει 66,25,
     558.   ἀνέθηκε 59,19,551. 59,28,551. 107,20,605. 108,18,
     606.   ἀνάθες 125,2,626.   ἀναθεῖναι 64,11,556. 64,14,
     556.   ἀναθέμενος 8,15,488.   ἀνετέθη 12,12,493.

ἀναφέρω   ἀναφέρειν 11,21,492.   ἀναφέρων 18,16,501. 97,27,
     594.   ἀναφέροντι 1,5,479.   ἀναφέρον 21,5,505.   ἀνέφερε
     55,17,545.

ἀναφθέγγομαι ἀνεφθέγξατο 3,22,482. 79,20,573. 100,10,596.

ἀναφορά 40,10,528.

ἀναφύω ἀνέφυσαν 67,19,559.

Ἀνδοκίδης Ἀνδοκίδου 72,13,565.

ἀνδράποδον ἀνδράποδα 93,14,589.

ἀνδρεία ἀνδρείας 2,24,481.

ἀνδριάς ἀνδριάντων 29,7,516. ἀνδριᾶσιν 54,9,543.

ἀνδρόθηλυς 8,27,489.

Ἄνδρος Ἄνδρου 101,18,598.

ἀνδροφόνος ἀνδροφόνα 30,11,517.

ἀνειμένως 10,28,491.

ἀνεῖπον ἀνειπών 18,4,501. ἀνειπόντες 121,20,622 Κ⁴, Λο (Κ⁴
    σ. XXIIII): ἄπεστι παρὰ Οὐεστ. ἀναρρηθείς 9,15,490.
    22,32,508.

ἀνελεύθερος 105,24,603. ἀνελεύθερα 102,29,600. ἀνελευ-
    θέρως 31,9,518.

ἀνέραστος ἀνέραστε 102,6,599.

ἀνέρχομαι ἀνελθών 105,14,603.

ἄνευ 95,31,592.

ἀνευφημέω ἀνευφημοῦντες 73,8,565.

ἀνέχω ἀνέχοντες 114,14,614. ἀνασχεῖν 3,11,482. ἀνα-
    σχόντος 52,19,542.

ἀνήκοος 74,3,567. 126,29,628. ἀνήκοοι 37,10,524. 37,11,
    524. ἀνηκόους 113,14,613.

ἀνήρ 19,4,502. 24,25,511. 25,14,512. 27,14,514. 29,19,516.
    37,27,525. 40,19,528. 40,23,528. 46,26,536. 49,9,538.

55,12,545. 64,20,556. 64,24,556. 71,9,563. 74,2,567.

74,10,567. 81,4,574. 82,17,576. 87,24,582. 92,30,588.

94,7,590. 97,2,593. 105,3,603.110,11,609. 112,26,612.

119,19,619. 121,11,621. 123,5,624. 123,26,625. 124,7,

625. 126,32,628. ἀνδρός 7,24,488. 8,13,488. 8,32,489.

9,30,490. 19,8,502. 19,29,503. 21,12,506. 21,16,506.

25,13,512. 31,5,517. 33,24,520. 34,15,521. 34,28,521.

35,15,522. 39,12,526. 41,7,528. 41,14,529. 43,32,532.

45,1,534. 45,30,535. 46,11,535. 47,26,537. 47,32,537.

48,5,537. 48,9,537. 52,22,542. 52,28,542. 54,23,544.

55,3,545. 56,6,547. 57,28,549. 60,28,552. 63,18,555.

71,1,563. 71,23,564. 76,23,570. 77,26,571. 78,29,572.

84,19,579. 88,13,583. 89,1,583. 89,22,585. 91,9,586.

91,31,587. 93,3,588. 94,30,590. 97,16,593. 99,23,596.

100,25,597. 101,6,598. 101,24,598. 102,22,599. 108,6,

606. 109,7,607. 113,10,613. 115,30,616. 117,19,617.

119,10,619. 119,31,620. 123,13,624. 123,24,625.

τἀνδρός 87,32,582. ἀνδρί 9,9,489. 25,4,511. 35,6,521.

42,23,530. 43,31,532. 62,1,553. 73,20,566. 106,4,604.

107,31,606. ἄνδρα 14,6,495. 19,17,503. 25,28,512. 26,

5,512. 27,29,514. 28,14,515. 41,29,529. 48,3,537. 49,

23,539. 54,8,543. 60,20,552. 63,6,554. 65,26,557. 68,

19,561. 73,31,566. 80,3,573. 95,15,591. 104,27,602.

106,32,605. 108,20,606. 114,14,614. 116,17,616. 118,2,

618. 122,11,623. 124,21,626. ἀνέρα 27,14,514. ἄνδρε

55,20,546. 67,10,559. ἄνδρες 81,29,575. 86,10,580.

ἀνδρῶν 38,24,526. 50,31,540. 65,12,557. 107,29,605. 126,13,628. ἀνδράσιν 10,19,490. 37,23,524. 76,14,569. ἄνδρας 5,12,485. 20,12,504. 26,13,513. 77,13,570. 83,9, 577. 93,13,589. 94,32,591. 112,22,612. 117,10,617.

Ἀνθεστηριών Ἀνθεστηριῶνι 42,24,531.

ἄνθος 102,2,599. ἄνθη 64,18,556. 81,1,574.

ἀνθοσμίας ἀνθοσμίαν 65,27,557.

ἀνθρώπειος ἀνθρωπεία 112,2,611. ἀνθρωπείας 10,20,491. ἀνθρώπεια 36,13,523. 124,5,625.

ἀνθρώπινος ἀνθρωπίνῳ 25,22,512. ἀνθρωπίνη 2,11,481. ἀνθρωπίνην 35,7,521. ἀνθρωπίνων 72,22,565. 126,12,628.

ἀνθρώπιον 92,4,587.

ἄνθρωπος 79,18,573 βλ. ἄνθρωποι 28,2,515. ἀνθρώπῳ 2,8, 480. ἄνθρωπε 82,27,576. 104,8,602. ἄνθρωποι 16,8, 499. 28,2,515 Κ[4], Οὐεστ; ἄνθρωπος Λο (Ἰακ παρὰ Κ[2] σ. 244). 31,13,518. 88,31,583. 112,12,612. ἀνθρώπων 3,15,482. 14,23,496. 15,20,498. 18,8,501. 18,9,501. 18, 32,502. 19,7,502. 31,29,518. 40,31,528. 55,24,547. 57, 22,548. 72,14,565. 75,20,569. 77,4,570. 95,18,591. ἀνθρώποις 20,9,504. 36,15,523. 56,1,547. 60,19,552. ἀνθρώπους 25,20,512. 62,19,554.

ἀνθύπατος ἀνθυπάτου 52,1,541. ἀνθυπάτων 1,17,480.

ἀνίημι ἀνιέναι 90,15,586. ἀνιείς 32,15,519. ἀνήσουσιν 17,11,500. ἀνῆκεν 111,19,611. ἀνέντα 31,8,518. ἀνιέμενοι βλ. ἀνειμένοι 17,10,500. ἀνειμένος 22,10,507. ἀνειμένοι 17,10,500 Κ[4], Οὐεστ; ἀνιέμενοι Λο (Ῥι σ.

108). ἀνειμένῳ 32,14,519.

ἀνιμάω ἀνιμῶντας 57,10,548.

ἀνιχνεύω ἀνίχνευε 14,24,496.

ἀνόητος ἀνόητε 27,3,513. ἀνοήτως 66,14,558.

ἀνοίγνυμι ἀνοῖξαι 42,6,529.

ἀνοιδέω ἀνοιδησάντων 92,15,588.

ἀνοικίζω ἀνοικίσαντος 88,15,583. ἀνοικίζεσθαι 81,31,575.

    ἀνοικισθῆναι 88,13,583 Κ[4], Λο᛭ διανοικισθῆναι Οὐεστ

    (Οὐεστ).

ἀνόμοιος ἀνόμοιαι 71,7,563.

ἀνορούω ἀνόρουσε 86,3,580.

ἀνταναγιγνώσκω ἀντανεγιγνώσκετο 85,9,579.

ἀντεκτείνω ἀντεκτείνας 30,28,517.

ἀντεξαίρω ἀντεξάρας 24,24,511.

ἀντεράω ἀντερᾶσθαι 5,21,485.

ἀντερείδω ἀντερείσας 38,20,526.

ἀντεφεστιάω ἀντεφεστίασον 79,23,573.

ἀντιδίδωμι ἀντέδωκε 118,32,619. ἀντιδῶμεν 118,24,619.

ἀντίθετος ἀντίθετα 15,4,497. 19,30,503.

ἀντίκειμαι ἀντικεῖσθαι 43,11,531.

ἀντιλέγω ἀντιλέγων 39,29,527.

ἀντιλογισμός ἀντιλογισμοῖς 58,19,549.

ἀντίξοος ἀντιξόω 22,8,507. ἀντίξοον 67,21,559. ἀντιξόων

    22,8,507.

᾿Αντιόχεια ᾿Αντιοχείᾳ 77,23,571. ᾿Αντιόχειαν 1,6,479. 81,

    9,574.

Ἀντίοχος 75,16,568. 81,7,574. 83,14,577. Ἀντιόχου 75,
15,568. Ἀντίοχον 74,32,568.

Ἀντίπατρος Ἀντιπάτρου 111,1,610. 111,5,610. 114,7,614.
Ἀντιπάτρῳ 108,25,606. 109,17,607. Ἀντίπατρον 111,9,
611.

ἀντιπολιτεύομαι ἀντιπολιτευόμενον 20,23,505.

ἀντίσχω ἀντίσχοι 114,3,614.

ἀντίτεχνος ἀντιτέχνους 10,27,491.

Ἀντιφῶν (ὁ ῥήτωρ) 15,32,498. Ἀντιφῶντος 16,4,499. Ἀν-
τιφῶντι 22,29,508. Ἀντιφῶντα 15,16,498. 15,27,498.
16,21,499.

Ἀντιφῶν (ὁ ποιητής) 16,31,500. 17,4,500. Ἀντιφῶντος
17,19,500. Ἀντιφῶντι 16,26,499.

ἀντρώδης ἀντρώδεις 108,6,606.

Ἀντωνῖνος (υἱὸς Ἀδριανοῦ αὐτοκράτορος) 44,31,534. 45,14,
534. 45,19,534. Ἀντωνίνῳ 63,8,554. Ἀντωνῖνον 44,28,
534. 45,4,534. 77,14,570.

Ἀντωνῖνος (υἱὸς Σεβήρου αὐτοκράτορος) 121,23,622.

Ἀντώνιος (Γορδιανὸς ὁ αὐτοκράτωρ) Ἀντωνίῳ 1,προσφώνησις,
479.

Ἀντώνιος (Πολέμων ὁ ῥήτωρ) 44,14,533 Οὐεστ πρὸ 'Πολέμων'
('Ολ)· ἄπεστι παρὰ Κ4, Λο.

ἄνω 35,13,522. 43,3,531. 93,17,589. 103,20,601. 107,6,605.
115,22,616. βλ. ἀναβλέψαντος 78,32,572.

ἀξιόλογος ἀξιόλογα 95,14,591.

ἀξιομνημόνευτος ἀξιομνημόνευτα 50,31,540.

ἄξιος 43,3,531. 47,4,536. 106,21,604. 123,5,624. ἀξίῳ
122,30,623. ἄξιον 64,22,556. 70,27,563. 73,27,566. 82,
15,576. ἀξίω 55,20,546. ἄξιοι 5,21,485. 73,28,566.
95,7,591. 107,5,605. 107,6,605. ἀξίους 66,30,559.
ἀξία 52,3,541. 110,22,610. ἀξίαν 29,23,516. 91,19,587.
ἄξιαι 71,7,563. 77,27,571. ἄξια 16,23,499. 47,23,536.
55,3,545. 65,3,557. 100,25,597. ἀξίως 41,9,529.

ἀξιόω ἀξιῶ 7,25,488. ἀξιοῦσιν 112,30,613. ἀξιῶν 53,13,
542. ἀξιοῦντα 85,18,580. 119,1,619. ἀξιοῦντες 120,7,
620. ἀξιοῦντας 56,13,547. ἀξιούσης 117,15,617. ἠξί-
ουν 4,22,483. ἀξιοῦνται 107,8,605. ἀξιούσθω 59,22,
551. 82,16,576. ἀξιούσθων 120,8,620. ἀξιούμενος 25,3,
511. ἀξιούμενοι 90,9,585. ἀξιουμένους 67,8,559. ἀξι-
ούμενον 64,23,556. ἠξιοῦτο 4,2,483. 5,7,484. 36,31,
524. 123,29,625. ἠξιοῦντο 90,7,585. ἠξιώθη 103,8,600.
ἀξιωθείς 90,6,585. 101,11,598.

ἀξίωμα ἀξιώματα 82,2,576.

ἀξύνετος ἀξύνετοι 11,9,491. ἀξυνέτοις 93,18,589.

ἀοίκητος ἀοίκητον 121,9,621.

ἄοινος 90,29,586.

ἀπαγγελία 17,26,500. ἀπαγγελίας 5,6,484. ἀπαγγελίαν 104,
5,601.

ἀπαγγέλλω ἀπαγγέλλει 34,18,521. ἀπαγγέλλειν 82,30,577. 97,
19,593. ἀπήγγελλε 97,29,594. ἀπήγγελλον 36,25,523.
ἀπαγγεῖλαι 19,24,503. ἀπαγγελθέντα 90,30,586.

ἀπαγκωνίζομαι ἀπηγκωνισμένη 68,21,561.

ἀπαγορεύω ἀπαγορεύει 104,7,601. ἀπαγορεύοντα 81,24,575.

ἀπάγω ἀπάγων 17,8,500. ἀπάγοντα 46,16,535. ἀπῆγεν 17,8,
500. 30,1,517.

ἀπαγωγή ἀπαγωγήν 96,27,593 Κ⁴, Λο (Κ⁴ σ. XXIIII); ἀναγωγήν
Οὐεστ.

ἀπαίδευτος 18,11,501. ἀπαιδεύτῳ 97,22,593. ἀπαίδευτον 96,
4,592. 96,5,592. ἀπαιδεύτων 61,31,553. ἀπαίδευτα 18,
13,501.

ἀπαιτέω ἀπαιτεῖ 12,29,494. ἀπαιτῶν 31,5,517. ἀπήτησε 55,
22,547. ἀπαίτησον 70,20,563. ἀπαιτεῖσθαι 51,24,541.
ἀπαιτουμένου 44,7,533. ἀπαιτουμένων 88,29,583.

ἀπαλείφω ἀπαλείφειν 53,14,542. ἀπαλείψας 114,28,615.

ἀπαλλάττω ἀπαλλάττει 89,28,585.

ἀπανθίζω ἀπηνθισμένα 72,25,565.

ἀπάνθρωπος ἀπάνθρωπα 66,20,558.

ἀπανίστημι ἀπανισταμένους 80,11,574.

ἀπάνουργος ἀπανούργως 101,1,597.

ἀπαντάω ἀπήντησε 51,27,541. 81,16,575. ἀπηντηκότων 41,19,
529.

ἀπαντλέω ἀπαντλῶν 30,29,517.

ἅπαξ 13,29,495. 106,5,604. 110,5,609. 115,20,615.

ἀπαξιόω ἀπαξιοῦσι 27,29,514. ἀπηξίου 55,19,546. ἀπηξίωσε
14,29,496. ἀπαξιῶσαι 77,3,570. ἀπαξιούσθω 124,5,625.
ἀπηξιώθη 54,12,543.

ἀπαραίτητος ἀπαραίτητον 110,14,610. ἀπαραιτήτου 17,17,500.

ἀπαρακάλυπτος ἀπαρακαλύπτως 26,12,513.

ἅπας ἁπάντων 90,22,586. 103,1,600. ἅπασι(ν) 20,9,504. 20,

    12,504. 32,2,518 35,22,522. 102,9,599. ἁπάσης 18,31,

    502. 20,16,504. 103,28,601. ἁπάσῃ 64,5,556. ἅπασαν

    31,23,518. ἁπάσαις 113,11,613. ἁπάσας βλ. πάσας 110,

    5,609. ἅπαντος 108,8,606.

ἀπατηλός ἀπατηλῷ 3,28,482.

ἀπεθίζω ἀπεθίζειν 43,16,532.

ἀπειθέω ἀπειθοῦντι 30,16,517.

ἀπειλέω ἠπείλει 51,20,541.

ἄπειμι ἄπεστι(ν) 74,26,568. 102,18,599. ἀπεῖναι 107,17,

    605. ἀπόντων 117,25,618. ἀπούσας 13,29,495. ἀπῆν

    29,13,516.

ἄπειμι ἄπιτε 86,10,580. ἀπιών 38,15,525. 98,7,594. ἀπι-

    όντι 114,12,614. ἀπῄει 65,5,557. 115,29,616. 118,13,

    618.

ἀπειροκαλία ἀπειροκαλίαν 125,21,627.

ἀπειρόκαλος ἀπειρόκαλον 19,19,503.

ἄπειρος ἄπειροι 37,11,524. ἀπείρως 99,22,596.

ἀπελεύθερος 68,12,560. ἀπελευθέρῳ 63,23,555. ἀπελευθέρων

    58,7,549. 58,10,549. 69,12,561. ἀπελευθέροις 58,8,549.

    73,5,565. 115,8,615. ἀπελευθέρους 69,13,561.

ἀπέοικα ἀπεικός 16,21,499.

ἀπέριττος 39,19,527. 54,28,544. 113,1,613. ἀπέριττον 27,7,

    514.

ἀπέρχομαι ἀπῆλθε(ν) 50,28,540. 63,2,554. 68,27,561. 82,8,

    576. 103,23,601. ἀπέλθοι 117,2,617.

ἀπέχθεια <u>ἀπέχθειαν</u> 73,19,566. 84,1,578. 101,6,598.

ἀπέχω <u>ἀπέχου</u> 84,8,578. <u>ἀπέχεσθαι</u> 46,20,535.

ἀπίθανος <u>ἀπίθανον</u> 77,5,570.

ἀπιστέω <u>ἀπιστῶμεν</u> 109,27,607. 115,3,615. <u>ἀπιστεῖσθαι</u> 109,

    29,607. <u>ἀπιστούμενοι</u> 62,15,554. <u>ἀπιστούμενον</u> 60,27,

    552. <u>ἀπιστηθείην</u> 127,6,628.

ἄπιστος <u>ἄπιστε</u> 102,7,599.

ἄπληστος <u>ἄπληστα</u> 36,21,523.

ἀπλοικός <u>ἀπλοικωτάτῳ</u> 87,32,582.

ἀπό, ἀπ᾽, ἀφ᾽ 1,8,479. 3,6,481 Κ⁴, Οὐεστ΄; ἄπεστι παρὰ Λο

    (Λο). 3,6,481. 3,10,482. 4,22,483. 7,32,488. 9,6,489.

    11,9,491. 12,11,493. 19,4,502. 23,17,509. 27,13,514.

    27,32,515. 32,1,518. 32,4,518. 32,27,519. 33,23,520.

    34,22,521. 37,29,525. 40,18,528. 43,8,531. 44,5,532.

    44,24,533. 45,21,534. 45,31,535. 45,32,535. 46,1,535.

    47,20,536. 47,20,536. 66,11,558. 73,29,566. 73,29,566.

    73,31,566. 74,11,567. 75,1,568. 75,7,568. 79,28,573.

    81,4,574. 82,23,576. 83,1,577. 86,9,580. 89,22,585.

    90,16,586. 91,2,586. 93,26,589. 94,25,590. 96,29,593.

    98,15,594. 100,22,597. 101,16,598. 105,21,603. 107,7,

    605. 107,18,605. 107,19,605. 108,29,607. 110,29,610.

    111,22,611. 113,28,613. 116,24,617. 116,29,617. 118,1,

    618. 119,28,620. 121,22,622. 126,2,627.

ἀποβαίνω <u>ἀποβάς</u> 118,13,618. <u>ἀποβέβηκεν</u> 24,31,511.

ἀποβάλλω <u>ἀποβαλών</u> 26,19,513. <u>ἀποβεβληκέναι</u> 83,12,577.

    <u>ἀποβεβληκότων</u> 35,13,522. <u>ἀποβεβλημένων</u> 22,22,508.

ἀπογιγνώσκω ἀπέγνω 92,21,588. ἀπέγνωσαν 22,28,508. ἀπο-
γνῶναι 99,18,596.

ἀποδείκνυμι ἀποδεδειγμένοις 11,14,492. ἀπεδέδεικτο 50,20,
540.

ἀπόδειξις ἀπόδειξιν 10,25,491.

ἀποδέω ἀποδέων 103,18,601.

ἀποδημέω ἀποδημεῖν 34,30,521. ἀποδεδημηκέναι 123,26,625.

ἀποδημία 25,12,512. ἀποδημίας 23,6,509. 45,1,534. 50,15,
539. ἀποδημίαν 7,26,488. 50,6,539. ἀποδημίαι 87,3,
582.

ἀποδίδωμι ἀποδιδόντι 51,22,541. ἀποδώσοντες 58,21,549.
ἀπέδωκεν 39,14,527. 66,18,558. ἀπόδος 76,5,569. 76,5,
569. ἀποδοῦναι 94,15,590. 94,19,590. ἀποδιδόμενος
105,22,603. ἀποδιδομένου 16,6,499.

ἀποδύω ἀπέδυ 26,17,513. ἀπεδύσατο 103,22,601.

ἀπόθετος ἀποθέτοις 56,14,547.

ἀποθνήσκω ἀποθνησκέτω 55,5,545. ἀποθνήσκειν 53,13,542.
53,20,543. 80,12,574. 119,1,619. ἀποθνήσκοντι 100,11,
597. ἀποθνήσκοντες 69,8,561. ἀπέθανε(ν) 16,24,499.
16,25,499. 17,2,500. 19,3,502. 21,21,506. 29,4,516. 65,
24,557. 65,31,558. 92,16,588. 96,2,592. 98,5,594.
ἀποθανεῖν 19,7,502. 63,24,555. 86,19,581. 89,28,585.
109,18,607. ἀποθανών 106,29,604. ἀποθανόντος 73,4,
565. 105,31,603. 109,21,607. 125,11,626. ἀποθανόντι
55,1,544. 91,8,586. 110,15,610. 117,7,617. ἀποθανόντων
21,23,506. ἀποθανούσης 65,32,558. ἀποθανοῦσαν 64,8,

556.

ἀποικία ἀποικίας 14,2,495.

ἀποκαθεύδω ἀπεκάθευδεν 75,11,568.

ἀποκινδυνεύω ἀποκινδυνεύειν 47,32,537.

ἀποκρεμάννυμι ἀποκρεμαννύσθω 87,30,582.

ἀποκρίνω ἀποκρίνασθαι 94,16,590.

ἀπόκρισις ἀπόκρισιν 41,10,529. ἀποκρίσεις 122,10,623.
     ἀποκρίσεων 5,13,485. 64,26,556.

ἀποκτείνω ἀποκτείνειν 28,24,515. 110,22,610. ἀποκτενοῦσιν
     17,12,500. ἀπέκτεινα 40,22,528. ἀπέκτεινε(ν) 68,15,
     560. 76,8,569 ἀπέκτειναν 59,17,550. ἀποκτεῖναι 9,7,
     489. 25,29,512. 119,2,619.

ἀποκτυπέω ἀπεκτύπει 48,18,537.

ἀπολαμβάνω ἀπολαμβάνοντα 49,14,538. ἀπολαβεῖν 31,7,518.
     ἀπειλημμένην 24,21,511.

ἀπολείπω ἀπολείπει 82,4,576. ἀπολιπούσης 83,22,578. ἀπο-
     λειπόμενος 75,21,569. ἀπελείφθη 83,28,578.

ἀπόλλυμι ἀπώλλυ 51,4,540. ἀπολωλυίας 72,30,565. ἀπολω-
     λυῖαν 88,15,583 ἀπολουμένας 7,10,487.

Ἀπολλώνιος (ὁ Τυανεύς) 7,20,487. 35,6,521. Ἀπολλωνίῳ
     77,3,570. Ἀπολλώνιον 77,2,570. 77,6,570.

Ἀπολλώνιος (ὁ Ναυκρατίτης) 102,14,599. 114,30,615. Ἀπο-
     λλωνίου 113,4,613. Ἀπολλώνιον 102,30,600.

Ἀπολλώνιος (ὁ Ἀθηναῖος) 103,7,600. 103,24,601. 103,30,
     601. 104,1,601. Ἀπολλωνίου 103,26,601.

ἀπολογέομαι ἀπολογεῖται 52,32,542. 76,9,569. ἀπολογεῖσθε

69,1,561. ἀπολογούμενος 47,11,536. ἀπολογουμένου 25,
25,512. ἀπολογουμένων 69,2,561. ἀπολογησόμενος 125,
13,626. ἀπολελόγηται 76,16,569. ἀπολελογήσθω 99,23,
596. ἀπολελογημένου 89,10,584.

ἀπολογία 70,24,563. 78,14,572. 99,20,596. ἀπολογίας 19,18,
503. 52,30,542. 64,6,556. 69,11,561. 75,25,569. 92,24,
588. ἀπολογία 24,3,510. 94,2,590. ἀπολογίαν 25,32,
512. 53,1,542. 69,32,562.

ἀπομάσσω ἀπεμάξατο 35,16,522.

ἀπομηκύνω ἀπεμήκυνεν 75,29,569.

ἀπομνημόνευμα ἀπομνημονεύματα 80,25,574.

ἀπομνημονεύω ἀπομνημονεύειν 13,29,495. ἀπομνημονεύων 90,
21,586.

ἀπονεύω ἀπονεύων 9,27,490.

ἀπονοέομαι ἀπονενοημένοι 81,29,575.

ἀποπέμπω ἀποπέμψαι 26,3,512.

ἀποπρεσβεύω ἀποπρεσβεύων 3,16,482.

ἀπορέω ἀπορεῖν 13,9,494. 52,1,541. ἀποροῦσιν 24,19,511.
ἀποροῦντας 108,9,606. 108,11,606.

ἀπορία ἀπορία 24,17,511. 39,29,527.

ἀπόρρητος ἀπορρήτους 41,6,528. ἀπορρήτου 90,17,586. ἀπο-
ρρήτως 101,27,598.

ἀπορρίπτω ἀπορρίψεις 81,2,574.

ἀποσημαίνω ἀποσημαίνοντες 67,13,559.

ἀποσκήπτω ἀποσκήπτειν 28,25,515. ἀποσκῆψαι 115,5,615.

ἀποσκώπτω ἀποσκώπτων 83,14,577.

ἀποσπάω ἀποσπῶντα 59,18,550.

ἀποσπουδάζω ἀπεσπούδαζε 20,25,505.

ἀπόστασις ἀποστάσεων 11,30,492.

ἀποστέργω ἀπέστερξεν 110,20,610.

ἀποστερέω ἀπεστεροῦντο 58,26,549.

ἀποστρέφω ἀποστραφείς 122,7,623.

ἀποστροφή ἀποστροφήν 58,9,549.

ἀποσφάττω ἀπεσφαγμένῳ 8,5,488.

ἀποσχεδιάζω ἀποσχεδιάζειν 85,9,579. ἀποσχεδιάζων 82,19,
     576. 90,23,586. ἀποσχεδιάζοντος 23,18,509. ἀπεσχε-
     δίαζεν 12,1,491. 120,22,621.

ἀποσχηματίζω ἀπεσχημάτισται 2,25,481.

ἀποτάδην 2,23,481. 17,27,500. 90,11,585.

ἀποτείνω ἀποτεῖναι 32,1,518.

ἀποτελέω ἀπετέλεσεν 59,1,550. ἀποτελεσθέν 44,20,533. 107,
     19,605.

ἀποτέμνω ἀποτεμεῖν 60,7,551.

ἀποτίθημι ἀποτίθενται 56,12,547.

ἀποτίκτω ἀποτεχθείς 28,19,515.

ἀποτορνεύω ἀποτορνεύοι 48,21,537 K[4], Λο; ἀποτορνεύοιτο
     Οὐεστ (Βουλγ). ἀποτορνεύοιτο βλ. ἀποτορνεύοι 48,21,
     537.

ἀποτρίβω ἀπετρίψατο 74,15,567.

ἀποφαίνω ἀπέφηνε(ν) 10,7,490. 37,1,524. ἀποφήνας 23,12,
     509. ἀποφαινόμεθα 11,2,491. ἀποπεφάνθω 19,6,502. 109,
     6,607. 112,20,612. ἀποφανθείη 18,8,501.

ἀποφέρω ἀπήνεγκεν 6,29,486. ἀπηνέγκατο 30,32,517. ἀπη-
    νέχθη 85,24,580. 89,26,585. 117,22,618.

ἀποφεύγω ἀπέφυγεν 92,4,587.

ἀποφοιτάω ἀπεφοίτα 20,21,505.

ἀποχράω ἀπόχρη 52,21,542. 65,24,557. ἀποχρῶν 37,15,524.
    39,19,527. 64,29,557. 74,5,567. 78,16,572. 112,31,613.
    112,32,613. ἀποχρῶσα 113,22,613. ἀποχρῶσαν 27,7,514.
    69,16,561. ἀπέχρη 10,25,491. ἀπεχρῆτο 31,27,518.
    ἀπεχρήσατο 124,31,626. 126,7,627.

ἀποχρώντως 126,10,627.

ἀποψάλλω ἀποψάλλει 62,7,553.

ἀποψηφίζομαι ἀπεψηφίζοντο 116,1,616.

ἅπτω ἅπτεται 96,22,593. ἅπτεσθαι 60,11,551. 95,20,591.
    ἥπτετο 120,3,620. ἥψατο 100,18,597.

ἀπωθέω ἀπεώσατο 76,11,569.

ἄρα, ἄρ' 21,30,507. 27,14,514. 101,30,598. 118,25,619.

ἀρά ἀράν 102,9,599. ἀραῖς 66,28,559.

Ἀραβία 80,31,574.

Ἀράβιος 124,30,626. Ἀράβιον 81,1,574.

Ἀράσπας Ἀράσπαν 37,9,524.

Ἀργαῖος Ἀργαίῳ 97,23,594.

ἀργία ἀργίαν 3,29,482.

ἀργύρεος ἀργυροῦ 94,14,590.

ἀργύριον 92,6,587.

ἀργυροδίνης ἀργυροδίνῃ 72,6,564.

ἄργυρος ἄργυρον 80,21,574. 93,14,589. 94,19,590.

ἀργυροχάλινος ἀργυροχαλίνου 43,26,532. 91,21,587.

Ἄρδυς Ἄρδυος 26,19,513.

Ἄρειος Ἀρείου 22,30,508.

Ἀρέλατον ἢ Ἀρέλατος Ἀρελάτου 8,25,489.

ἀρετή 3,26,482. ἀρετῆς 44,18,533. 90,9,585. 96,1,592.
  ἀρετῇ 35,12,522. ἀρετήν 6,31,487. 54,23,544. ἀρετάς
  1,15,480. 42,10,530. 103,28,601. 112,2,611.

Ἀρετή Ἀρετῆς 54,5,543.

Ἄρης Ἄρει 56,15,547.

ἄρθρον ἄρθρων 48,14,537. 53,25,543. ἄρθρα 46,18,535.

ἀριθμέω ἠριθμοῦντο 58,20,549.

ἀριθμός ἀριθμόν 2,16,481.

Ἀριμασποί Ἀριμασπούς 89,8,584.

Ἀριοβαρζάνης Ἀριοβαρζάνην 24,14,511.

ἀριπρεπής ἀριπρεπεῖς 117,10,617.

Ἀρισταίνετος 95,4,591.

Ἀρισταῖος Ἀρισταίου 37,17,524.

ἀριστεῖα 22,24,508.

Ἀριστείδης (ὁ σοφιστής) 87,19,582. 87,29,582. 88,1,583.
  89,25,585. Ἀριστείδου 87,4,582. 87,18,582. 88,6,583.
  88,27,583. 107,24,605. Ἀριστείδην 86,22,581. 87,10,
  582. 87,22,582. 87,26,582. 88,11,583. 89,12,584. 89,29,
  585.

Ἀριστείδης (ὁ δίκαιος) Ἀριστείδην 120,27,621.

ἀριστεύς ἀριστέας 2,29,481.

Ἀριστογείτων Ἀριστογείτονος 17,1,500. Ἀριστογείτονα

85,18,580.

'Αριστοκλῆς 74,7,567. 74,30,568. 'Αριστοκλέους 86,26,581.
    98,14,594. 100,18,597. 101,10,598. 115,2,615. 'Αρισ-
    τοκλέα 74,23,568.

ἄριστος 26,23,513. 33,2,519. ἀρίστου 7,1,487. 45,1,534.
    ἄριστον 16,31,500. 16,32,500. ἄριστε 1,17,480. ἀρί-
    στω 55,20,546. ἄριστοι 11,4,491. 95,9,591. ἀρίστη 7,
    4,487. 33,17,520. ἀρίστη 44,32,534. 88,11,583. ἄρι-
    σται 119,31,620. ἄριστα 6,32,487. 18,14,501. 21,3,505.
    33,6,519. 52,29,542. 53,11,542. 55,24,547. 72,21,565.
    75,28,569. 76,15,569. 83,31,578. 94,30,590. 96,14,592.
    96,27,593. 115,31,616.

'Αρκαδία 'Αρκαδίαν 36,2,522.

'Αρκάς 'Αρκάδι 78,25,572. 'Αρκάσιν 35,32,522.

ἀρκέω ἤρκεσε(ν) 53,2,542. 60,11,551.

ἄρκτος ἄρκτῳ 62,23,554. ἄρκτον 79,16,573. 85,32,580.

'Αρμόδιος 'Αρμοδίου 17,1,500.

ἀρμονία 71,30,564.

ἀρμόττω ἀρμόσαι 111,2,610. ἤρμοκεν 8,31,489. ἤρμοσται 2,
    11,481. 10,28,491. 108,29,607. ἡρμόσθαι 24,28,511.
    ἤρμοστο 6,22,486. 46,12,535. ἁρμοσθείς 6,6,485.

ἄρνυμαι ἄρνυται 43,31,532.

ἀρουραῖος ἀρουραίου 89,11,584.

ἁρπάζω ἁρπάσονται 17,12,500. ἁρπάσαντες 73,6,565. ἡρπα-
    σμένους 58,22,549.

'Αρπάλειος 'Αρπαλείοις 53,18,543.

Ἀρτάβαζος Ἀρτάβαζον 81,23,575.

ἄρτι 42,3,529. 65,16,557. 70,12,562. 74,31,568. 123,21,625.

ἄρτιος 12,32,494. 28,28,515. 115,6,615. ἀρτιωτάτην 29,24,
516.

ἀρτοπώλης 39,6,526.

ἀρτοπώλιον ἀρτοπώλια 39,3,526.

ἀρτύνω ἀρτύνει 54,2,543.

ἀρτύω ἀρτύοντα 98,1,594.

ἀρχαιολογία 23,30,510.

ἀρχαῖος ἀρχαίου 24,31,511. 98,3,594. ἀρχαῖον 40,11,528.
105,26,603. ἀρχαίων 94,25,590. ἀρχαία 2,22,481. 2,27,
481. ἀρχαίαν 2,1,480. 57,12,548. 72,25,565. ἀρχαῖα
52,4,541. ἀρχαιοτέρας 3,2,481.

ἀρχή 38,32,526. 54,1,543. ἀρχῆς 12,25,493. 64,12,556. 67,
27,560. ἀρχήν 76,8,569. 100,8,596. 109,16,607. 113,28,
613. ἀρχάς 12,2,492. 14,29,496. 15,24,498. 45,23,535.
46,28,536. 124,24,626.

Ἀρχίδαμος 21,3,505.

ἀρχιερεύς 9,15,490. 28,16,515. 112,28,612 Κ⁴, Λο, Οὐεστ (Κ²
σ. 372). ἀρχιερέας 100,3,596.

Ἀρχίλοχος Ἀρχιλόχου 119,28,620. Ἀρχίλοχον 119,30,620.

ἄρχω ἄρχεις 5,16,485. ἄρχειν 14,3,495. ἄρχοντι 92,20,588.
ἀρχόντων 17,32,501. ἄρχοντας 69,5,561. ἦρχε 46,11,
535. 56,30,548. 57,7,548. ἠρχέτην 67,11,559. ἦρχον
63,10,554. 66,31,559. ἦρξε(ν) 3,1,481. 11,28,492. 18,
17,501. 22,5,507. 25,18,512. 44,30,534. 55,22,547. 67,

3,559. 100,24,597. 109,14,607. 113,28,613. ἦρξαν 10,

18,490. ἄρξαι 3,20,482. 21,27,507. ἄρξας 55,4,545.

55,6,545. ἀρχομένοις 17,10,500. 106,26,604. ἤρξατο

8,7,488. 10,14,490. 23,17,509. 40,19,528. 40,26,528.

91,14,587. 107,24,605. 126,2,627. ἄρξασθαι 88,29,583.

ἀρξάμενος 116,24,617. ἀρξαμένου 119,6,619. ἀρξά-

μενον 1,10,480 Λο μετὰ 'πατέρων' ('Ρι σ. 108); ἄπεστι

παρὰ Κ⁴, Οὐεστ. ἀρχθῆναι 100,7,596.

ἄρωμα 111,26,611.

ἀσάφεια ἀσαφείας 126,25,628.

ἀσέλγεια ἀσελγείᾳ 123,21,625.

ἀσελγής 10,22,491. ἀσελγεστέρων 120,11,620.

ἀσθένεια ἀσθενείας 70,13,562.

'Ασία 'Ασίας 20,18,504. 23,9,509. 28,16,515. 33,19,520. 44,

31,534. 101,21,598. 'Ασίᾳ 33,21,520. 86,25,581.

'Ασίαν 6,11,485. 20,31,505. 22,2,507. 43,10,531. 45,21,

534. 57,7,548. 57,19,548. 63,10,554. 84,32,579. 108,

27,606. 120,31,621.

ἀσκέω ἀσκῶν 62,23,554. 77,21,571. ἤσκει 4,10,483. 120,19,

621. ἤσκησαν 86,24,581. 90,1,585. ἠσκημένη 82,31,

577. ἤσκητο 96,10,592.

ἄσκησις ἀσκήσει 52,6,541.

'Ασκληπιός 'Ασκληπιοῦ 46,19,535. 75,10,568. 111,25,611.

113,27,613.

ᾆσμα ᾀσμάτων 120,10,620.

ἄσμενος ἀσμένῳ 34,14,521.

ἀσπάζομαι ἀσπάζεται 82,3,576. 112,2,611. ἀσπαζόμεθα 13,22,
    494. ἀσπαζόμενος 68,11,560. ἀσπαζομένου 108,7,606.
    111,2,610. ἀσπαζομένῳ 47,5,536. ἀσπαζομένων 87,23,
    582. ἠσπάσατο 104,31,603.

'Ασπάσιος 125,20,627. 126,14,628. 126,28,628. 'Ασπασίου
    126,31,628. 'Ασπασίῳ 126,2,627. 'Ασπάσιον 125,17,
    627. 126,20,628.

ἀσπίς 27,14,514. ἀσπίδι 33,14,520. ἀσπίδα, ἀσπίδ' 22,22,
    508. 27,14,514. 40,21,528.

'Ασσύριος 26,9,512. 'Ασσυρίου 75,17,568. 'Ασσυρίους 31,
    21,518.

ἀστασίαστος ἀστασίαστον 43,1,531.

ἀστεΐζομαι ἀστεΐζεσθαι 32,11,519. ἠστεΐζετο 45,14,534. 45,
    18,534. ἠστεΐζοντο 82,23,576.

ἀστεῖος ἀστείως 25,9,511. 35,5,521. 38,21,526. 45,26,535.
    ἀστειότατα 52,15,541. 72,12,564. 111,13,611. 114,18,
    614.

ἀστεισμός ἀστεισμοῦ 83,10,577. ἀστεισμῷ 94,20,590.
    ἀστεισμούς 51,1,540.

ἀστήρ 85,29,580. ἀστέρες 86,4,580. ἀστέρων 2,13,481.

ἀστός ἀστούς 58,1,549. 75,7,568.

ἀστράγαλος ἀστραγάλοις 64,2,555.

ἀστραπή ἀστραπῆς 39,21,527.

ἀστράτευτος ἀστρατεύτων 112,5,612.

ἀστρονομία ἀστρονομίαν 13,31,495.

ἄστυ ἄστεος 46,4,535. 78,14,572. ἄστει 62,2,553. 65,30,

557. 70,21,563. 105,19,603. 108,5,606. ἄστυ 73,7,565.
104,24,602. 105,15,603. ἄστη 3,32,483. 99,29,596.

ἀσύμβολος ἀσύμβολον 56,10,547.

ἀσύνδετος ἀσύνδετον 109,12,607. ἀσυνδέτως 19,22,503.

ἀσφαλής 75,23,569. ἀσφαλῶς 89,19,585.

ἀσχάλλω ἤσχαλλον 78,10,571.

ἀσχολέω ἀσχολεῖ 89,27,585. ἀσχολοῦντος 22,1,507. ἠσχόλει
87,30,582.

ἄσωτος ἀσώτῳ 105,26,603.

ἀτακτέω ἀτακτήσειαν 47,14,536.

ἄτακτος ἀτάκτως 74,19,567.

ἀταμίευτος ἀταμιεύτως 94,27,590.

ἀταξία ἀταξίαν 8,6,488.

ἄτε 104,2,601.

ἀτέλεια ἀτελείας 93,12,589. 103,31,601. 111,20,611. ἀτέ-
λειαν 103,24,601. 121,18,622. 122,15,623. 122,21,623.

ἀτελής 122,17,623. 122,23,623. ἀτελῆ 44,4,532.

ἀτεχνῶς 83,12,577.

Ἀτθίς Ἀτθίδα 62,7,553.

ἀτιμία ἀτιμίᾳ 23,4,509.

ἄτιμος ἀτιμοτέρας βλ. ἀτιμότερα 82,1,575. ἀτιμότερα 82,1,
575 Κ⁴, οὐεστ; ἀτιμοτέρας Λο.

ἄτοπος ἄτοπον 18,19,501. ἀτόπου 18,7,501.

Ἀτρόμητος Ἀτρομήτου 3,3,481. 21,26,507.

ἄτρωτος 29,11,516. ἄτρωτον 26,3,512.

Ἄτταλος 110,9,609. Ἀττάλου 110,12,610.

'Αττική, ἡ   18,8,501.   'Αττικῆς 61,32,553. 'Αττικῇ 69,27,
    562.

ἀττικίζω ἀττικίζειν 19,20,503. ἀττικίζων 98,16,594.
    ἀττικίζοντα 19,18,503. ἀττικίζουσα 74,25,568. ἀττι-
    κιζούσης 96,7,592. ἤττίκιζε 123,3,624. ἤττίκισεν 96,
    9,592.

ἀττίκισις 74,27,568.

'Αττικός (πατὴρ 'Ηρώδου) 34,5,521. 57,3,548. 57,21,548.
    'Αττικοῦ 56,31,548. 58,3,549. 73,12,566. 'Αττικόν 56,
    21,547. 57,6,548. 57,21,548.

'Αττικός (υἱὸς 'Ηρώδου) 'Αττικόν 66,6,558.

'Αττικός 'Αττικαῖς 99,5,595. 'Αττικά 10,11,490. 19,21,503.
    23,13,509.

αὖ 18,19,501. 22,13,508. 30,2,517. 32,11,519. 38,8,525 Κ⁴,
    Οὐεστ; ἄν Λο (Κοβ σ. 215). 91,22,587. 106,21,604. 118,
    26,619. 120,16,620. 126,16,628. 126,25,628.

αὐγή αὐγαί 19,20,503.

αὖθις 126,10,627.

αὐλέω αὐλεῖν 80,31,574.

αὐλή αὐλῇ 54,9,543. αὐλήν 113,31,614. αὐλάς 95,25,592.

αὐλοποιός αὐλοποιοῦ 21,16,506. αὐλοποιόν 21,18,506.

αὐλός αὐλοῦ 80,7,573. αὐλῷ 125,25,627. αὐλοί 19,11,502.
    αὐλῶν 26,16,513. 74,16,567. αὐλούς 21,19,506.

αὐξάνω ηὔξησεν 15,20,498. αὐξῆσαι 15,28,498. 42,11,530.
    αὐξηθεῖσα 126,4,627.

αὖος αὖον 27,6,514.

ἄυπνος ἀυπνότατος 31,29,518.

αὔρα 19,26,503 Κ⁴, Λο, Οὐεστ (Κ² σ. 227).

Αὐρήλιος 126,5,627. Αὐρηλίου 126,4,627.

αὔριον 37,30,525. 62,27,554. 88,2,583.

αὐτάρ 8,8,488.

αὐτίκα 23,7,509. 103,26,601. 105,12,603. 117,16,617.

αὐτόθεν 105,8,603.

αὐτόθι 100,14,597.

αὐτοκράτωρ 8,15,488. 9,25,490. 25,24,512. 42,9,529. 44,4,
     532. 44,13,533. 44,20,533. 44,28,534. 45,5,534. 45,24,
     535. 45,26,535. 50,18,540. 50,21,540. 50,25,540. 56,20,
     547. 56,29,548. 57,15,548. 57,21,548. 65,14,557. 67,28,
     560. 70,5,562. 77,18,571. 87,21,582. 87,28,582. 87,31,
     582. 88,8,583. 92,28,588. 93,10,589. 103,27,601. 111,
     17,611. 111,30,611. 122,7,623. 122,16,623. 124,21,626.
     126,23,628. αὐτοκράτορος 49,27,539. 68,18,561. 72,27,
     565. 113,30,614. αὐτοκράτορι 9,30,490. 57,11,548. 57,
     18,548. αὐτοκράτορα 9,18,490. 25,23,512. 56,26,547.
     65,17,557. 67,24,560. 103,22,601. 111,10,611. 121,23,
     622. αὐτοκράτορ 124,19,626. αὐτοκράτορας 43,5,531.

Αὐτολήκυθος Αὐτοληκύθου 10,8,490.

αὐτομαθής αὐτομαθῶς 15,29,498.

αὐτόματος αὐτόματον 30,8,517.

αὐτομολέω αὐτομολήσασα 35,28,522.

αὐτός 21,18,506. 23,1,509. 24,23,511. 25,24,512. 28,16,515.
     33,6,519. 38,11,525. 40,6,527. 43,26,532. 47,27,537.

49,7,538. 55,6,545. 64,31,557. 68,1,560. 69,14,561. 73,
32,567. 78,7,571. 78,32,572. 86,17,581. 86,29,581. 90,
26,586. 92,17,588. 101,32,599. 107,9,605. 107,20,605.
111,30,611. 121,31,622. αὐτοῦ 4,23,483. 11,7,491. 13,
8,494. 13,14,494. 13,26,495. 17,22,500. 21,8,505. 23,
12,509. 24,4,510. 27,31,515. 28,17,515. 29,13,516. 30,
2,517. 30,23,517. 33,15,520. 34,17,521. 37,32,525. 38,
6,525. 38,7,525. 39,11,526. 40,4,527. 40,13,528. 42,
17,530. 44,5,532. 44,26,533. 45,23,535. 48,25,538. 51,
11,540. 51,15,540. 51,18,541. 52,16,541. 53,21,543. 54,
15,543. 56,7,547. 56,18,547. 56,29,548. 60,22,552. 62,
26,554. 63,18,555. 69,28,562. 71,4,563. 71,12,563. 73,
4,565. 73,30,566. 75,2,568. 75,21,569. 76,9,569. 78,
2,571. 78,19,572. 81,23,575. 83,1,577. 83,7,577. 84,6,
578. 90,14,586. 90,24,586. 92,12,588. 92,25,588. 93,2,
588. 96,6,592. 96,9,592. 96,15,592. 96,18,592. 96,20,
593. 96,25,593. 97,20,593. 101,11,598. 102,18,599. 102,
25,599. 107,7,605. 108,6,606. 108,17,606. 111,22,611.
113,14,613. 114,30,615. 115,25,616. 117,22,618. 119,20,
619. 120,2,620. βλ. αὐτοῦ 83,32,578. αὐτῷ 6,24,486. 7,
11,487. 7,25,488. 9,1,489. 10,14,490. 11,4,491. 12,14,
493. 13,4,494. 14,4,495. 15,13,497. 15,30,498. 20,30,
505. 21,17,506. 23,6,509. 25,4,511. 26,2,512. 26,14,
513. 26,20,513. 28,14,515. 29,28,516. 30,11,517. 31,7,
518. 31,8,518. 32,31,519. 33,32,520. 34,2,520. 34,9,
521. 34,20,521. 34,21,521. 34,23,521. 36,5,522. 38,18,

525. 42,19,530. 42,21,530. 43,24,532. 44,3,532. 44,27,

533. 46,19,535. 46,24,536. 46,26,536. 47,1,536. 47,11,

536. 48,14,537. 48,16,537. 48,20,537. 49,8,538. 49,16,

539. 49,24,539. 51,23,541. 51,25,541. 51,28,541. 52,2,

541. 53,24,543. 54,3,543. 54,7,543. 54,12,543. 54,22,

544. 54,29,544. 56,16,547. 56,23,547. 57,4,548. 59,3,

550. 61,6,552. 61,6,552. 61,16,553. 63,21,555. 64,6,

556. 64,28,556. 65,15,557. 65,32,558. 66,3,558. 66,10,

558. 66,13,558. 66,18,558. 66,24,558. 67,3,559. 67,22,

560. 67,27,560. 67,28,560. 68,7,560. 68,25,561 K^4,

Οὐεστ; <u>αὐτόν</u> Λο (Κοβ σ. 217). 69,4,561. 69,23,562. 69,

31,562. 70,1,562. 70,12,562. 70,30,563. 71,9,563. 72,

10,564. 72,26,565. 73,1,565. 73,10,566. 74,18,567. 74,

21,567. 75,13,568. 76,19,570. 77,8,570. 77,11,570. 77,

16,571. 77,29,571. 78,4,571. 78,24,572. 78,27,572. 78,

30,572. 79,6,572. 80,8,573. 80,23,574. 84,21,579. 84,

31,579. 84,32,579. 85,8,579. 85,28,580. 86,5,580. 86,

16,581. 86,28,581. 86,30,581. 87,1,582. 87,24,582. 92,

3,587. 92,16,588. 92,21,588. 92,24,588. 93,6,588. 93,

32,589. 94,13,590. 95,7,591. 95,11,591. 95,18,591. 95,

27,592. 99,14,596. 100,9,596. 100,11,597. 101,3,598.

102,18,599. 102,20,599. 105,14,603. 105,20,603. 105,31,

603. 106,6,604. 109,24,607. 110,9,609. 110,12,610. 110,

14,610. 110,18,610. 110,27,610. 112,8,612. 114,12,614.

114,17,614. 114,21,614. 114,22,614. 115,5,615. 115,7,

615. 115,10,615. 116,13,616. 117,1,617. 117,4,617. 117,

46

6,617. 118,10,618. 119,8,619. 119,21,620. 121,5,621. 121,14,621. 121,18,622. 121,31,622. 122,9,623. 122,30, 623. 122,32,624. 123,16,624. 124,26,626. 124,31,626. 125,12,626. 125,14,627. βλ. οὕτω 23,9,509, αὐτῷ 126, 14,628. αὐτόν 1,14,480. 3,14,482. 5,24,485. 8,16,488. 9,19,490. 10,5,490. 10,26,491. 12,22,493. 15,7,497. 15, 28,498. 17,3,500. 17,8,500. 18,13,501. 18,20,501. 20, 4,504. 20,26,505. 21,22,506. 22,26,508. 22,30,508. 25, 8,511. 25,30,512. 26,20,513. 26,22,513. 26,32,513. 27, 28,514. 29,17,516. 30,28,517. 33,12,520. 34,4,520. 34, 19,521. 35,2,521. 36,32,524. 37,1,524. 39,3,526. 41,8, 528. 41,16,529. 41,19,529. 42,8,529. 42,14,530. 43,8, 531. 44,6,532. 44,10,533. 44,17,533. 45,7,534. 45,19, 534. 45,20,534. 47,10,536. 47,31,537. 48,18,537. 48,31, 538. 49,28,539. 50,2,539. 50,27,540. 52,4,541. 52,13, 541. 52,20,542. 52,28,542. 53,4,542. 54,5,543. 54,13, 543. 54,15,543. 54,19,544. 54,30,544. 56,15,547. 57,16, 548. 58,15,549. 60,17,552. 60,32,552. 61,9,553. 61,21, 553. 62,16,554. 63,12,555. 63,26,555. 64,1,555. 64,22, 556. 66,7,558. 66,14,558. 66,32,559. 67,18,559. 69,20, 562. 69,21,562. 69,32,562. 70,4,562. 71,15,563. 72,8, 564. 72,11,564. 72,17,565. 73,20,566. 73,32,567. 76,24, 570. 77,15,570. 77,19,571. 78,5,571. 79,23,573. 79,30, 573. 80,1,573. 80,6,573. 80,22,574. 81,7,574. 81,23, 575. 83,15,577. 83,22,578. 84,11,578. 84,18,579. 86,17, 581. 86,19,581. 87,8,582. 87,25,582. 87,27,582. 88,29,

583. 89,12,584. 89,23,585. 90,30,586. 91,5,586. 91,23,
587. 91,28,587. 92,15,588. 93,1,588. 93,3,588. 93,10,
589. 93,15,589. 94,12,590. 95,20,591. 97,32,594. 98,19,
594. 99,3,595. 99,24,596. 100,20,597. 100,26,597. 101,
13,598. 101,28,598. 102,11,599. 103,29,601. 104,18,602.
105,11,603. 106,13,604. 109,20,607. 111,8,611. 111,10,
611. 111,12,611. 111,18,611. 112,24,612. 113,4,613.
113,30,614. 114,26,615. 115,2,615. 115,31,616. 116,15,
616. 116,25,617. 116,31,617. 118,20,618. 118,29,619.
118,31,619. 120,31,621. 121,10,621. 122,8,623. 122,9,
623 K^4; **Λο**, Οὐεστ ἑαυτόν ('Ια σ. 80). 122,24,623. 123,
19,624. 124,14,626. 124,26,626. 125,9,626. ταὐτόν 15,
12,497. 39,27,527. 72,29,565. βλ. αὐτῷ 68,25,561,
ἑαυτόν 76,22,570, ἑαυτόν 93,18,589. αὑτοῖν 126,4,
627. αὑτοί 9,28,490. 28,9,515. 58,10,549. 59,17,550.
87,24,582. 89,7,584. 106,12,604. 118,22,619. 120,8,620.
121,1,621. αὑτῶν 16,9,499. 30,24,517. 33,25,520. 34,
28,521. 45,6,534. 50,16,539. 58,16,549. 62,4,553. 67,6,
559. 67,17,559. 78,18,572. 80,12,574. 90,25,586. 91,30,
587. 94,11,590 K^4, Λο (K^1 σ. 43); αὑτοῖς Οὐεστ. 95,30,
592. 99,12,596. 100,13,597. 114,15,614. 119,31,620.
121,3,621. αὑτοῖς 5,28,485. 10,18,490. 12,15,493. 12,
27,494. 16,6,499. 18,28,502. 18,29,502. 20,23,505. 22,
19,508. 29,2,516. 38,31,526. 39,8,526. 50,12,539. 50,
29,540. 53,25,543. 54,12,543. 58,18,549. 61,29,553. 62,
5,553. 62,6,553. 63,14,555. 67,31,560. 79,27,573. 81,

18,575. 86,6,580. 88,6,583. 90,18,586. 91,17,587. 91,
29,587. 113,24,613. 113,28,613. 119,16,619. 119,25,620.
121,21,622. βλ. αὐτῶν 94,11,590. αὐτούς 4,18,483. 10,
11,490. 11,12,492. 32,16,519. 32,24,519. 42,3,529. 65,
7,557. 67,7,559. 67,22,560. 68,1,560. 70,18,562. 78,15,
572. 83,13,577. 91,13,587. 91,25,587. 95,13,591. 127,
7,628. αὐτή 36,11,523. 43,31,532. 74,27,568. αὐτῆς
5,18,485. 25,14,512. 30,3,517. 48,21,537. 56,31,548.
64,13,556. 83,28,578. 121,27,622. 122,28,623. βλ. αὐτῆς
42,29,531. αὐτῇ 20,29,505. 24,22,511. 30,4,517. 39,32,
527. 42,30,531. 52,25,542. 64,10,556. 64,12,556. 64,17,
556. 76,21,570. 85,4,579. 105,13,603. 106,1,604. 114,
16,614. αὐτήν 11,24,492. 14,31,496. 16,12,499. 21,2,
505. 28,9,515. 29,1,516. 31,16,518. 31,31,518. 42,28,
531. 53,3,542. 63,23,555. 65,30,557. 66,5,558. 118,5,
618. 124,17,626. αὐταῖς 33,8,520. 94,4,590. 97,5,593.
109,5,607. αὐτάς 7,9,487. 36,30,524. 43,22,532. 49,6,
538. 53,7,542. 58,6,549. 68,13,560. 88,17,583. 90,2,
585. 117,27,618. αὐτό 4,21,483. 6,23,486. 10,25,491.
22,5,507. 34,12,521. 35,11,521. 36,27,524. 40,15,528.
51,4,540. 51,7,540. 51,26,541. 58,26,549. 59,9,550. 60,
10,551. 60,12,552. 63,5,554. 65,1,557. 65,8,557. 75,20,
569. 78,11,571. 88,23,583. 101,9,598. 105,26,603. 107,
14,605. 123,18,624. αὐτά 2,23,481. 4,1,483. 4,28,484.
10,31,491. 13,29,495. 16,22,499. 31,13,518. 36,22,523.
36,25,523. 37,18,524. 63,16,555. 75,30,569. 97,29,594.

105,23,603. 106,28,604.

αὐτοσχεδιάζω αὐτοσχεδιάζοι 85,6,579. αὐτοσχεδιάζειν 34,11,
521. 47,23,536. 97,28,594. αὐτοσχεδιάσαι 98,32,595.

αὐτοσχέδιος 88,26,583. 109,1,607. αὐτοσχέδιον 23,14,509.
34,16,521. 48,3,537. 117,13,617. αὐτοσχεδίων 34,14,
521. αὐτοσχεδίους 27,4,514. 46,2,535. 76,19,570. 78,
1,571. 88,21,583. αὐτοσχεδίου 27,32,515.

αὐτουργέω αὐτουργῶν 30,10,517.

αὐχήν αὐχένος 61,5,552.

αὐχμηρός 74,14,567. αὐχμηρῶς 41,14,529.

αὐχμός αὐχμῷ 57,12,548. αὐχμόν 3,30,482. 74,15,567. 102,
13,599.

ἀφαιρέω ἀφεῖλε 26,15,513. 65,11,557. ἀφελεῖν 47,29,537.
ἀφαιρεῖται 11,6,491. ἀφαιρείσθω 122,24,623. ἀφῃρεῖτο
18,4,501. ἀφαιρήσεται 114,15,614. ἀφείλοντο 22,29,
508. ἀφελοίμην 122,19,623. ἀφελόμενος 116,16,616.
ἀφῃρημένης 62,24,554. ἀφῃρέθη 83,9,577. 112,21,612.
122,23,623. ἀφαιρεθείς 10,1,490. 98,23,595. 99,31,596.
103,24,601. 121,18,622.

ἀφανής ἀφανῶν 37,2,524. 104,29,603. ἀφανής 76,28,570.
ἀφανῶς 13,12,494. 15,25,498. 66,28,559. 67,24,560. 69,
3,561. 73,20,566. 106,29,604.

ἀφανίζω ἀφανισθεῖσαν 87,12,582.

ἀφέλεια 123,13,624. ἀφελείᾳ 7,4,487. 71,32,564. 125,26,
627.

ἄφθονος ἄφθονα 113,24,613.

ἀφίημι ἀφίησιν 10,23,491. ἀφιείς 24,13,510. ἀφιέντες 92,
    25,588. ἀφιείσαις 108,4,606. ἠφίει 67,27,560. 108,12,
    606. ἀφῆκεν 46,31,536. 94,5,590. ἀφῆκαν 29,6,516. 67,
    12,559. ἀφεῖναι 26,1,512. 59,8,550. 110,15,610.
    ἀφείσθω 35,11,521. 102,27,600. ἀφειμένος 9,17,490.

ἀφικνέομαι ἀφίξομαι 62,27,554. 78,6,571. ἀφίκετο 46,3,535.
    54,29,544. 62,30,554. 73,20,566. 77,25,571. 90,2,585.
    118,11,618. 120,30,621. ἀφίκοντο 87,26,582. ἀφικέσθαι
    46,16,535. 70,3,562. ἀφικόμενος 77,30,571. ἀφικομένου
    38,18,525. ἀφικόμενον 48,7,537. ἀφῖκται 80,28,574.
    ἀφῖχθαι 78,15,572. ἀφιγμένος 84,2,578. ἀφιγμένῳ 38,1,
    525. ἀφῖκτο 47,25,536.

ἀφίστημι ἀποστῆναι 126,1,627. ἀφέστηκεν 11,16,492. 96,15,
    592. 103,3,600. ἀφεστηκέναι 106,25,604 Κ⁴, Λο (Κ⁴);
    ἀφεστήκει Ουεστ (Ουεστ). ἀφεστήκει βλ. ἀφεστηκέναι
    106,25,604. ἀφίστασθαι 120,1,620.

ἀφορμή ἀφορμάς 32,7,518.

ἀφωνία ἀφωνίας 28,8,515.

Ἀχαιός Ἀχαιῶν 31,22,518.

ἀχαριστέω ἀχαριστησάντων 99,12,596.

ἀχθηδών ἀχθηδόνος 116,31,617.

ἄχθος ἄχθη 1,17,480. 118,16,618.

Ἀχίλλειος Ἀχίλλεια 47,19,536.

Ἀχιλλεύς Ἀχιλλέως 14,5,495. Ἀχιλλέα 66,21,558.

ἀχλύς 114,9,614. ἀχλύν 65,11,557.

ἄχος 16,3,499.

Ἀψίνης   127,4,628.

ἄψυχος   ἀψύχῳ 101,30,598.

ἄωρος   ἀώρῳ 11,1,491 Κ⁴, Λο: λήρων Οὐεστ.

Βαβυλών   Βαβυλῶνος 96,29,593.   Βαβυλῶνα 23,7,509.

βάδην   93,31,589.

βαδίζω   βαδίζοι 65,17,557.   βαδίζειν 53,28,543.   ἐβάδιζε 77,
    27,571. 83,6,577. 84,2,578.   βαδιουμένου 103,26,601.

βάδισμα   92,1,587. 122,3,623.

βαθύς   51,5,540.   βαθύν 110,27,610.   βαθέων 14,25,496.
    βαθεῖ 83,21,578.   βαθύ 28,27,515.

βαίνω   βεβηκέναι 61,9,553.   βεβηκώς 104,5,601.

βακχεῖος   βακχεῖοι 25,1,511.

βακχεύω   βακχεύων 33,11,520.

βαλανεῖον   βαλανείων 11,2,491. 57,8,548.   βαλανείοις 7,30,
    488.

βαλβίς   βαλβῖδα 104,1,601.

βάλλω   βάλλει 49,32,539.   βάλλειν 39,3,526.   ἔβαλε βλ. ἔλαβε
    109,3,607.   βάλλεσθαι 34,9,521.   βέβληται 104,2,601.
    βεβλημένοι 28,9,515.   ἐβέβλητο 6,9,485. 29,2,516.
    ἐβλήθη 28,20,515.   βληθέντι 28,22,515.

βαναύσιος   βαναυσίοις 21,19,506.

βάναυσος   βαναύσων 16,13,499.

βαρβαρίζω   βαρβαρίζων 10,12,490.

βαρβαρισμός   βαρβαρισμῶν 51,30,541.

βάρβαρος   βαρβάρων 12,17,493. 12,28,494. 62,3,553. 81,6,574.
    βαρβάροις 33,9,520. 62,6,553.   βαρβάρους 12,16,493. 35,

29,522. 55,23,547. βάρβαρον 19,20,503.

Βάρβαρος Βαρβάρου βλ. Βάρου 50,2,539. Βάρβαρον βλ. Βᾶρον 48,11,537.

Βᾶρος An emendation. All mss. read Βάρβαρος. This man is probably M. Vettulenus Civica Barbarus, consul of A.D. 157 (BCH 81 (1957) 121-140 and Athenaeum 35 (1957) 306-315). Βάρου 50,2,539 K⁴, Ουεστ (Με σ. 1261); Βαρβάρου Λο. Βᾶρον 48,11,537 K⁴, Ουεστ (Με σ. 1261); Βάρβαρον Λο.

βαρύς 22,13,508. 25,30,512. 102,31,600. 120,25,621. βαρύν 30,17,517. βαρύ 14,23,496. βαρυτέρας 18,29,502. βαρύτερα 62,23,554.

βαρύστονος βαρυστόνοις 22,11,507.

βασανίζω βασανίζεις 104,10,602. βασανίσας 93,1,588. βασανίζοιτο 74,28,568.

βασιλεία βασιλείας 45,10,534.

βασίλειον βασίλεια 67,31,560.

βασίλειος βασιλείου 25,13,512. 27,1,513. 109,9,607. βασίλειοι 33,15,520. 88,16,583. βασιλείοις 109,4,607. βασιλείους 9,26,490. 94,4,590. 111,1,610. 126,21,628. βασιλείῳ 50,17,540. βασίλειον 68,16,560. βασίλεια 67, 14,559.

βασιλεύς 9,6,489. 9,7,489. 13,9,494. 50,28,540. 65,22,557. 65,23,557. 97,4,593. 125,3,626. βασιλέως 22,1,507. 37, 1,524. 44,12,533. 45,29,535. 60,10,551. 67,8,559. 67, 25,560. 71,1,563. 73,26,566. 77,16,571. 77,29,571. 88,

15,583. 95,12,591. 97,3,593. 109,3,607. 120,24,621.

121,7,621. 121,27,622. 124,9,625. 124,32,626. 125,11,

626. βασιλεῖ 9,5,489. 21,29,507. 21,30,507. 22,6,507.

33,20,520. 34,1,520. 83,5,577. 96,30,593. 125,29,627.

126,23,628. βασιλέα 9,1,489. 46,16,535. 87,15,582. 87,

17,582. 90,28,586. 97,19,593. 101,14,598. 109,27,607.

116,6,616. 124,16,626. βασιλεῦ 9,20,490. 9,24,490. 50,

24,540. 56,28,548. 57,22,548. 81,27,575. 83,18,578. 87,

29,582. 88,4,583. 88,7,583. 125,2,626. βασιλεῖς 8,17,

488. βασιλέων 9,14,489. 42,10,530. 44,3,532. 95,26,

592. βασιλήων 9,11,489.

βασιλικός βασιλικῶν 37,14,524.

βασιλίς βασιλίδι 6,20,486.

βάσις βάσει 61,9,553.

βασκαίνω βασκαίνων 91,1,586.

βάσκανος βάσκανε 102,6,599. βάσκανοι 81,29,575. βασκάνοις 71,8,563. 83,11,577.

Βασσαῖος Βασσαίου 68,24,561.

βαφή βαφάς 26,18,513.

βέβαιος βέβαιον 2,8,480.

βεβαιόω βεβαιοῦσαι 108,3,606.

βέλτιστος βέλτιστε 46,20,535. βελτίστην 84,25,579.

βελτίων 72,13,565. 72,19,565. 115,14,615. 117,28,618. 120, 18,621. βελτίους 112,7,612. βέλτιον 9,12,489. 96,9, 592. 109,7,607. 121,1,621.

βία βίας 76,2,569.

βιάζω βιάζῃ 104,9,602. βιάσονται βλ. δράξονται 17,12,500.
βιασαμένου 76,1,569. βιασθείη 49,17,539. βιασθῆναι
49,18,539. βιασθεῖσα 76,1,569.

βιβλίον 114,23,614. 114,24,615. 114,27,615. 123,17,624.
βιβλίῳ 87,16,582. βιβλίοιν 7,32,488. βιβλία 1,3,479.
86,30,581. 105,22,603. βιβλίων 10,7,490. 106,7,604.
118,16,618. βιβλίοις 86,29,581.

βίβλος 105,21,603.

Βιθυνός Βιθυνῶν 50,7,539. 109,14,607.

βίος βίου 18,14,501. 20,10,504. 50,14,539. 77,23,571. 105,
4,603. 109,16,607. 121,14,621. 122,30,623. βίῳ 9,3,
489. βίον 38,27,526.

βιόω ἐβίω 74,3,567. 97,21,593. 123,31,625. βιούς 108,23,
606. βιώσαντα 89,30,585.

βλέμμα βλέμματος 11,11,491. 102,2,599. βλέμματι 122,24,
623.

βλέπω βλέπων 7,1,487. 118,9,618. 122,5,623. 125,7,626.
ἔβλεψε(ν) 56,4,547. 56,4,547. 56,5,547. 87,2,582.
βλέψας 50,18,540. βλέψαντος βλ. ἀναβλέψαντος 78,32,
572. βλέπωμαι 86,2,580.

βοάω βοᾶν 88,7,583. βοῶν 66,2,558. 85,11,579. βοώντων
116,13,616. βοώσης 25,4,511. 72,10,564. ἐβόα 45,2,
534. βοησάσης 49,24,539. βεβοηκότες 69,7,561.

βοηθέω βοηθήσειν 81,18,575. βοήθησον 104,16,602.

Βοιωτία 35,29,522. Βοιωτίας 65,14,557. Βοιωτία 60,4,551.

Βοιώτιος Βοιωτίῳ 61,14,553. Βοιώτιοι 61,27,553.

Βοιωτός Βοιωτοῖς 14,20,496. Βοιωτούς 22,23,508.

βολή βολάς 118,30,619.

βόμβος βόμβον 78,18,572.

βόσκω βόσκει 62,25,554. βόσκουσιν 61,22,553.

Βόσπορος Βοσπόρου 46,11,535.

βοστρυχώδης 77,8,570.

βουκολέω βουκολεῖν 61,17,553.

βουκόλος 61,16,553 Κ⁴, Οὐεστ; ἄπεστι παρὰ Λο (Κ² σ. 299).

βούλευμα βουλεύματος 18,6,501.

βουλευτήριον 14,22,496. 63,30,555. 85,15,580.

βουλεύω βουλεύοι 70,29,563. βουλεύων 23,28,510. βουλεύσει
   113,19,613. βουλευόμενοι 89,15,584. βουλευομένοις 39,
   30,527 Κ⁴, Λο; βουλομένοις Οὐεστ (Βουλγ). βουλευομέ-
   νους 27,12,514.

βουλή βουλῆς 93,26,589. 107,8,605. βουλῇ 35,26,522.
   βουλήν 100,12,597.

βούλομαι 28,29,515. 47,22,536. 60,15,552. 118,28,619.
   βούλει 118,24,619. βούλεται 30,7,517. βούλονται 36,
   17,523. 96,27,593. βουλοίμην 30,14,517. βούλοιτο 78,
   30,572. βούλεσθαι 14,3,495. 73,1,565. 89,27,585. 126,
   1,627. βουλομένῳ 1,13,480. 62,1,553. βουλόμενον 109,
   28,607. βουλόμενοι 13,14,494. βουλομένοις βλ. βουλευ-
   ομένοις 39,30,527.

βοῦς 21,9,505. 57,29,549. βοῦν 28,8,515. 46,21,535. βοῶν
   61,23,553.

βραβεύω βραβευούσῃ 115,23,616.

Βραδούας 63,26,555.

βραδύνω βραδύνοντος 78,9,571.

βραδύς 114,5,614. βραδεῖς 28,5,515. βραδέως 87,28,582.

βραχυλογέω βραχυλογοῦντα 19,17,503. ἐβραχυλόγει 75,30,569.
    ἐβραχυλόγησε(ν) 27,13,514. 36,30,524. 55,8,545. 81,25,
    575.

βραχύς 54,6,543. βραχύν 48,16,537. 78,22,572. βραχεῖ 32,
    30,519. 72,25,565. βραχύ 27,9,514. 73,10,566. 74,27,
    568. βραχέα 97,32,594. βραχέως 27,8,514.

βρῶσις βρῶσιν 26,23,513.

Βυζάντιον Βυζαντίου 92,11,588. Βυζάντιον 5,23,485. 41,19,
    529. 115,28,616.

Βυζάντιος 5,11,485. 41,21,529. 95,4,591. 115,26,616. 116,8,
    616. Βυζαντίου 3,10,482. 27,16,514. 102,13,599.
    Βυζάντιον 40,7,527. 94,29,590. Βυζαντίων 42,1,529. 42,
    9,529. Βυζαντίους 5,14,485.

Βύζας Βύζαντα 40,11,528.

βωμόλοχος βωμόλοχα 83,20,578.

βωμός 97,9,593. βωμοῦ 12,11,493. 59,18,550. βωμῷ 95,6,
    591. βωμόν 8,7,488.

γ΄ 23,24,510 Λο μετὰ 'Αἰσχίνου' ('Ε παρὰ Κ^2 σ. 237); ἄπεστι
    παρὰ Κ^4, Οὐεστ.

γάλα 61,24,553. 62,32,554. γάλακτος 25,2,511. 62,29,554.
    63,2,554. 76,6,569.

γαλακτοφαγέω γαλακτοφαγῶ 61,21,553.

Γαλάτης 9,3,489. Γαλατῶν 8,25,489.

Γαλατία Γαλατίας 95,3,591.

γαμέω γῆμαι 124,1,625. γήμας 110,11,609.

γάμος γάμον 111,8,611. 111,15,611. γάμων 68,8,560. 102,19,
599.

γάρ 1,9,479. 2,2,480. 2,15,481. 2,24,481. 2,27,481. 3,13,
482. 3,20,482. 4,7,483. 4,8,483. 4,22,483. 5,4,484. 5,
14,485. 5,21,485. 6,13,486. 6,16,486. 6,31,487. 7,5,
487. 7,15,487. 7,19,487. 8,13,488. 8,24,489. 8,28,489.
8,29,489. 9,21,490. 10,11,490. 10,16,490. 10,22,491.
10,26,491. 11,5,491. 11,8,491. 11,22,492. 11,27,492.
12,14,493. 12,21,493. 13,4,494. 13,8,494. 13,12,494.
13,21,494. 14,26,496. 15,3,497. 15,6,497. 15,13,497.
15,18,498. 15,29,498. 16,27,499. 17,9,500. 17,11,500.
17,14,500. 17,31,501. 18,13,501. 18,19,501. 19,10,502.
19,19,503. 20,2,504. 20,9,504. 20,16,504. 20,25,505.
21,4,505. 21,11,505. 21,13,506. 21,17,506. 21,20,506.
22,7,507. 22,11,507. 23,16,509. 23,21,510. 23,26,510.
24,7,510. 24,20,511. 24,28,511. 25,20,512. 25,28,512.
26,11,513. 26,14,513. 26,25,513. 27,11,514. 27,20,514.
27,23,514. 27,29,514. 28,1,515. 28,16,515. 28,27,515.
29,4,516. 29,12,516. 29,23,516. 29,29,516. 29,30,516.
30,11,517. 30,24,517. 30,29,517. 31,18,518. 31,30,518.
32,4,518. 32,10,519. 32,12,519. 32,18,519. 33,6,519.
33,8,520. 33,16,520. 33,17,520. 33,31,520. 33,32,520.
34,12,521. 34,15,521. 34,27,521. 35,12,522. 35,17,522.
35,25,522. 36,10,523. 36,12,523. 36,13,523. 37,1,524.

(γάρ) 37,12,524. 38,12,525. 38,26,526. 39,14,527. 39,23,
527. 40,19,528. 40,24,528. 41,2,528. 41,7,528. 41,17,
529. 41,25,529. 42,18,530. 42,22,530. 42,24,531. 43,1,
531. 43,19,532. 43,22,532. 43,28,532. 43,30,532. 44,30,
534. 45,23,535. 45,30,535. 46,1,535. 46,26,536. 47,22,
536. 47,23,536. 48,7,537. 48,27,538. 49,18,539. 49,20,
539. 49,25,539. 51,13,540. 51,14,540. 51,18,541. 52,5,
541. 52,22,542. 52,30,542. 53,2,542. 53,8,542. 53,10,
542. 53,21,543. 54,2,543. 54,4,543. 54,10,543. 54,16,
543. 54,18,544. 54,21,544. 55,22,547. 55,26,547. 56,4,
547. 56,7,547. 56,18,547. 57,2,548. 57,3,548. 57,7,548.
57,23,548. 58,5,549. 58,26,549. 59,2,550. 59,14,550.
60,12,552. 60,24,552. 60,27,552. 61,30,553. 62,1,553.
62,15,554. 63,1,554. 63,14,555. 64,9,556. 64,10,556.
64,15,556. 64,24,556. 65,3,557. 65,26,557. 67,7,559.
67,19,559. 67,26,560. 68,3,560. 68,18,561. 68,30,561.
69,14,561. 69,26,562. 70,1,562. 70,22,563. 71,5,563.
71,12,563. 72,7,564. 72,19,565. 72,32,565. 73,21,566.
73,27,566. 74,9,567. 74,18,567. 74,26,568. 75,13,568.
75,23,569. 75,29,569. 76,12,569. 76,21,570. 76,31,570.
77,8,570. 77,20,571. 77,25,571. 77,28,571. 78,16,572.
79,3,572. 79,5,572. 79,17,573. 79,31,573. 80,27,574.
81,13,575. 83,11,577. 83,13,577. 83,17,578. 83,22,578.
83,26,578. 84,2,578. 84,9,578. 84,13,578. 84,27,579.
84,29,579. 85,3,579. 85,30,580. 86,6,580. 86,11,580.
87,4,582. 87,12,582. 87,20,582. 87,25,582. 88,2,583.

(γάρ) 88,5,583. 88,26,583. 88,29,583. 89,2,584. 89,5,584.
    89,26,585. 90,1,585. 90,5,585. 91,14,587. 91,23,587.
    92,32,588. 94,13,590. 96,6,592. 96,13,592. 96,16,592.
    96,21,593. 97,5,593. 98,4,594. 98,14,594. 98,26,595.
    98,30,595. 99,14,596. 99,19,596. 99,24,596. 100,24,597.
    100,29,597. 100,32,597. 101,20,598. 101,25,598. 102,17,
    599. 102,28,600. 102,30,600. 103,31,601. 104,27,602.
    105,7,603. 106,21,604. 106,23,604. 106,27,604. 106,30,
    604. 107,3,605. 107,8,605. 107,22,605. 107,24,605. 108,
    11,606. 108,21,606. 109,5,607. 109,10,607. 109,19,607.
    109,28,607. 109,32,608. 110,6,609. 110,26,610. 112,1,
    611. 112,9,612. 112,32,613. 114,1,614. 114,4,614. 114,
    9,614. 115,14,615. 115,26,616. 116,7,616. 116,10,616.
    117,2,617. 117,11,617. 117,23,618. 117,30,618. 118,2,
    618. 118,11,618. 120,2,620. 120,8,620. 120,18,621. 120,
    22,621. 122,18,623. 123,20,624. 123,24,625. 124,1,625.
    124,7,625. 124,30,626. 125,24,627. 126,13,628. 126,24,
    628. 127,6,628.

γαστήρ γαστρός 26,10,512. γαστρί 115,3,615. γαστέρα 4,12,
    483. 5,29,485. 63,24,555.

γε 4,7,483. 34,12,521. 37,17,524. 38,3,525. 41,25,529. 50,
    20,540. 50,25,540. 62,9,553. 71,10,563. 87,6,582. 88,
    10,583. 94,24,590. 101,16,598. 101,16,598. 102,30,600.
    109,29,607. 112,16,612. 117,25,618. 117,31,618. 118,1,
    618. 119,7,619.

γελάω γελᾶτε 6,2,485.

γέλως γέλωτος 6,1,485. 85,10,579. 124,25,626. γέλωτι 84,
    24,579. γέλωτα 5,28,485.

γενειάς 77,7,570. γενειάδος 41,13,529. γενειάδα 47,1,536.

γένειον γενείου 124,15,626.

γενναῖος γενναῖοι 66,23,558. γενναίων 24,17,511. γενναί-
    ους 40,2,527. γενναίως 20,14,504. 64,4,555. γενναι-
    ότερος 112,4,611. γενναιότατος 51,9,540.

γένος 1,4,479. 75,2,568. 83,1,577. 93,16,589. 100,2,596.
    100,23,597. 107,6,605. 120,16,620. 121,17,621. γένους
    40,11,528. 63,32,555. γένει 42,21,530. γένη 14,1,495.
    57,31,549. 89,18,585. 91,24,587. 96,26,593.

γέρων 68,26,561. 83,16,578. γερόντων 105,30,603.

Γέτης Γέτας 7,15,487.

Γετικός Γετικά 7,15,487. 7,24,488.

γεῦμα 65,27,557.

γεύω γεύεσθαι 35,22,522. γεύσηται 76,6,569.

γεώδης γεῶδες 57,9,548.

γεωμέτρης γεωμέτραις 121,26,622.

γεωμετρία γεωμετρίαν 13,30,495.

γεωργός 61,18,553. γεωργοί 61,27,553.

γῆ 4,15,483. 38,24,526. 80,31,574. 81,1,574. 81,3,574. 81,
    28,575. 107,32,606. 112,24,612. γᾶ 52,18,541. γῆς 13,
    15,494. 20,16,504. 31,20,518. 35,30,522. 44,4,532. 103,
    28,601. 123,27,625. 125,29,627. γῆ 7,28,488. 37,5,524.
    64,6,556. γῆν 52,18,541. 66,2,558. 82,28,576. 88,29,
    583.

γηγενής   γηγενῆ 61,14,553.

γήδιον   γήδιον 115,9,615.

γηραιός   99,30,596.   γηραιῷ 55,2,544.

γῆρας   γήρως 12,31,494. 40,20,528. 54,1,543.   γήρᾳ 30,9,517.
    83,21,578.   γῆρας 28,27,515. 86,21,581. 102,12,599.
    108,15,606.

γηράσκω   γηράσκει 125,15,627.   γηράσκειν 74,31,568.   γηρά-
    σκων 8,28,489. 12,3,492. 13,28,495. 31,3,517. 65,22,
    557. 82,32,577. 98,5,594. 103,16,601. 106,17,604. 125,
    32,627. 126,30,628.   γηράσκοντι 65,18,557.   γηράσκοντε
    12,6,493.   γηράσκουσι 83,16,578.   γηράσκοντας 105,32,
    604.   γηράσκουσα 54,2,543.   ἐγήρασκε(ν) 34,30,521. 37,
    19,524. 83,29,578.   γηρᾶσαι 102,10,599.   γεγηράκαμεν
    71,19,563.

Γιγαντία   Γιγαντίαν 32,6,518.

γίγνομαι   γίγνεται 11,31,492. 31,6,517. 102,19,599.   γίγ-
    νεσθαι 106,10,604.   γιγνόμενος 44,29,534.   ἐγένετο 10,
    3,490. 12,15,493. 13,2,494. 14,19,496. 25,13,512. 28,
    16,515. 29,28,516. 34,4,520. 34,15,521. 35,10,521. 40,
    14,528. 40,23,528. 43,4,531. 45,12,534. 47,10,536. 50,
    15,539. 63,13,555. 68,16,560. 75,18,568. 78,12,572. 82,
    17,576. 83,25,578. 89,25,585. 94,32,591. 97,26,594. 98,
    29,595. 103,3,600. 105,32,604. 109,17,607. 110,9,609.
    112,28,612. 113,6,613. 117,24,618. 119,15,619. 120,16,
    620. 123,30,625.   ἐγένοντο 11,19,492. 82,6,576. 122,11,
    623. 122,23,623.   γένηται 96,24,593.   γενώμεθα 118,22,

619. <u>γένοιτο</u>, <u>γένοιτ'</u> 52,2,541. 52,14,541. 61,16,553.
65,12,557. <u>γένοιντο</u> 36,10,523. <u>γενέσθαι</u> 15,28,498. 16,
21,499. 19,5,502. 35,1,521. 44,27,533. 61,13,553. 91,
12,586. 102,12,599. 117,9,617. <u>γενόμενος</u> 7,20,487. 15,
32,498. 20,3,504. 23,19,509. 31,3,517. 31,29,518. 35,
14,522. 35,18,522. 40,9,528. 42,10,530. 56,26,547. 60,
14,552. 72,14,565. 73,4,565. 75,20,569. 86,27,581. 96,
14,592. 98,22,595. 100,18,597. 101,3,598. 101,11,598.
101,15,598. 103,12,600. 104,3,601. 105,3,603. 111,18,
611. 121,12,621. 124,6,625. <u>γενόμενον</u> 56,23,547. 67,
27,560. 80,18,574. <u>γενόμενοι</u> 54,22,544. <u>γενομένη</u> 10,
13,490. <u>γενομένης</u> 9,2,489. 47,7,536. 121,23,622.
<u>γενομένῃ</u> 106,1,604. <u>γενομένῳ</u> 105,5,603. <u>γέγονε(ν)</u> 9,
20,490. 76,2,569. <u>γεγόναμεν</u> 9,23,490. <u>γεγόνασιν</u> 17,1,
500. <u>γεγονέναι</u> 106,26,604. <u>γεγονώς</u> 76,9,569. 83,4,
577. 90,5,585. 90,13,585. 112,23,612. <u>γεγονότι</u> 117,13,
617. 122,22,623. <u>γεγονότα</u> 25,28,512. <u>γεγονόσι</u> 102,25,
599.

<u>γιγνώσκω</u> 2,7,480. <u>γιγνώσκει</u> 125,23,627. <u>γιγνώσκουσι</u> 16,
15,499. <u>γιγνώσκοι</u> 62,17,554. <u>γιγνώσκειν</u> 1,15,480. 2,
5,480. 38,13,525. <u>γιγνώσκων</u> 1,3,479. 34,14,521. 46,7,
535. 47,25,536. 87,22,582. 120,12,620. 125,19,627.
<u>ἐγίγνωσκε(ν)</u> 21,19,506. 45,5,534. 66,30,559. 80,6,573.
<u>ἐγίγνωσκον</u> 4,27,484 Κ⁴, Λο, Οὐεστ (Βαλ σ. 80). <u>ἔγνων</u>
118,2,618. <u>ἔγνω</u> 110,4,609. <u>γνῶναι</u> 15,21,498. 24,16,
511. 54,27,544. 106,22,604. 123,28,625. <u>γνούς</u> 13,23,

494. ἔγνωκα 124,22,626. γιγνωσκόμενος 37,21,524. γνωσθέντα 24,17,511.

Γλαῦκος Γλαύκου 103,17,601.

γλυκύς γλυκεῖαι 101,27,598.

γλῶττα 24,2,510. 62,7,553. 100,26,597. γλώττης 11,12,492. 23,25,510. 28,1,515. 47,3,536. 47,11,536. 48,18,537. 58,13,549. 88,26,583. 93,19,589. 112,13,612. 114,10, 614. γλώττῃ 10,12,490. 19,11,502. 68,21,561. 71,16, 563. 90,23,586. 97,29,594. γλῶτταν 3,10,482. 10,28, 491. 14,31,496. 20,2,504. 28,8,515. 38,7,525. 48,3,537. 61,29,553. 71,23,564. 74,28,568. 86,26,581. 93,29,589. 96,7,592. 98,16,594. 101,13,598. 112,21,612. 120,24, 621. 122,5,623. γλώττας 30,30,517. 51,13,540.

γνήσιος γνησίῳ 97,22,593. γνησίοις 66,22,558. 115,2,615. γνησίους 11,2,491. γνησιώτατα 82,9,576.

γνώμη 87,30,582. γνώμης 1,18,480. 16,3,499. 26,15,513. 52, 26,542. 71,2,563. 109,11,607. 114,9,614. 115,23,616. 115,26,616. γνώμῃ 1,16,480. 41,3,528. γνώμην 6,17, 486. 38,5,525. 48,4,537. 84,25,579. 89,28,585. 108,17, 606. 118,30,619. 123,9,624. γνώμαις 36,25,523. 42,3, 529. 56,7,547. γνώμας 18,15,501. 53,7,542. 93,7,589. 95,17,591.

γνωμολογία γνωμολογίαι 17,25,500.

γνώριμος γνωρίμῳ 117,12,617. γνώριμοι 92,14,588. 114,13, 614. γνωρίμων 41,9,529. 79,26,573. 84,13,578. 94,13, 590. 94,18,590. γνωρίμοις 39,11,526. 90,14,586. γνωῥίμους 4,24,483. 35,20,522. 88,4,583.

γόης 94,7,590. γοήτων 94,8,590.

γοητεύω γοητεύων 36,19,523.

γονεύς γονεῦσιν 58,19,549.

γόνιμος γονίμῳ 87,2,582. γόνιμον 102,20,599.

γόνυ 77,32,571. γόνασι 68,4,560.

γοργιάζω γοργιάζει 12,9,493. γοργιάζοντι 106,15,604.
ἐγοργίαζον 18,25,501.

Γοργίας 3,2,481. 3,20,482. 4,4,483. 11,27,492. 12,30,494.
15,1,497. Γοργίου 3,7,481. 4,11,483. Γοργίᾳ 3,25,482.
14,13,495 Κ⁴, Οὐεστ᾽ ἄπεστι παρὰ Λο. 21,1,505. 32,8,
518. Γοργίαν 11,20,492. 18,26,502. 34,6,521. Γοργία
4,12,483.

γοργός γοργόν 118,8,618.

Γορδιανός Γορδιανῷ 1,προσφώνησις,479.

γοῦν 2,6,480. 8,15,488. 16,17,499. 26,20,513. 28,2,515. 31,
32,518. 34,7,521. 43,6,531. 47,6,536. 66,8,558. 66,25,
558. 73,22,566. 79,9,572. 83,6,577. 86,17,581. 95,23,
591. 108,17,606. 115,5,615. 115,24,616. 116,13,616.

γραίδιον γραίδια 32,21,519.

γράμμα 51,21,541. γράμματα 66,9,558. 66,13,558. 91,15,587.
γραμμάτων 66,12,558. γράμμασιν 70,6,562.

γραμματοφόρος γραμματοφόρους 70,3,562.

γραῦς 52,15,541.

γραφεύς γραφέας 80,20,574.

γραφή γραφῆς 59,5,550. γραφαί 76,30,570.

γράφω γράφει 25,23,512. 70,14,562. 78,4,571. 84,18,579. 96,
    30,593. 109,22,607. γράφουσιν 89,29,585. γράφοιμι
    120,12,620. γράφε 97,10,593. γράφειν 127,5,628.
    γράφων 70,3,562. γράφοντι 10,5,490. γράφοντες 15,11,
    497. ἔγραφεν 20,26,505. 25,26,512. ἔγραψα 88,9,583.
    ἔγραψε 56,26,547. 58,6,549. γράψαντος 56,32,548. γρά-
    φεται 30,19,517. 63,25,555. γράφονται 92,19,588. 99,
    11,595. γράφεσθαι 119,20,619. γραφόμενος 36,19,523.
    ἐγράφετο 6,16,486. 126,30,628. γραψάμενος 67,21,559.
    γέγραπται 76,32,570. 103,31,601. γεγραμμένοι 85,20,
    580. γεγραμμένου 42,3,529.
Γρύλλος Γρύλλου 14,19,496.
γρυπός γρυπόν 61,4,552.
γυμνάζω γυμνάζουσι 41,12,529. γεγυμνασμένον 68,20,561.
    ἐγεγύμναστο 96,7,592.
γυμνάσιον 43,9,531. γυμνασίῳ 113,27,613. γυμνασίων 113,
    22,613.
γυμναστικός γυμναστικῇ 101,7,598.
γυμνικός γυμνικῆς 62,17,554.
γυμνός 8,6,488. γυμνούς 40,18,528. 40,21,528. γυμνῇ 68,
    22,561. γυμνόν 80,32,574. γυμνά 106,27,604.
Γυμνός Γυμνοί 5,10,484. Γυμνῶν 77,26,571.
γυμνόω γυμνώθη 8,8,488.
γυναικωνῖτις γυναικωνίτιδι 97,2,593.
γύναιον γυναίοις 76,13,569.
γυνή 6,3,485. 61,16,553. 62,30,554. γυναικός 63,1,554. 63,

3,554. 77,1,570. 84,29,579. 105,32,604. 107,19,605.

117,23,618. γυναικί 6,22,486. 68,2,560. 68,23,561.

γυναῖκα 29,31,516. 63,21,555. 63,24,555. 70,12,562.

γυναικῶν 3,27,482. 117,24,618. γυναῖκας 42,8,529.

Γύννις Γύννιδος 123,20,624.

δ´ 105,19,603 Λο μετὰ 'οἰκίας' ('Ρι σ. 109)· ἄπεστι παρὰ K⁴, Οὑεστ.

δαδοῦχος δαδοῦχε 104,13,602.

δαιμονάω δαιμονᾶν 118,29,619.

δαιμόνιος δαιμονία 63,5,554.

δαίμων δαίμονα 124,30,626. δαιμόνων 101,30,598.

δάκνω δάκνων 25,11,511.

δάκρυον 110,14,610. δάκρυα 26,2,512. 55,1,544. 69,10,561. 87,16,582. 91,9,586. 117,5,617. δακρύοις 73,8,565. 80, 14,574. 92,26,588.

δακρύω δακρύοντας 91,30,587.

δάκτυλος δακτύλῳ 35,21,522. δάκτυλοι 77,10,570.

Δαμιανός Δαμιανοῦ 87,20,582. 88,20,583. 107,29,605. Δαμιανῷ 107,5,605. Δαμιανόν 107,1,605.

δανείζω δανειζόμενοι 51,14,540. δεδάνειστο 51,18,541. ἐδεδάνειστο 105,13,603.

δαπανάω δαπανᾶν 107,27,605. δαπανᾶσθαι 57,20,548. δαπανώμενος 77,11,570. δαπανώμενοι 108,13,606.

δαπάνη 57,17,548. δαπάνῃ 13,22,494.

δάπεδον δαπέδῳ 66,1,558.

Δάρδανος Δαρδάνου 75,16,568.

Δαρεῖος Δαρείου 48,32,538. 52,11,541. Δαρείῳ 81,20,575.
Δαρεῖοι 33,5,519.

δάς δᾷδα 104,9,602.

δασμός δασμῷ 51,17,540.

Δαφναῖος Δαφναίου 1,7,479.

δάφνη δάφνης 111,27,611.

δέ 48,26,538 Κ⁴, Λο, Οὐεστ (Γρ καὶ Σ παρὰ 'Ολ). 60,29,
552 Κ⁴, Λο, Οὐεστ (Κ¹ σ. 34). 83,14,577 Κ⁴, Λο· ἄπεστι
παρὰ Οὐεστ.

δείδω ἔδεισε 45,9,534. δείσας 124,11,625. δείσαντα 113,
32,614. δέδοικα 75,5,568. δεδιότα 52,7,541. δεδιότες
32,25,519. 47,14,536.

δείκνυμι δείκνυσιν 122,12,623. δεικνύναι 61,13,553.
δεῖξαι 65,25,557. δείξαντος 52,18,541.

δείλη δείλης 84,3,578. δείλην 51,27,541.

δειλία δειλίας 75,2,568. 125,5,626.

δειλός δειλοί 28,5,515.

δεῖνα 26,20,513. 29,29,516. 29,29,516. 52,31,542. 52,31,
542. 95,27,592. 105,8,603. δεῖνος 1,14,480. δεῖνι 50,
3,539. 50,4,539.

δεινός 73,20,566. 120,21,621. δεινοῦ 16,4,499. δεινούς
16,18,499. δεινόν 16,3,499. 57,19,548. 79,17,573.
δεινά 9,28,490. 25,18,512. 45,2,534. 84,10,578. 85,11,
579. δεινῶς 19,17,503.

δεινότης 17,23,500. 71,31,564. δεινότητος 30,26,517 Κ⁴, Λο
(Κ¹ σ. 24)· νεότητος Οὐεστ. δεινότητι 23,22,510. 30,

28,517.   δεινότητα 4,17,483. 6,18,486. 89,6,584.

δειπνέω ἐδείπνουν 28,29,515.

δεῖπνον 65,7,557.

δέκα 46,17,535. 49,13,538. 61,25,553. 72,11,564. 80,19,574.
        80,19,574. 80,19,574. 80,20,574. 89,15,584. 90,5,585.
        90,9,585. 112,18,612.

δεκατάλαντος δεκατάλαντον 115,9,615.

Δέλτα 87,7,582.

δέλτος δέλτον 65,22,557. δέλτους 94,4,590.

δελφίς δελφῖνα 59,28,551.

Δελφοί 97,8,593. Δελφοῖς 97,12,593.

δέμω ἐδείματο 24,23,511. 59,23,551.

δένδρον 96,24,593. δένδρα 80,31,574. δένδρεσι 108,1,606.

δεξιός δεξιᾶς 84,5,578. δεξιᾷ 55,13,545. 106,30,604.

δέος δέει 7,28,488. 116,1,616.

δεσμός δεσμά 114,10,614.

δεσμωτήριον δεσμωτήρια 56,13,547.

δεσπότης δεσπότην 30,6,517. 30,18,517. 101,12,598. δέσποτα
        30,7,517.

δεύτερος δευτέρας 3,3,481. 21,27,507. δευτέραν 2,27,481.
        64,11,556. 108,19,606. δεύτερον 55,9,545. 79,8,572.
        81,25,575. 85,6,579. δεύτερα 115,12,615. 118,10,618.

δέχομαι δεχόμενοι 62,2,553. ἐδέχοντο 42,4,529. δέξοιτο
        18,5,501. ἐδέξατο 48,7,537. 112,24,612. ἐδέξαντο 99,
        13,596. δέξασθαι 42,7,529. δεξάμενος 13,6,494.

δέω ἔδησεν 27,24,514. δῆσαι 56,15,547. δήσαντι 27,22,514.

δεθέντος 27,17,514. δεθέντα 14,20,496.

δέω δεῖ 15,17,498. 20,11,504. 36,15,523. 53,27,543. 53,28,
543. 53,29,543. 96,4,592. 100,29,597. 126,24,628. 127,
5,628. δεῖν 50,9,539. δέοντος 126,22,628. δέον 6,
12,486. ἔδει 33,23,520. 34,27,521. 117,15,617. δέομαι
111,28,611. δέονται 5,22,485. δέωνται 56,9,547.
δέοιτο 44,9,533. δέοιντο 67,32,560. δεῖσθαι 43,22,
532. 60,28,552. δεόμενος 83,19,578. δεομένου 46,15,
535. δεόμενοι 67,13,559. δεομένων 29,16,516. δεο-
μένοις 56,8,547. 56,9,547. 102,31,600. 107,11,605.
δεομένους 75,8,568. δεόμενον 60,3,551. ἐδεῖτο 35,1,
521. 62,26,554. 68,5,560. δεηθῶμεν 86,12,580. δεη-
θῶσιν 56,10,547.

δή 1,9,479. 1,10,480. 2,15,481. 2,22,481. 4,4,483. 7,15,
487. 9,24,490. 10,30,491. 11,8,491. 13,15,494. 15,3,
497. 15,21,498. 15,30,498. 17,2,500. 18,20,501. 19,7,
502. 22,11,507. 22,21,508. 23,6,509. 24,1,510. 25,17,
512. 25,31,512. 27,29,514. 28,11,515. 28,27,515. 29,12,
516. 29,19,516 K⁴, Λο, Οὐεστ (K³). 30,24,517. 31,30,
518. 33,23,520. 34,10,521. 34,29,521. 35,17,522. 36,24,
523. 36,29,524. 40,2,527. 42,16,530. 43,28,532. 44,30,
534. 45,30,535. 46,18,535. 47,30,537. 48,27,538. 50,1,
539. 50,23,540. 51,6,540. 51,14,540. 54,14,543. 56,7,
547. 59,15,550. 59,21,551. 60,21,552. 61,29,553. 65,1,
557. 65,19,557. 65,28,557. 67,28,560. 68,7,560. 68,11,
560. 68,15,560. 69,17,561. 70,9,562. 70,19,562. 71,24,

(δή)   564. 73,21,566. 77,5,570. 77,23,571. 78,7,571. 78,8,
571. 78,13,572. 78,19,572. 79,3,572. 80,28,574. 81,26,
575. 82,9,576. 83,26,578. 84,7,578. 84,13,578. 84,16,
579. 85,3,579. 85,15,580. 88,13,583 K⁴, Λο (K³)ꓸ ἄπεστι
παρὰ Οὐεστ.   88,29,583. 89,2,584. 91,14,587. 91,15,
587. 92,32,588. 93,7,589. 93,32,589. 96,13,592. 97,15,
593. 98,5,594. 98,7,594. 99,25,596. 100,16,597. 101,16,
598. 103,26,601. 103,31,601. 104,1,601. 104,2,601. 104,
23,602. 104,27,602. 105,10,603. 107,18,605. 107,25,605.
109,6,607. 109,13,607. 109,16,607. 110,6,609. 110,9,
609. 110,15,610. 111,11,611. 112,17,612. 113,7,613.
113,16,613. 114,12,614. 114,17,614. 114,18,614. 116,7,
616. 116,26,617. 117,30,618. 118,19,618. 119,30,620.
120,2,620. 120,22,621. 121,21,622. 121,30,622. 122,22,
623. 123,24,625. 126,24,628.

δῆγμα δήγματα 92,12,588.

Δηλιακός 23,25,510. Δηλιακούς 23,29,510.

Δήλιος Δηλίῳ βλ. δήμῳ 61,15,553.

Δῆλος Δήλῳ 22,31,508. 24,1,510. 39,32,527.

δηλόω δηλοῖ 7,15,487. 33,30,520. 33,31,520. 76,20,570. 79,
4,572. δηλοῦσι(ν) 53,12,542. 80,29,574. δηλούτω 58,
11,549. 89,12,584. 100,26,597. δηλούσης 60,20,552.
ἐδήλου 41,2,528. δηλώσω 16,8,499. 28,14,515. 29,30,
516. 33,20,520. 36,9,523. 40,9,528. 48,11,537. 70,9,
562. 74,8,567. 113,17,613. δηλώσει 71,11,563. 86,5,
580. δηλώσειν 1,11,480. ἐδήλωσεν 117,11,617. δηλῶσαι

28,28,515. 44,30,534. 46,25,536. 47,22,536. 52,22,542.

65,26,557. 121,19,622. δηλώσας 8,9,488. 109,31,608.

δηλοῦται 39,21,527. 75,32,569. δηλούσθω 80,26,574. 81,

12,575. ἐδηλοῦτο 8,27,489. 8,29,489. 41,5,528. 124,30,

626. δεδήλωται 35,22,522. 81,11,575. δεδηλωμένα 126,

10,627. ἐδηλώθη 27,11,514.

δήλωσις δήλωσιν 45,29,535. 105,6,603. 117,19,617.

δημαγωγία 21,28,507.

Δημάδης 48,31,538. 119,32,620.

δημεύω ἐδημεύθη 56,18,547. δημευθῆναι 114,11,614.

δημηγορέω δημηγορῶν 3,17,482. 14,8,495.

δημηγορία δημηγορίαις 127,1,628.

δημηγορικός δημηγορικόν 118,26,619.

Δημητριανός 125,18,627.

δημιουργέω ἐδημιούργησεν 101,31,599.

δημιουργός 81,32,575.

δημοκρατέομαι δημοκρατεῖσθαι 17,5,500.

δημοκρατία δημοκρατίας 18,31,502. δημοκρατίαν 15,23,498.

Δημόκριτος Δημοκρίτου 13,2,494. 46,29,536.

δῆμος 6,5,485. 17,31,501. 92,21,588. δήμου 38,31,526. 58,

9,549 Κ⁴, Οὐεστὶ δῆμον Λο (Βαλκ παρὰ Σε σ. 272). 73,

18,566. δήμῳ 27,22,514. 57,26,549. 61,15,553 Κ⁴, Λοὶ

Δηλίῳ Οὐεστ. 99,4,595. 104,21,602. δῆμον 15,24,498.

15,26,498. 17,30,501. 19,4,502. 25,5,511. 25,6,511. 57,

30,549. 67,16,559. 67,23,560. 75,3,568. βλ. δήμου 58,

9,549. δήμους 32,13,519. 49,4,538. 69,27,562.

Δημοσθένης 3,11,482. 4,20,483. 4,23,483. 20,2,504. 21,31,
    507. 22,21,508. 23,29,510. 48,30,538. 49,25,539. 52,32,
    542. 72,28,565. 125,4,626. Δημοσθένους 3,18,482. 5,23,
    485. 7,1,487. 8,2,488. 20,2,504. 20,6,504. 20,8,504.
    22,27,508. 24,11,510. 85,19,580. 89,10,584. 93,7,589.
    Δημοσθένει 22,5,507. 23,5,509. Δημοσθένην 35,25,522.
    Δημοσθένεις 53,16,542.

Δημοσθενικός Δημοσθενικόν 52,25,542.

δημόσιος δημοσίων 107,13,605. δημοσία 12,20,493. 22,24,
    508. 24,7,510. 37,2,524. 39,9,526. 43,12,531. 44,1,532.
    59,16,550. 93,27,589. 124,26,626.

Δημόστρατος 63,16,555. 71,4,563. Δημοστράτου 63,11,555.
    Δημόστρατον 67,30,560. 73,22,566. Δημόστρατοι 67,19,
    559.

δημοτικός δημοτικόν 88,5,583. δημοτικωτέρᾳ 67,25,560.

δήπου 3,23,482. 20,27,505. 26,26,513. 43,16,532. 44,16,533.
    71,20,564. 86,13,580. 113,20,613.

διά, δι' († γενική) 3,31,482. 18,2,501. 22,2,507. 39,8,526.
    44,4,532. 44,19,533. 70,5,562. 70,30,563. 88,13,583.
    107,15,605. 115,30,616. 119,10,619. 119,12,619. 121,27,
    622. 122,1,622. 122,1,622. 124,28,626. († αἰτιατική)
    3,25,482. 4,11,483. 5,18,485. 6,10,485. 6,31,487. 13,
    14,494. 14,2,495. 15,18,498. 15,21,498. 15,23,498. 19,
    8,502. 20,22,505. 20,22,505. 22,9,507. 24,24,511. 25,
    31,512. 27,25,514. 29,27,516. 39,23,527. 56,25,547. 58,
    4,549. 69,31,562. 70,18,562. 71,8,563. 77,4,570. 82,21,

576. 85,25,580. 87,28,582. 92,10,588. 93,4,588. 100,
32,597. 101,25,598. 105,32,604. 122,18,623. 122,22,623.
126,7,627.

διαβάλλω διαβάλλεις βλ. διαβαλεῖς 79,32,573. διαβάλλουσι
28,2,515. 91,1,586. 94,12,590. διαβάλλειν 36,19,523.
63,18,555. 88,21,583. διαβάλλων 18,31,502. 63,12,555.
79,19,573. διαβάλλοντος 22,26,508. 93,3,588. διαβάλ-
λοντες 99,19,596. διέβαλλεν 75,20,569. διαβαλεῖς 79,
32,573 Κ⁴, Λο (᾿Ρε παρὰ Σε σ. 200)⸵ διαβάλλεις Ουεστ.
διέβαλε 99,27,596. διαβάλοιμι 21,14,506. διαβαλεῖν
106,21,604. διεβάλλετο 64,9,556. διαβεβλημένον 4,22,
483. διεβέβλητο 66,7,558. 95,21,591. διαβληθείη 60,
10,551.

διάβασις διαβάσεως 22,4,507.

διαβολή διαβολαί 77,14,570. διαβολῶν 30,4,517. διαβολάς
68,18,561.

διαγράφω διαγράφει 60,31,552. διαγράφειν 124,10,625.
διέγραφεν 121,13,621.

διάγω διῆγε(ν) 9,26,490. 10,11,490. διαγάγῃ 81,22,575.

διαγωνίζομαι διαγωνιζομένους 62,19,554.

διαδιδράσκω διέδραμεν 124,10,625.

διαδίδωμι διαδόντος 103,25,601. διεδόθη 41,21,529. διαδο-
θείσης 119,15,619. διαδοθείσας 112,3,611.

διαθήκη διαθῆκαι 57,26,549. 58,5,549. διαθηκῶν 30,27,517.
58,3,549. 58,13,549. διαθήκαις 30,19,517. 45,10,534.

δίαιτα 69,21,562. δίαιταν 74,17,567.

διαιτάω διαιτώμενος 118,3,618. διαιτώμενον 78,3,571. 84,
18,579. διητᾶτο 23,12,509. 69,26,562.

διαιτητής 68,32,561.

διάκειμαι διακειμένους 94,13,590. διακειμένου 91,2,586.
διέκειτο 106,4,604. 116,26,617. διέκειντο 91,27,587.

διακεράννυμαι διακεκραμέναι 96,18,592.

διακηρύττω διακηρυττομένης 105,12,603.

διακομίζω διακομισθῇ 50,26,540.

διακωδωνίζω διακωδωνίσας 118,23,619.

διαλέγομαι διαλέγεται 2,2,480. διαλέγοιτο 32,28,519 Κ⁴,
Λο, Οὐεστ (Κ² σ. 251). διαλέγεσθαι 13,20,494. 46,1,
535. 62,1,553. 74,25,568. 86,32,581. διαλεγόμενος 14,
9,495. 18,30,502. 83,18,578. διαλεγομένου 11,7,491.
14,20,496. 64,31,557. 83,7,577. 96,18,592. διαλεγομένῳ
47,1,536. διαλεγομένων 75,12,568. διελέγετο 2,24,481.
2,24,481. 13,31,495. 32,27,519. 75,13,568. 75,19,568.
80,29,574. 87,5,582. 114,30,615. διαλέξομαι 27,27,514.
διαλέξεσθαι 118,20,618. διείλεγμαι 64,31,557. διε-
λέχθη 41,29,529. 44,25,533. 46,9,535. 78,28,572. 81,9,
574. 83,20,578. διαλεχθῆναι 106,13,604. διαλεχθείς
12,2,492. 70,10,562. 95,14,591.

διάλειμμα διαλείμμασι 72,16,565.

διαλείπω διαλιπών 85,14,580.

διάλεξις 78,13,572. 84,28,579. διαλέξεως 40,26,528. 80,5,
573. 91,13,587. 119,21,620. διάλεξιν 40,29,528. 78,12,
572. 106,14,604. διαλέξεις 13,30,495. 40,22,528. 72,

23,565. 114,29,615. διαλέξεων 80,29,574. διαλέξεσι(ν)
85,27,580. 88,21,583. 98,19,594.

διαλλαγή διαλλαγάς 49,2,538.

διαλλάσσω διήλλαξε 44,27,533.

διάλογος 14,4,495.

διαλύω διαλύειν 22,3,507. διέλυσε 95,13,591. 111,15,611.
διαλυθείσης 79,25,573.

διαμαρτάνω διαμαρτάνουσι 40,30,528. 40,30,528. 52,27,542.

διαμαρτία διαμαρτίαν 30,3,517. 53,3,542.

διαμασάομαι διαμασώμενος 4,11,483.

διαμετρέω διαμετροῦσιν 38,7,525. διεμέτρησεν 26,2,512.

διαμηνύω διεμήνυσε 41,20,529.

διαμιλλάομαι διαμιλλῶνται 76,2,569.

διανέμω διανέμειν 85,31,580.

διανοέομαι διανοεῖσθαι 70,15,562. διανοούμενον 9,18,490.
διανοηθείς 34,18,521.

διάνοια διανοίας 45,11,534. 60,10,551. 60,19,552. 79,5,572.
διάνοιαι 53,23,543. διανοίαις 75,31,569.

διανοικίζω διανοικισθῆναι βλ. ἀνοικισθῆναι 88,13,583.

διαπονέω διαπονῶν 101,8,598.

διαπραΰνω διαπραΰνων 32,16,519.

διαπρεπής 103,11,600. διαπρεπῶς 38,19,525. 49,20,539.

διαπτύω διαπτύοι 124,26,626. διαπτύοιεν 28,11,515. δια-
πτύων 15,7,497. 81,7,574.

Δίας 6,8,485.

διασκευή διασκευάς 94,22,590.

διασκοπέω διασκεψάμενος 123,10,624. διέσκεμμαι 2,8,480.

διασκώπτω διασκώπτων 52,16,541. διασκῶψαι 64,22,556.

διασπάω διεσπάσθαι 106,24,604. διεσπασμένον 91,6,586.

    διεσπασμένη βλ. ἐσπασμένη 84,28,579.

διατείνω διετείνετο 68,22,561.

διατελέω διετέλει 49,18,539. διετέλεσε 28,27,515.

διατίθημι διατιθέμενος 23,15,509. διατιθεμένου 34,16,521.

    διατιθεμένῳ 64,28,556. 74,13,567. διατιθεμένων 50,17,

    540. διατιθεμένοις 105,23,603. διέθετο 23,28,510. 72,

    21,565. 93,9,589. 110,6,609. 124,18,626. διαθέμενος

    53,2,542.

διατριβή διατριβῆς 94,17,590. διατριβήν 9,25,490. 41,17,

    529. διατριβαί 77,26,571.

διατωθάζω διατωθάζων 81,7,574. διετώθαζεν 54,30,544.

διαυγής 74,25,568.

διαφαίνω διαφαίνεται 19,21,503. διαφαίνονται 39,20,527.

    διεφαίνετο 122,27,623. διεφάνη 126,12,628.

διαφαυλίζω διεφαύλιζε 16,26,499.

διαφερόντως 42,18,530.

διαφέρω διενήνοχεν 67,1,559. διαφερώμεθα 36,16,523. δια-

    φέρεσθαι 9,5,489. διαφερομένοις 7,22,488. διαφερομέ-

    νους 6,4,485. διεφέρετο 9,7,489. διενεχθῆναι 10,26,

    491. διενεχθέντε 126,13,628.

διαφεύγω διαφεύγει 110,25,610. διέφυγε 85,12,579. διέφυ-

    γον 29,11,516. διαφύγοι 18,17,501. 110,26,610. δια-

    φυγεῖν 29,9,516. διαφυγόντος 84,12,578. διαπέφευγε

22,32,508.

διαφθείρω διεφθορώς 19,2,502. διεφθορότας 34,9,521. διεφ-
      θορός 51,7,540. διεφθορότων 48,14,537.

διαφορά 10,14,490. 126,2,627. διαφορᾶς 9,1,489. 22,4,507.
      47,5,536. 67,3,559. 126,9,627. διαφοράν 22,19,508. 54,
      29,544. 110,13,610.

διάφορος 37,16,524.

διαχάσκω διακεχηνώς 120,9,620.

διαχέω διέχεεν 39,7,526. 90,30,586. διακεχυμένος 22,17,
      508. διακεχυμένω 32,14,519. 48,12,537.

διδακτός διδακτά 36,14,523.

διδασκαλεῖον 61,32,553.

διδασκαλικός διδασκαλικάς 40,3,527.

διδάσκαλος 9,22,490. 40,13,528. 51,5,540. 82,18,576. 109,
      18,607. διδασκάλου 32,3,518. 65,22,557. 83,30,578.
      117,1,617. διδασκάλω 9,25,490. διδάσκαλον 10,4,490.
      15,30,498. 34,23,521. 90,25,586. 109,20,607. 120,11,
      620. διδάσκαλοι 82,6,576. 86,31,581. 114,32,615.
      διδασκάλων 47,14,536. 90,2,585. 104,28,603. διδασκά-
      λοις 50,3,539. 71,25,564. διδασκάλους 98,13,594.

διδάσκω διδάσκουσιν 121,1,621. διδάσκων 40,23,528. 104,18,
      602. ἐδίδαξεν 8,12,488. διδάξειε 120,13,620.

δίδυμος 28,19,515. δίδυμοι 68,8,560.

δίδωμι 85,32,580. 116,5,616. δίδωσι 36,10,523. 43,31,532.
      διδοῖ 2,18,481. διδόασι 102,23,599. 102,24,599. διδῶ
      20,14,504. διδόναι 58,16,549. διδούς 116,17,616.

<u>διδόντος</u> 91,16,587. 108,9,606. <u>διδόντες</u> 121,29,622.

<u>ἐδίδου</u> 112,13,612. <u>δώσεις</u> 66,4,558. <u>δώσει</u> 41,25,529.

113,25,613. <u>δώσοι</u> 44,10,533. <u>ἔδωκε(ν)</u> 24,22,511. 34,

20,521. 34,21,521. 44,15,533. 49,14,538. 50,25,540. 83,

8,577. 111,30,611. 124,27,626. <u>ἔδωκαν</u> 125,24,627.

<u>ἔδοσαν</u> 42,22,530. <u>δός</u> 35,3,521. <u>δότε</u> 45,19,534. 54,20,

544. 81,10,574. <u>δοῦναι</u> 78,32,572. 80,18,574. 111,11,

611. <u>δούς</u> 55,10,545. 122,15,623. <u>δέδωκας</u> 122,15,623.

<u>δεδώκασι</u> 110,21,610. <u>δεδωκότος</u> 77,29,571. <u>ἐδεδώκει</u>

14,27,496. 26,10,512. <u>δεδόσθω</u> 88,6,583. <u>δοθείς</u> 96,31,

593.

<u>δίειμι</u> <u>διήειν</u> 64,5,556. <u>διήει</u> 2,23,481. 14,1,495. 60,22,

552. 63,31,555. 79,3,572. 90,11,585. 99,29,596. 109,2,

607. 116,30,617.

<u>διείρω</u> <u>διείρων</u> 122,8,623.

<u>διέξειμι</u> <u>διεξιών</u> 35,25,522. 81,13,575. 81,19,575.

<u>διεξέρχομαι</u> <u>διεξῆλθε(ν)</u> 6,12,486. 98,8,594. 116,24,617.

<u>διέρχομαι</u> <u>διῆλθε(ν)</u> 12,18,493. 12,24,493. 20,30,505. 71,3,

563. 112,19,612. 117,4,617. <u>διελθεῖν</u> 63,16,555. 78,18,

572.

<u>διηγέομαι</u> <u>διηγούμενος</u> 97,6,593.

<u>διήκω</u> <u>διήκει</u> 21,4,505. 71,6,563.

<u>διθυραμβώδης</u> <u>διθυραμβῶδη</u> 19,14,502. 27,30,514. <u>διθυραμβώ-</u>

<u>δης</u> 24,32,511.

<u>διίστημι</u> <u>διέστη</u> 47,8,536. <u>διειστήκει</u> 21,28,507. <u>διεστή-</u>

<u>κεσαν</u> 43,2,531.

δικάζω δικάζεις 68,23,561. δικάζειν 11,6,491. δικάζοντι
25,17,512. δικάζοντες 48,25,538. δικάζουσιν 4,22,483.
δικάσεις 38,12,525.

δίκαιος δικαίου 4,19,483. 16,5,499. 16,15,499. 39,13,527.
116,4,616. δικαίων 50,13,539. 50,15,539. 50,22,540.
δικαιότατος 87,11,582. δικαιοτάτω 18,21,501.

δικαιότης δικαιότητος 2,25,481. 115,26,616. δικαιότητι
115,23,616.

δικαιόω ἐδικαιοῦτο 37,23,524.

δικανικός δικανικοί 17,22,500. δικανικῆς 75,27,569. δικα-
νικοῦ 108,14,606. δικανικῷ 24,30,511. δικανικόν 24,
28,511. δικανικοῖς 24,25,511. 74,5,567. δικανικά 16,
5,499. 24,26,511. 103,8,600. δικανικώτερος 75,28,569.
108,15,606.

δικαστήριον δικαστηρίου 38,15,525. 68,27,561. 114,13,614.
δικαστηρίῳ 25,8,511. 50,17,540. 50,27,540. 69,31,562.
δικαστήριον 68,17,561. 122,2,622. δικαστηρίων 4,18,
483. 99,1,595. δικαστηρίοις 15,14,497. 29,16,516. 30,
26,517. 32,17,519. 125,10,626. 126,32,628. δικαστήρια
124,15,626.

δικαστής δικαστοῦ 43,22,532. δικαστήν 25,31,512. δικαστῶν
4,25,483. 30,31,517. δικαστάς 24,13,510.

δίκη 63,20,555. 121,6,621. δίκης 9,22,490. 121,22,622.
δίκῃ 50,26,540. 63,17,555. 124,11,625. δίκην 25,26,
512. 37,22,524. 37,30,525. 38,15,525. 68,30,561. 121,5,
621. 121,31,622. 124,20,626. δικῶν 99,1,595. 124,10,

625. δίκαις 122,1,622. 125,10,626. δίκας 43,16,532.
55,23,547. 70,21,563. 124,13,625.

δικογραφία δικογραφίαν 15,13,497.

διλογέω διλογεῖν 79,9,572.

διό 47,4,536.

Διογένης Διογένη 95,23,591.

Διόδοτος Διοδότῳ 117,5,617.

Διονύσια 57,31,549.

Διονύσιος (ὁ τύραννος) 16,28,499. Διονυσίου 16,24,499. 16,
27,499. Διονυσίῳ 16,26,499. Διονύσιον 17,2,500. 17,8,
500.

Διονύσιος (ὁ σοφιστής) 35,9,521. 37,20,524. 37,24,525. 37,
31,525. 38,3,525. 38,14,525. 82,7,576. Διονυσίου 36,4,
522. 36,7,523. 36,22,523. 36,28,524. 37,10,524. 37,12,
524. 38,18,525. 75,17,568. 82,7,576. 94,9,590. Διονυ-
σίῳ 26,28,513. 35,23,522. 37,9,524. 37,15,524. 37,21,
524. 38,19,525. 38,25,526. Διονύσιε 38,11,525.

Διόνυσος Διονύσου 22,11,507. 42,25,531. 57,32,549. Διόνυ-
σον 100,6,596.

διοράω διορῶντος 99,9,595. διορῶντι 96,8,592. διεώρα 32,
31,519.

διορθόω διορθούμενος 26,6,512. 91,5,586. 119,27,620.
διωρθοῦτο 20,27,505. 47,27,537.

διοτρεφής διοτρεφέων 9,11,489.

δίς 115,21,616.

δίσκος δίσκου 94,14,590. δίσκῳ 94,15,590.

δισύπατος δισυπάτους 55,17,545.

διτάλαντος διταλάντῳ 37,29,525.

διττός διττά 60,7,551.

διφυής 8,26,489.

δίχα 20,17,504.

διψάω διψῶντας 97,27,594.

Δίων 7,3,487. 8,10,488. 9,21,490. Δίωνος 7,4,487. 8,20,
    488. 11,15,492. 50,6,539 K⁴, Οὐεστ; Δίωνα Λο (Λο).
    119,22,620. Δίωνι 7,18,487. Δίωνα 6,30,486. 8,18,488.
    123,14,624. βλ. Δίωνος 50,6,539.

δογματίας 19,12,502.

δοκέω δοκῶ 60,20,552. δοκεῖς 84,9,578. 84,20,579. δοκεῖ
    3,15,482. 4,26,484. 13,10,494. 13,16,494. 19,4,502. 19,
    8,502. 33,6,519. 38,6,525. 49,10,538. 49,28,539. 60,27,
    552. 71,4,563. 81,31,575. 85,31,580. 104,5,601. 114,20,
    614. 123,5,624. δοκοῦσι(ν) 15,11,497. 42,13,530. 63,
    11,555. 72,28,565. δοκοίη 115,30,616. δοκεῖν 13,14,
    494. 47,24,536. 98,20,595. 109,29,607. δοκῶν 43,11,
    531. 53,17,542. 60,11,551. 74,14,567. 83,31,578. 103,
    19,601. 108,21,606. 120,23,621. δοκοῦντος 72,12,564.
    77,16,571. 115,19,615. δοκοῦντι 85,8,579. δοκοῦντες
    5,2,484. δοκοῦν 4,25,483. 26,15,513. δοκοῦντα 8,12,
    488. ἐδόκει 22,10,507. 24,26,511. 33,20,520. 36,21,
    523. 41,15,529. 56,3,547. 66,20,558. 101,23,598. 106,
    25,604. 106,25,604. δόξω 101,29,598. 121,11,621.
    δόξει 39,12,526. 74,29,568. 96,5,592. 124,19,626.

δόξομεν 19,11,502. ἔδοξε(ν) 7,7,487. 7,9,487. 14,23,
496. 15,21,498. 30,27,517. 39,16,527. 78,18,572. 80,9,
573. 84,29,579. 99,28,596. 100,8,596. 105,24,603. 106,
2,604. 119,19,619. 120,25,621. 122,4,623. ἔδοξαν 24,
16,511. 33,21,520. 62,12,554. δόξῃ 79,2,572. δόξαι
79,9,572. 93,10,589. 94,7,590. δόξας 84,6,578. 109,15,
607. δόξαντι 18,22,501. 125,14,627. δόξασα 84,28,579.
δόξαν 3,7,481.

δόκιμος δοκίμως 125,26,627.

Δολίχη Δολίχης 113,6,613.

Δομετιανός Δομετιανῷ 8,5,488.

δόξα δόξης 32,26,519. 36,18,523. 40,10,528. 46,5,535. 60,
20,552. 73,32,567. 80,27,574. 82,23,576. 83,5,577. 85,
25,580. 98,24,595. 101,3,598. 126,25,628. δόξῃ 1,1,
479. 11,17,492. 37,20,524. 65,4,557. δόξαν 13,13,494.
14,8,495. 31,23,518. δόξαις 9,13,489. 71,30,564.
δόξας 46,29,536.

δορά δοράς 61,9,553.

δορυφορέω δορυφοροῦντες 87,27,582.

δορυφόρος δορυφόρους 113,31,614.

δουλεύω 96,30,593. δουλεύειν 6,14,486. δουλεῦσαι 111,6,
610.

δουλόβοτος δουλόβοτα 31,1,517.

δοῦλος δούλου 110,20,610. δούλων 92,23,588. δούλοις 58,8,
549.

δουλόω ἐδούλωσε 15,23,498. δουλούμενος 17,7,500.

δράκων δράκοντα 96,23,593.

δρᾶμα δράματος 45,24,535. 109,9,607. δράματι 30,6,517.

δράσσομαι δράξονται 17,12,500 Κ⁴ (Κ⁴ σ. ΧΧΧΧΧΙΙ) (Μα);
     βιάσονται Λο (Κοβ σ. 211); δράσονται Οὐεστ.

δραστήριος δραστήριον 12,26,494.

δραχμή δραχμάς 105,13,603. 106,5,604.

δράω δρῶσι 13,12,494. δράσονται? βλ. δράξονται 17,12,500.

δριμύς δριμύ 28,23,515.

δρομικός 62,22,554. δρομικούς 28,4,515.

δρόμος 119,13,619. δρόμου 53,5,542. 92,5,587. δρόμῳ 93,
     29,589. δρόμον 62,20,554. δρόμοις 34,8,521.

δρυμός δρυμοῖς 66,26,559.

δρῦς δρυί 28,30,515. δρῦν 28,32,516.

Δρωπίδης Δρωπίδην 18,16,501.

δύναμαι 119,7,619. δύνασαι 55,12,545. δύναται 39,27,527.
     δύνανται 88,7,583. δύνασθαι 11,6,491. 13,14,494.
     ἠδύνατο 44,2,532. ἐδυνήθη 119,2,619. δυνηθῆναι 120,
     25,621. δυνηθέντος 66,9,558.

δύναμις δυνάμει 15,31,498. 79,11,572. 119,17,619.

δυνάστης δυνάσταις 45,32,535.

δυνατός 75,7,568. δυνατοῖς 18,30,502. δυνατόν 104,16,602.
     δυνατωτέρα 42,15,530. δυνατωτάτοις 82,18,576.

δύο 1,3,479. 31,10,518. 41,12,529. 59,21,551. 65,23,557.
     80,21,574. 105,19,603. 117,12,617. δυοῖν 7,32,488. 74,
     4,567. 109,25,607.

δυσγράμματος δυσγράμματον 66,8,558.

δυσήκοος   δυσήκοον 14,23,496.

δύσκολος   δυσκόλοις 22,14,508.   δυσκόλων 55,26,547.

δύσνους   97,18,593.

δυσξύμβολος   δυσξύμβολον 32,12,519.

δυσπινής   74,15,567.

δύστηνος   δύστηνα 122,18,623.

δύστροπος   δύστροπον 51,23,541. 53,11,542. 86,16,581.   δυσ-
    τρόποις 22,15,508.   δυστρόπως 25,15,512.

δυσχεραίνω   δυσχεράνας 65,5,557.

δυσχωρία   δυσχωρίᾳ 53,6,542. 63,14,555.

δωδεκάκρουνος   38,6,525 Κ⁴, Οὐεστὶ δωδεκάκρουνον Λο.   δωδεκά-
    κρουνον βλ. δωδεκάκρουνος 38,6,525.

δωμάτιον   δωματίῳ 88,23,583.

δωρεά   δωρεᾶς 34,23,521. 58,10,549.   δωρεάν 55,6,545. 55,7,
    545. 55,11,545. 58,23,549.   δωρεαῖς 93,11,589.   δωρεάς
    83,8,577. 93,11,589. 111,18,611.

δωριάζω   δωριάζοντος 41,28,529.

Δώριος   Δωρίοις 23,13,509.

Δωρίων   37,26,525. 37,27,525. 38,1,525. 38,11,525.   Δωρίωνα
    37,25,525.

δωροδοκία   δωροδοκίαν 48,31,538.

δῶρον   96,31,593. 104,14,602.   δώρων 33,32,520.   δώροις 13,
    7,494. 93,11,589.   δῶρα 93,14,589. 103,24,601.

ἐάν   κἄν 10,22,491. 20,10,504. 25,25,512. 81,21,575. 86,11,
    580.   ἤν 9,10,489. 9,12,489. 13,9,494. 25,10,511. 88,
    17,583. 90,29,586. 96,24,593.

ἑαυτοῦ 6,8,485. 7,3,487. 9,3,489. 11,31,492. 14,8,495. 17,
31,501. 18,22,501. 18,27,502. 23,20,509. 28,12,515. 29,
22,516. 30,25,517. 31,32,518. 32,26,519. 34,22,521. 34,
23,521. 36,18,523. 37,25,525. 40,10,528. 44,1,532. 44,
12,533. 44,28,534. 45,3,534. 46,5,535. 47,11,536. 58,
12,549. 63,31,555. 66,15,558. 66,19,558. 68,21,561. 69,
15,561. 71,25,564. 74,23,568. 75,5,568. 75,14,568. 79,
26,573. 80,18,574. 80,27,574. 85,12,579. 85,25,580. 91,
14,587. 92,22,588. 92,23,588. 94,18,590. 95,28,592. 99,
27,596. 100,32,597. 107,19,605. 108,9,606. 108,24,606.
110,13,610. 111,2,610. 114,19,614. 116,12,616. 116,26,
617. 117,1,617. 117,12,617. 119,7,619. 120,30,621. 121,
25,622. 122,1,622. 123,9,624. 124,8,625. 126,16,628.

αὐτοῦ 31,1,517. 83,32,578 Κ⁴, Λο, Οὐεστ (Κ³). ἑαυτῷ
4,25,483. 9,18,490. 25,28,512. 53,17,542. 57,16,548.
68,9,560. 69,27,562. 85,7,579. 116,17,616. 120,26,621.

αὐτῷ 126,14,628 Κ⁴, Λο, Οὐεστ (Κ¹ σ. 49). ἑαυτόν 4,6,
483. 7,27,488. 8,1,488. 8,9,488. 17,14,500. 32,18,519.
33,1,519. 35,26,522. 41,4,528. 44,24,533. 46,3,535. 46,
14,535. 47,7,536. 53,17,542. 56,32,548. 58,7,549. 68,1,
560. 68,32,561. 71,14,563. 72,32,565. 76,22,570 Κ⁴, Λο,
Οὐεστ (Κ² σ. 323). 84,1,578. 88,23,583. 93,18,589 Κ⁴,
Λο, Οὐεστ (Κ² σ. 351). 101,6,598. 108,18,606. 114,6,
614. 117,9,617. 122,13,623. 123,10,624. 124,19,626.
125,6,626. 125,30,627. βλ. ἐς 122,9,623, αὐτόν 122,9,
623. αὐτόν 20,11,504. ἑαυτῶν 24,18,511. 35,14,522.

92,15,588. ἑαυτοῖς 9,23,490. ἑαυτῆς 124,28,626.

αὑτῆς 42,29,531 Κ⁴, Λο (Βαλκ παρὰ Σε σ. 271); αὑτῆς

Οὐεστ. ἑαυτήν 110,23,610. ἑαυτό 51,7,540.

ἐάω ἐᾶ 38,3,525. εἴα 43,17,532.

ἑβδομήκοντα 73,3,565. 89,31,585. 104,20,602. 108,23,606.

  120,4,620.

ἑβδομηκοντούτης 102,32,600. 106,28,604. ἑβδομηκοντούτην

  76,23,570.

ἑβδομηκοστός ἑβδομηκοστόν 121,14,621.

ἔγγονος ἐγγόνοις 42,23,530.

ἐγγράφω ἐνεγράφετο 22,15,508 Κ⁴, Λο (Κ² σ. 234); ἐπεγράφετο

  Οὐεστ. ἐνεγράφη 5,5,484. 14,10,495. 90,7,585. 99,4,

  595. ἐγγραφείς 109,14,607.

ἐγγυάω ἐγγυώμενος 45,17,534.

ἐγγυητής ἐγγυητήν 14,21,496.

ἐγγυμνάζω ἐγγυμνασόμενος 119,10,619.

ἐγγύς 35,30,522.

ἐγείρω ἐγρηγορότι 75,13,568. ἐγρηγορότων 75,12,568.

ἐγκαλυπτήρια 111,13,611.

ἐγκαλύπτω ἐγκεκαλυμμένος βλ. ἐκκεκαλυμμένος 53,12,542.

ἐγκαταλέγω ἐγκατέλεξε 37,2,524 Κ⁴, Λο (Κ² σ. 258); κατέλεξε

  Οὐεστ. 44,6,532 Κ⁴, Λο (Βαλκ παρὰ Σε σ. 271); κατέλεξε

  Οὐεστ. ἐγκαταλέξαντος 116,21,617.

ἐγκαταλεκτέος ἐγκαταλεκτέα 108,26,606 Κ⁴, Λο ('Ρε παρὰ Σε

  σ. 200); καταλεκτέα Οὐεστ.

ἐγκαταμείγνυμι ἐγκαταμιγνύς 10,11,490. 23,13,509. ἐγκατα-

μίξας 70,6,562. 76,11,569. 110,8,609. ἐγκατεμέμικτο
84,30,579.

ἔγκειμαι ἔγκειται 17,23,500. ἐγκειμένη 71,32,564. ἐγκεί-
μενον 7,13,487.

ἔγκλημα 70,1,562. ἐγκλημάτων 20,32,505.

ἐγκρατής ἐγκρατῶς 66,4,558.

ἐγκύκλιος ἐγκυκλίους 93,24,589.

ἐγκωμιάζω ἐγκωμιάζειν 117,3,617.

ἐγκώμιον 114,23,614. 114,27,615. ἐγκωμίου 114,29,615.
    ἐγκωμίοις 84,30,579. ἐγκώμια 46,3,535.

ἐγχειρέω ἐγχειρεῖν 20,12,504.

ἐγχειρίδιον ἐγχειρίδια 72,24,565.

ἐγχώριος ἐγχώρια 118,14,618.

ἐγώ 2,16,481. 4,15,483. 6,2,485. 11,13,492. 16,7,499. 16,
    32,500. 26,30,513. 28,14,515. 29,30,516. 33,20,520. 36,
    9,523. 41,10,529. 57,24,548. 60,12,552. 60,18,552. 62,
    24,554. 67,1,559. 67,8,559. 70,7,562. 71,20,564. 76,14,
    569. 84,7,578. 86,2,580. 90,19,586. 91,30,587. 113,17,
    613. 116,4,616. 119,27,620. 123,22,625. κἀγώ 48,11,
    537. 64,4,555. ἐμοῦ 44,15,533. 50,23,540. 70,15,562.
    70,20,563. 102,5,599. ἐμοί 3,15,482. 15,22,498. 19,6,
    502. 22,6,507. 38,10,525. 44,15,533. 45,12,534. 79,32,
    573. 85,30,580. 98,20,595. 109,5,607. 112,19,612. 121,
    8,621. κἀμοί 108,18,606. ἔμοιγε 18,9,501. μοι 4,26,
    484. 5,15,485. 6,3,485. 9,20,490. 9,21,490. 12,1,492.
    13,10,494. 15,11,497. 19,8,502. 27,15,514. 33,6,519.

35,3,521. 37,17,524. 37,25,525. 37,32,525. 38,9,525. 45,
29,535. 49,10,538. 53,8,542. 53,29,543. 53,30,543. 54,
20,544. 60,20,552. 60,27,552. 61,26,553. 61,31,553. 62,
12,554. 62,24,554. 63,10,554. 68,22,561. 68,23,561. 70,
8,562. 70,10,562. 70,19,562. 71,27,564. 72,27,565. 77,
17,571. 81,32,575. 84,9,578. 84,20,579. 86,8,580. 97,
10,593. 97,14,593. 99,23,596. 102,7,599. 102,23,599.
111,24,611. 117,19,617. 122,14,623. 123,4,624. 123,19,
624. 125,2,626. 126,9,627. 126,30,628. 127,7,628. ἐμέ
35,4,521. 37,18,524. 45,27,535. 60,19,552. 121,2,621.
127,5,628. με, μ' 5,18,485. 9,22,490. 25,9,511. 25,11,
511. 30,12,517. 41,12,529. 49,30,539. 54,18,544. 61,22,
553. 61,27,553. 63,1,554. 68,23,561. 71,17,563. 71,19,
563. 73,16,566. 79,23,573. 98,10,594. 106,32,605. 116,
15,616. 119,12,619. ἡμεῖς 68,29,561. 116,21,617. ἡμῶν
60,25,552. ἡμῖν 1,6,479. 50,24,540. 88,31,583. 109,2,
607. 111,21,611. 124,25,626. ἡμᾶς 6,4,485. 89,19,585.
111,26,611.

ἕδος 57,32,549.

ἐθέλω θέλω 79,22,573. θέλεις 82,27,576.

ἔθνος 50,8,539. 100,6,596. 114,1,614. ἔθνους 109,15,607.
112,29,613. ἔθνη 7,24,488. 43,25,532. 56,5,547. 67,29,
560. 77,28,571. 87,6,582. 99,26,596. 124,8,625. ἐθνῶν
37,2,524. 62,3,553. 108,12,606. ἔθνεσι(ν) 31,19,518.
37,6,524. 83,31,578.

ἔθω εἰώθει 8,3,488. 41,26,529. 44,22,533. 78,26,572. 94,3,

590.

εἰ 4,23,483. 4,27,484. 7,10,487. 8,21,488. 9,6,489. 11,22,
492. 12,3,492. 17,11,500. 17,29,501. 18,5,501. 18,10,
501. 18,27,502. 19,10,502. 20,32,505. 21,21,506. 24,10,
510. 26,20,513. 27,23,514. 27,24,514. 27,25,514. 28,7,
515. 29,19,516. 36,14,523. 37,31,525. 40,8,527. 44,16,
533. 46,21,535. 47,14,536. 50,20,540. 51,23,541. 54,3,
543. 54,10,543. 55,12,545. 56,2,547. 61,19,553. 64,5,
556. 66,30,559. 67,1,559. 67,32,560. 69,2,561. 70,16,
562. 70,19,562. 74,28,568. 84,7,578. 84,11,578. 85,28,
580. 86,13,580 Κ[4], Λο, Οὐεστ ('Ιακ[1] σ. 802 εἴποτε)ι βλ.
ποτε 86,13,580. 89,23,585. 92,8,587. 96,1,592. 97,12,
593. 97,14,593. 99,16,596. 99,18,596. 100,22,597. 100,
23,597. 100,24,597. 101,28,598. 104,4,601. 104,16,602.
105,8,603. 110,18,610. 112,21,612. 113,23,613. 114,6,
614. 118,14,618. 123,23,625. εἴθε 49,25,539.

εἶδος εἴδους 8,28,489. 32,16,519. 111,3,610. 113,26,613.
εἴδει 3,27,482. 5,28,485. 68,9,560. 77,15,570. 112,8,
612. εἶδος 28,4,515. 74,14,567. 76,30,570. 96,8,592.
102,13,599. 118,7,618. εἴδεσιν 11,25,492.

*εἴδω εἶδον 108,20,606. εἶδεν 40,27,528. 124,17,626. εἴδο-
μεν 87,28,582. ἴδω 10,5,490. 98,10,594. 105,16,603.
ἴδοις 80,15,574. ἴδοι 54,18,544. ἰδεῖν 6,26,486. 111,
15,611. ἰδών 8,6,488. 40,26,528. 52,7,541. 57,8,548.
62,16,554. 65,5,557. 84,4,578. 90,26,586. 104,29,603.
116,31,617. ἰδού 83,18,578. οἶδα, οἶδ' 1,9,479. 2,7,

480. 2,16,481. 4,15,483. 6,19,486. 6,30,486. 8,19,488.
15,16,498. 16,32,500. 65,20,557. 86,10,580. 89,21,585.
91,31,587. 96,4,592. 115,14,615. οἶδας 82,27,576.

οἶδε 12,8,493. εἰδέναι 1,13,480. 3,23,482. 50,25,540.
55,16,545. 96,10,592. εἰδώς 2,6,480. 46,29,536. 75,5,
568. 104,27,602. εἰδότος 37,19,524. 107,30,605.

εἰδότι 96,11,592. εἴσομαι 46,11,535. εἴσεσθε 49,23,
539.

εἴθε βλ. εἰ.

εἰκάζω εἰκάσθω 17,13,500. εἴκαστο 78,17,572.

εἰκός 32,25,519. 68,19,561.

εἴκοσι(ν) 44,8,533. 49,11,538. 60,8,551. 66,11,558. 80,21,
574. 112,23,612. 112,24,612. 117,12,617. 122,22,623.

εἰκότως 15,22,498.

εἴκω εἶξεν 111,9,611.

εἰκών εἰκόνος 21,20,506. 101,28,598. εἰκόνα 9,29,490. 9,
32,490. εἰκόνες 8,21,488. 17,1,500. 40,4,527. εἰκόσιν
66,32,559. 82,24,576. εἰκόνας 66,25,558.

εἰμί, εἰμι 72,13,565. 97,5,593. 119,9,619. εἶς 49,24,539.
ἐστί(ν), ἐστι(ν), ἔστι(ν), ἔσθ' 1,4,479. 2,15,481. 6,3,
485. 9,11,489. 14,3,495. 15,14,497. 20,10,504. 20,29,
505 K⁴, Λο (K⁴ σ. XXII); ἄπεστι παρὰ Οὐεστ. 24,4,510.
27,19,514. 28,31,515. 30,11,517. 30,24,517. 34,27,521.
35,13,522. 36,11,523. 39,6,526. 40,23,528. 48,10,537.
51,5,540. 52,11,541. 54,6,543. 54,10,543. 57,2,548. 60,
24,552. 61,18,553. 63,29,555. 70,28,563. 85,28,580.

101,25,598. 104,6,601. 104,11,602. 104,11,602. 107,15,
605. 110,29,610. 111,23,611. 114,22,614. 121,13,621.
121,29,622. ἐσμέν 80,16,574. 88,2,583. εἰσί(ν), εἰ-
σι(ν) 13,10,494. 13,10,494. 14,12,495. 15,3,497. 33,5,
519. 36,9,523. 40,31,528. 51,21,541. 53,29,543. 53,30,
543. 74,17,567. 81,5,574. 87,7,582. 96,17,592. 100,20,
597. εἴη 8,10,488. 9,6,489. 11,27,492. 19,1,502. 41,
22,529. 45,25,535. 51,8,540. 61,20,553. 63,6,554. 65,7,
557. 69,21,562. 69,31,562. 70,23,563. 75,7,568. 87,24,
582. 91,5,586. 113,24,613. 114,27,615. 119,9,619. ἔστω
36,17,523. 62,28,554. 71,8,563. 71,17,563. εἶναι 1,12,
480. 6,13,486. 10,31,491. 15,12,497. 15,30,498. 30,15,
517. 31,1,517. 33,20,520. 46,10,535. 56,32,548. 61,4,
552. 61,6,552. 69,16,561. 73,2,565. 75,2,568. 76,32,
570. 83,12,577. 89,7,584. 89,9,584. 105,11,603. 121,31,
622. 122,23,623. 123,23,625. 125,15,627. 126,11,628.
ὦν 5,11,485. 9,4,489. 9,4,489. 9,6,489. 18,11,501. 34,
10,521. 41,18,529. 51,17,540. 60,5,551. 63,27,555. 64,
27,556. 65,24,557 προστίθ. Λο πρὸ 'ἀπέθανεν' (Κοβ σ.
217)ϳ ἄπεστι παρὰ Κ⁴, Οὐεστ.   73,21,566. 84,10,578.
90,4,585. 101,21,598. 105,10,603. 109,1,607. 116,9,616.
118,7,618. 124,13,625. ὄντος 2,11,481. 2,14,481. 30,19,
517. 120,1,620. 123,10,624. ὄντι 26,28,513. 102,18,
599. 117,12,617. ὄντα 6,11,485. 57,16,548. 90,30,586.
112,16,612. 118,21,618. ὄντε 12,5,493. 22,17,508.
ὄντες 5,2,484. ὄντων 28,20,515. 39,10,526. 46,4,535.

ὄντας 11,5,491. 39,8,526. 66,23,558. 95,22,591. 113,14,
613. οὖσα 5,17,485. 45,26,535. 62,6,553. οὔσης 31,9,
518. οὔσῃ 31,27,518. 67,25,560. 98,21,595. 98,22,595.
οὖσαν 15,27,498. 75,6,568. 84,25,579. 88,16,583. 112,
29,613. ἔσται 37,32,525. ἔσοιτο 121,32,622. ἦν 4,7,
483. 6,32,487. 7,11,487. 7,14,487. 8,1,488. 8,24,489.
8,31,489. 10,9,490. 11,7,491. 11,10,491. 12,25,493. 12,
25,493. 13,4,494. 16,21,499. 18,15,501. 21,17,506. 23,
7,509. 27,23,514. 27,24,514. 32,22,519. 32,25,519. 34,
13,521. 34,29,521. 40,10,528. 43,16,532 Λο μετὰ 'ἀπεθί-
ζειν' (Κ² σ. 270); ἄπεστι παρὰ Κ⁴, Οὐεστ.   44,16,533.
46,25,536. 46,26,536. 46,32,536. 47,4,536. 48,16,537.
48,29,538. 51,20,541. 51,30,541. 60,30,552. 64,16,556.
64,24,556. 68,14,560. 68,19,561. 70,11,562. 71,12,563.
76,27,570. 77,8,570. 77,11,570. 83,17,578. 91,16,587.
92,4,587. 92,21,588. 93,8,589. 98,12,594. 98,26,595.
101,7,598. 102,32,600 Κ⁴, Λο (Κ⁴ σ. XXIIII); ἄπεστι
παρὰ Οὐεστ.   103,27,601. 104,28,603. 106,6,604. 106,21,
604. 108,10,606. 108,14,606. 108,26,606. 115,10,615.
115,15,615. 115,27,616. 118,25,619. 119,21,620. 121,23,
622. 121,30,622. 123,3,624. 126,4,627. 127,7,628.
ἤστην 22,9,507. 28,19,515. ἦσαν 11,9,491. 21,29,507.
34,8,521. 38,23,526. 38,23,526. 66,23,558. 78,14,572.
80,10,574. 86,5,580. 95,8,591. 106,19,604.
εἶμι 65,19,557. ἴωμεν 24,20,511. 48,1,537. ἰών 71,24,564.
εἶπον 58,6,549. 95,9,591. εἶπε(ν) 25,10,511. 25,16,512.

25,25,512. 26,22,513. 27,3,513. 33,13,520. 38,1,525.

38,11,525. 45,27,535. 46,21,535. 47,29,537. 50,19,540.

51,32,541. 52,8,541. 52,11,541. 57,22,548. 58,29,550.

60,15,552. 75,4,568. 79,12,573. 79,24,573. 88,2,583.

102,24,599. 116,3,616. 118,25,619. 121,2,621. 121,11,

621. 122,16,623. 123,23,625. 125,4,626. εἴπῃς 79,31,

573. εἴπῃ 53,9,542. εἴποι 46,5,535. εἰπέ 5,15,485.

37,25,525. εἰπεῖν 3,21,482. 3,24,482. 15,21,498. 33,3,

519. 53,7,542. 78,24,572. 87,11,582. 101,16,598. 117,

14,617. εἰπών 8,9,488. 16,1,498. 38,9,525. 38,22,526.

39,6,526. 52,20,542. 58,32,550. 63,1,554. 68,27,561.

70,12,562. 78,1,571. 91,3,586. 95,14,591. 105,15,603.

107,27,605. 111,31,611. 116,23,617. 117,3,617. 117,17,

617. 124,18,626. εἰπόντος 5,16,485. 5,24,485. 25,9,

511. 41,24,529. 44,9,533. 45,25,535. 49,28,539. 52,14,

541. 79,1,572. 88,6,583. 88,28,583. 103,29,601. 114,15,

614. 114,26,615. 119,6,619. 122,14,623. εἰπόντα 10,24,

491.

εἴργω εἰργόμενος 45,3,534. 85,12,579. εἰργόμενον 53,5,542.

εἰρήνη εἰρήνης 20,27,505.

εἰρωνικός εἰρωνικόν 7,12,487.

εἰς, εἰσ- βλ. ἐς, ἐσ-.

εἷς 66,17,558. 73,22,566. 83,21,578. 97,26,594. 104,28,603.

109,24,607. 114,17,614. ἑνός 54,23,544. 86,17,581. 114,

14,614. 115,30,616. 119,10,619. ἑνί 68,13,560. ἕνα

21,22,506. 57,27,549. 72,11,564. 92,20,588. 105,6,603.

μία 40,4,527. 71,5,563. 109,25,607. μιᾶς 25,18,512. 57,20,548. 64,3,555. μιᾷ 43,7,531. 48,10,537. 56,24, 547. 57,29,549. 60,32,552. 70,4,562. μίαν 41,13,529. 61,2,552. 105,19,603. ἕν 6,5,485. 30,13,517. 40,27, 528. 101,14,598.

εἴσκω εἴσκεις 116,16,616.

εἶτα 45,3,534. 85,27,580.

εἴτε, εἴθ' 13,10,494. 13,10,494. 15,17,498. 15,17,498. 35, 9,521. 35,10,521. 36,15,523. 36,16,523. 78,30,572. 78, 31,572. 86,22,581. 86,22,581. 96,4,592. 96,4,592. 96,5, 592. 100,13,597. 100,14,597. 124,2,625. 124,2,625.

ἐκ, ἐξ 1,10,480. 3,8,482. 3,13,482. 6,9,485. 8,17,488. 8, 32,489. 12,19,493. 13,3,494. 13,11,494. 13,13,494. 13, 17,494. 14,17,496. 14,25,496. 15,29,498. 17,23,500. 19, 15,502. 19,15,502. 20,19,504. 21,1,505. 21,11,505. 21, 14,506. 22,7,507. 22,10,507. 22,30,508. 24,16,511. 25, 13,512. 26,13,513. 27,1,513. 27,5,514. 27,17,514. 28, 17,515. 29,9,516. 29,27,516. 31,17,518. 31,22,518. 33, 26,520. 35,5,521. 36,32,524. 37,16,524. 38,16,525. 39, 9,526. 39,24,527. 40,23,528. 42,13,530. 42,18,530. 42, 26,531. 42,30,531. 43,23,532. 43,32,532. 44,3,532. 44, 11,533. 44,29,534. 45,1,534. 45,13,534. 46,23,535. 46, 26,536. 47,14,536. 47,24,536. 48,32,538. 49,9,538. 52, 27,542. 55,16,545. 56,22,547. 57,9,548. 58,26,549. 59, 7,550. 60,10,551. 61,3,552. 61,5,552. 62,3,553. 62,10, 553. 65,14,557. 66,13,558. 71,5,563. 71,28,564. 72,2,

564. 72,22,565. 73,26,566. 74,8,567. 74,10,567. 75,31,
569. 75,32,569. 76,2,569. 77,31,571. 78,27,572. 80,21,
574. 80,26,574. 81,23,575. 82,16,576. 83,27,578. 84,4,
578. 86,27,581. 87,17,582. 88,24,583. 88,24,583. 89,12,
584. 90,12,585. 91,14,587. 92,11,588. 92,12,588. 92,13,
588. 94,23,590. 95,3,591. 95,3,591. 95,12,591. 95,24,
592. 95,29,592. 96,31,593. 98,30,595. 98,31,595. 100,
21,597. 101,18,598. 102,19,599. 102,20,599. 102,22,599.
103,1,600. 103,16,601. 103,28,601. 104,1,601. 106,30,
604. 107,1,605. 107,24,605. 108,8,606. 108,11,606. 109,
12,607. 109,24,607. 110,11,609. 111,23,611. 112,2,611.
112,4,611. 113,6,613. 113,9,613. 113,12,613. 113,12,
613. 115,11,615. 116,29,617. 118,5,618. 120,23,621. 122,
6,623. 123,1,624. 123,12,624. 124,29,626. 125,7,626.
125,27,627. κἀκ 31,13,518. 36,31,524. 56,16,547. 72,
22,565. 98,16,594.

ἕκαστος 29,3,516. 32,23,519. ἑκάστου 90,18,586. ἑκάστῳ
58,15,549. 85,31,580. ἑκάστῃ 16,9,499. ἕκαστον 57,27,
549.

ἑκάστοτε 45,16,534.

ἑκατόν 12,30,494. 21,22,506. 37,23,524. 57,29,549. 90,11,
585. 95,8,591. 106,5,604.

ἐκβακχεύω ἐκβακχεύοντα 93,4,588.

ἐκβάλλω ἐκβαλεῖς 81,2,574. ἐκβάλῃ 45,20,534.

ἐκβατήριος ἐκβατήρια 69,23,562.

ἐκβολή ἐκβολάς 40,13,528.

96

ἐκδίδωμι ἐκδίδωσιν 25,1,511. ἐκδιδούς 25,27,512. ἐκδεδω-
κότα 47,7,536. ἐκδίδοται 61,24,553. ἐκδίδοσθαι 61,3,
552. ἐκδεδομένης 85,2,579. ἐκδοθέντος 29,1,516.

ἐκεῖ 18,30,502. 29,23,516. 73,5,565. 77,29,571. 81,3,574.
103,28,601. 104,25,602. 104,31,603. 126,6,627. κἀκεῖ
90,15,586.

ἐκεῖθεν 48,12,537. 80,11,574. 98,7,594. κἀκεῖθεν 104,16,
602.

ἐκεῖνος 4,8,483. κἀκεῖνος 72,29,565. ἐκείνου 23,25,510.
30,28,517. 30,29,517. 46,31,536. 47,19,536. 54,23,544.
56,21,547. 69,29,562. 76,20,570. 92,32,588. 93,16,589.
99,21,596. 100,22,597. 101,17,598. 102,21,599. 108,32,
607. 111,4,610. 118,1,618. 121,12,621. 123,15,624. 126,
17,628. κἀκείνῳ 38,10,525. 38,12,525. ἐκεῖνοι 2,3,
480. 11,13,492. ἐκείνων 51,13,540. 62,18,554. 91,13,
587. ἐκείνοις 79,2,572. ἐκείνους 90,26,586. κἀκεί-
νους 11,10,491. ἐκείνη 117,23,618. ἐκείνη 5,10,484.
18,12,501. 74,21,567. 100,5,596. 108,28,607. ἐκείνην
2,26,481. 67,19,559. 110,26,610. ἐκεῖνο 4,15,483. 34,
13,521. 39,13,527. 54,30,544. 66,15,558. 80,13,574. 88,
10,583. κἀκεῖνο 18,19,501. 65,13,557. ἐκεῖνα 37,17,
524. 48,6,537. 54,13,543. κἀκεῖνα 43,16,532. 50,11,
539. 53,12,542. 59,3,550. 79,13,573. 88,20,583. 107,31,
606. 117,28,618.

ἐκκαίω ἐκκαίει 10,18,490.

ἐκκαλέω ἐκκαλεῖται 51,26,541. ἐκκαλοῦνται 45,8,534. ἐκκαλεῖσθαι 17,20,500. ἐκκληθῆναι 86,16,581. 91,9,586.

ἐκκαλύπτω ἐκκεκαλυμμένος 53,12,542 Κ⁴, Λο (᾿Ε παρὰ Κ² σ. 284)· ἐγκεκαλυμμένος Οὐεστ.

ἐκκαρπόομαι ἐκκαρποῦσθαι 51,24,541.

ἔκκειμαι ἐξέκειτο 106,28,604.

ἐκκειμένως 100,32,597.

ἐκκενόω ἐκκενωθεῖσα 18,9,501.

ἐκκλησία ἐκκλησίας 35,2,521. 59,15,550. 69,4,561. 86,9,580. ἐκκλησίαν 5,27,485. 67,12,559. 67,19,559. ἐκκλησιῶν 20,22,505.

ἐκκλησιάζω ἐκκλησιάζοιεν 32,15,519. ἐκκλησιάζοντας 95,13, 591. ἐκκλησιάσει 113,19,613.

ἐκκρούω ἐκκρούει 114,3,614.

ἐκλαλέω ἐξελάλησε 60,11,551.

ἐκλανθάνω ἐκλελῆσθαι 45,16,534.

ἐκλέγω ἐξέλεξε 14,9,495. ἐξειλεγμένης 42,32,531.

ἐκλύω ἐκλύων 108,30,607. ἐκλυομένης 78,10,571. ἐκλελύσθαι 76,8,569.

ἐκμανθάνω ἐκμανθάνειν 52,4,541. 52,6,541. ἐξέμαθεν 117,30, 618. ἐκμάθοιμι 119,10,619. ἐκμαθών 52,5,541.

ἐκμελετάω ἐξεμελέτησε 15,2,497.

ἐκνηπιόω ἐκνηπιώσας 68,9,560.

ἐκπαιδεύω ἐκπαιδεύσας 54,29,544.

ἐκπίπτω ἐκπίπτων 125,22,627. ἐκπεσεῖσθαι 105,11,603 Κ⁴, Λο· ἐκπεσεῖν Οὐεστ. ἐξέπεσε(ν) 22,21,508. 94,27,590. 119, 7,619. ἐκπεσεῖν 23,32,510. 72,27,565. 113,31,614. βλ.

ἐκπεσεῖσθαι 105,11,603.   ἐκπεσών 3,4,481. 23,5,509.
65,3,557. 89,24,585. 113,3,613. 125,5,626.

ἔκπληξις ἐκπλήξεως 29,2,516. ἐκπλήξει 114,3,614. ἔκπληξιν
28,24,515. 48,5,537. 112,11,612.

ἐκπλήττω ἐκπλήττονται 112,11,612. ἐκπεπληγμένοι 93,21,589.
ἐκπλαγῆναι 48,2,537.

ἐκποιέω ἐξεποιήθη 43,9,531.

ἐκπονέω ἐκπονεῖν 88,22,583. ἐξεπόνει 88,23,583. ἐξεπόνουν
73,24,566. ἐξεπόνησε 123,6,624. ἐκπονῆσαι 39,18,527.
72,20,565. ἐκπεπόνηται 123,19,624.

ἐκρήγνυμι ἐκραγεῖσαν 8,6,488.

ἐκτέμνω ἐκτεμών 114,11,614.

ἐκφέρω ἐκφέρειν 50,9,539. ἐκφέρεσθαι 53,4,542.

ἐκφοιτάω ἐκφοιτᾶν 43,17,532.

ἐκφροντίζω ἐκφροντίσας 5,5,484.

ἔκφρων 68,15,560. ἔκφρονι 120,5,620.

ἔκφυλος ἐκφύλου 84,11,578. ἐκφύλως 19,19,503 Κ4, Λο, Οὐεστ
(Κ2 σ. 227).

ἐκφυτεύω ἐκφυτεῦσαι 40,6,527. ἐκπεφυτευμένη 107,32,606.

ἑκών ἑκόντες 121,29,622.

ἔλαιον ἐλαίου 113,26,613.

ἔλασις ἔλασιν 13,4,494.

Ἐλάτεια Ἐλατείᾳ 23,1,509. 93,8,589.

ἐλάττωμα ἐλαττώματα 122,25,623. ἐλαττωμάτων 96,16,592.

ἐλάττων ἔλαττον 49,11,538.

ἐλαύνω ἐλαύνοντι 77,32,571. ἤλαυνον 79,15,573. ἤλαυνε 6,

18,486. 18,3,501. 60,13,552. ἤλασεν 32,6,518. ἐλάσαι

22,2,507. 98,24,595. ἐλάσας 12,30,494. ἐλαύνεσθαι

118,30,619. ἠλαύνετο 7,29,488. ἠλάθη 13,15,494. 45,

25,535.

ἔλαφος ἔλαφον 62,22,554.

ἐλεγεῖον 6,24,486.

ἔλεγχος ἔλεγχον 93,5,588.

ἐλέγχω 27,20,514. ἐλέγχει 52,30,542.

ἐλεεινός ἐλεεινά 110,16,610.

'Ελένη 76,31,570. 'Ελένης 1,18,480. 'Ελένη 76,31,570.

"Ελεος 'Ελέου 97,9,593.

ἐλευθερία ἐλευθερίαν 30,13,517.

ἐλεύθερος ἐλευθέρων 35,11,521. 57,7,548. 63,9,554. ἐλευ-
θέρας 47,27,537.

ἐλευθερόω ἐλευθερῶν 17,6,500. ἠλευθέρου 5,22,485 Κ⁴; ἠλευ-
θεροῦτο Λο, Οὐεστ. ἐλευθέρωσον 105,15,603. ἐλευθερ-
οῦσθαι 6,14,486. ἠλευθεροῦτο βλ. ἠλευθέρου 5,22,485.

'Ελευσίνιος 'Ελευσινίου 127,3,628. 'Ελευσίνιον 59,8,550.

'Ελευσίς 'Ελευσῖνος 91,24,587. 'Ελευσῖνι 55,13,545. 64,14,
556. 105,20,603. 'Ελευσῖνάδε 104,22,602. 'Ελευσινόθεν
104,24,602.

ἐλεφάντινος ἐλεφάντινον 59,12,550. 63,29,555.

ἐλέφας 105,21,603.

ἕλκω ἕλκων 124,15,626.

'Ελλάς 55,18,546. 87,7,582. 94,30,590. 99,22,596. 'Ελλάδος
18,3,501. 42,32,531. 49,24,539. 66,31,559. 67,11,559.

69,6,561. 72,10,564. 92,20,588. 93,19,589. 117,16,617.

Ἑλλάδα 12,14,493. 13,4,494. 14,14,496. 20,30,505. 81, 25,575.

Ἕλλην Ἕλληνες 62,12,554. 81,5,574. Ἑλλήνων 8,14,488. 11,8,491. 12,10,493. 12,29,494. 14,7,495. 28,13,515. 36,1,522. 37,18,524. 46,27,536. 58,30,550. 72,9,564. 78,6,571. 81,28,575. 93,28,589. 94,31,591. 97,7,593. 101,13,598. 102,31,600. 107,3,605. 110,3,609. 116,14, 616. 117,26,618. 117,31,618. Ἕλλησι(ν) 6,11,485. 13, 21,494. 19,9,502. 24,18,511. 40,8,527. 55,21,547. 59, 31,551. 77,30,571. 80,28,574. 89,10,584. Ἕλληνας 6, 12,486. 12,24,493. 31,18,518. 65,1,557. 78,5,571. 103, 8,600.

ἑλληνίζω ἑλληνίζειν 9,4,489. ἑλληνίσαι 122,26,623.

Ἑλληνικός Ἑλληνικήν 46,12,535. 97,6,593. Ἑλληνικῶν 91, 27,587. Ἑλληνικόν 74,22,567. 91,29,587. 92,25,588. 113,12,613. Ἑλληνικοῦ 91,23,587. 98,14,594. 117,8, 617. Ἑλληνικά 49,2,538.

Ἑλλήσποντος Ἑλλησπόντῳ 82,28,576. Ἑλλήσποντον 5,8,484. 82,25,576. 101,2,598.

ἐλλιπής ἐλλιπές 20,22,505. ἐλλιπῶς 14,15,496. ἐλλιπέστε- ρον 19,25,503.

ἐλλόγιμος ἐλλογίμων 50,31,540. 84,14,579. ἐλλογίμους 37,5, 524. ἐλλογίμως 95,4,591. 126,16,628. ἐλλογιμώτερος 112,31,613. ἐλλογιμώτατος 21,12,506. 75,22,569. 112,26, 612. ἐλλογιμώτατον 106,32,605. 107,5,605. ἐλλογιμώτατοι 16,17,499. ἐλλογιμωτάτους 12,4,492.

Ἐλπινίκη Ἐλπινίκην 66,1,558.

ἐλπίς ἐλπίδα 20,13,504.

ἐμαυτοῦ 5,18,485. 41,9,529. 56,28,548. 64,5,556. 90,1,585.
    117,17,617. 124,22,626. ἐμαυτῷ 86,19,581. ἐμαυτόν 8,
    19,488. 75,4,568. 90,22,586. 119,7,619.

ἐμβαίνω ἐμβῆναι 123,27,625.

ἐμβάλλω ἐμβαλεῖν 30,12,517. ἐμβέβληται 53,22,543.

ἐμβιβάζω ἐμβιβάζοντες 38,21,526.

ἐμβιόω ἐνεβίωσεν 108,24,606.

ἐμβριθής 98,22,595. ἐμβριθές 71,5,563. ἐμβριθῶς 7,12,487.

ἐμβροντησία ἐμβροντησίαν 119,5,619.

ἐμέω ἐμούντων 88,3,583. ἐμοῦντος 10,32,491.

ἔμμετρος ἐμμέτρους 104,3,601.

ἔμμισθος ἔμμισθοι 95,8,591. ἔμμισθον 3,31,482.

ἐμός 65,23,557. ἐμῶν 84,8,578. 104,27,602. ἐμήν 121,2,
    621. ἐμάς 30,11,517. ἐμοῖς 67,2,559.

ἐμπαιδεύω ἐμπαιδεύσοι 29,19,516.

ἐμπαίζω 67,2,559.

ἐμπίμπλημι ἐνέπλησε(ν) 59,27,551. 93,15,589. 113,15,613.

ἐμπίπτω ἐνέπεσε 124,25,626. ἐμπεσούσης 29,2,516.

ἔμπνους 52,27,542.

ἐμπόδισμα 22,4,507.

ἐμπόριον ἐμπόρια 43,9,531.

ἐμπρέπω ἐμπρέπων 12,10,493.

ἔμπυρος ἐμπύρους 29,7,516.

102

ἐμφορέω   ἐνεφορεῖτο 32,2,518.

ἔμψυχος   ἔμψυχον 101,30,598.

ἐν   1,1,479. 1,7,479. 3,2,481. 3,27,482. 5,4,484. 6,15,486.
     7,4,487. 7,28,488. 8,3,488. 8,21,488. 8,24,489. 9,29,
     490. 10,14,490. 10,16,490. 11,17,492. 11,20,492. 12,12,
     493. 13,5,494. 13,19,494. 14,1,495. 14,5,495. 14,14,
     496. 14,20,496. 15,11,497. 15,14,497. 15,31,498. 16,9,
     499. 16,11,499. 17,22,500. 17,25,500. 18,23,501. 18,25,
     501. 19,18,503. 19,19,503. 20,10,504. 20,26,505. 20,29,
     505. 21,19,506. 21,20,506. 21,23,506. 22,12,507. 22,14,
     508 Κ⁴, Οὐεστ˙ ἄπεστι παρὰ Λο (Κ⁴ σ. XXII).   22,23,
     508. 22,23,508. 22,31,508. 23,21,510. 23,30,510. 24,1,
     510. 25,8,511. 26,4,512. 26,10,512. 27,10,514. 27,10,
     514. 27,20,514. 28,19,515. 29,16,516. 29,21,516. 29,25,
     516. 30,6,517. 30,26,517. 31,12,518. 31,15,518. 32,17,
     519. 32,20,519. 32,30,519. 32,30,519. 33,5,519. 33,8,
     520. 33,9,520. 33,10,520. 33,21,520. 33,31,520. 34,8,
     521. 35,8,521. 35,22,522. 35,24,522. 35,31,522. 36,18,
     523. 36,19,523. 36,30,524. 37,3,524. 37,5,524. 37,20,
     524. 37,22,524. 37,27,525. 38,10,525. 38,25,526. 38,26,
     526. 38,27,526. 38,28,526. 39,4,526. 39,17,527. 39,22,
     527. 39,22,527. 40,5,527. 40,12,528. 42,14,530. 42,19,
     530. 43,7,531. 44,28,534. 44,31,534. 45,9,534. 46,7,
     535. 46,14,535. 46,18,535. 47,1,536. 47,2,536. 48,10,
     537. 48,23,537. 50,14,539. 50,17,540. 50,27,540. 50,32,
     540. 52,6,541. 52,17,541. 52,32,542. 53,6,542. 53,21,

(ἐν) 543. 54,4,543. 54,7,543. 54,9,543. 54,12,543. 54,13,
543. 54,16,543. 55,13,545. 56,6,547. 56,24,547. 57,26,
549. 57,29,549. 57,32,549. 59,20,551. 59,24,551. 59,30,
551. 59,31,551. 60,1,551. 60,1,551. 60,3,551. 60,5,551.
60,30,552. 60,32,552. 61,14,553. 61,17,553. 62,1,553.
62,29,554. 63,8,554. 63,12,555. 63,14,555. 63,16,555.
63,25,555. 63,27,555. 64,1,555. 64,3,555. 64,5,556. 64,
14,556. 64,24,556. 64,32,557. 65,6,557. 65,10,557. 65,
30,557. 66,1,558. 66,6,558. 66,12,558. 66,26,559. 68,5,
560. 68,6,560. 68,13,560. 69,4,561. 69,8,561. 69,20,562.
69,23,562. 69,26,562. 69,27,562. 69,31,562. 70,4,562.
70,11,562. 70,21,563. 70,21,563. 70,21,563. 71,4,563.
71,9,563. 71,14,563. 71,25,564. 72,16,565. 72,18,565.
72,25,565. 72,26,565. 73,1,565. 73,4,565. 73,9,566. 74,
7,567. 74,12,567. 75,16,568. 75,23,569. 75,24,569. 76,
14,569. 76,21,570. 76,28,570. 77,6,570. 78,3,571. 78,7,
571. 78,26,572. 79,5,572. 79,27,573. 80,10,574. 81,6,
574. 81,11,575. 81,14,575. 81,30,575. 82,11,576. 82,12,
576. 82,18,576. 82,24,576. 83,1,577. 83,15,577. 83,16,
578. 83,21,578. 84,3,578. 84,12,578. 84,17,579. 84,24,
579. 84,31,579 85,13,580. 85,26,580. 85,29,580. 86,1,
580. 86,8,580. 86,16,581. 86,20,581. 86,20,581. 86,24,
581. 86,25,581. 86,29,581. 87,19,582. 87,23,582. 88,21,
583. 88,23,583. 89,2,584. 89,6,584. 89,15,584. 89,18,
585. 89,25,585. 89,29,585. 91,10,586. 92,16,588. 92,30,
588. 93,7,589. 93,29,589. 94,8,590. 94,10,590. 95,31,

(ἐν) 592. 96,8,592. 97,2,593. 98,25,595. 99,5,595. 99,30,

596. 100,9,596. 100,19,597. 100,29,597. 101,5,598. 101,

10,598. 101,10,598. 101,30,598. 102,1,599. 103,12,600.

103,13,600. 103,21,601. 104,21,602. 104,22,602. 105,2,

603. 105,19,603. 105,20,603. 106,9,604. 106,13,604.

106,30,604. 107,20,605. 108,1,606. 108,4,606. 108,5,

606. 108,6,606. 108,21,606. 108,23,606. 109,5,607. 109,

20,607. 109,30,608. 110,15,610. 112,10,612. 112,14,612.

112,19,612. 112,19,612 Κ^4, Οὐεστ; ἐπί Λο (Κοβ σ. 230).

113,20,613. 113,26,613. 115,2,615. 115,16,615. 115,19,

615. 116,32,617. 117,7,617 προστίθ. Λο μετὰ ʽἐπιτηδεί-

αν' (Κοβ σ. 220); ἄπεστι παρὰ Κ^4, Οὐεστ. 117,10,617.

118,3,618. 118,4,618. 118,10,618. 118,16,618. 119,19,

619. 120,1,620. 120,29,621. 122,9,623. 122,32,624. 122,

32,624. 123,4,624. 125,1,626. 125,12,626. 125,16,627.

125,22,627. 125,23,627. 126,3,627. 126,5,627. 126,12,

628. 126,32,628. 127,1,628. 127,1,628. 127,2,628. 127,

2,628. ἐνί 53,9,542. κἀν 108,10,606. 115,32,616.

ἐναγωνίζομαι ἐναγωνισάμενος 76,18,570.

ἐναγώνιος 21,7,505. 52,24,542. 122,27,623.

ἐναντίος ἐναντίαν 9,18,490. ἐναντία 102,15,599. ἐναντίως

22,7,507.

ἐναντίωσις ἐναντιώσεων 51,30,541.

ἐνάπτω ἐναψάμενοι βλ. ἀναψάμενοι 89,3,584. ἐνῆφθαι 61,9,

553. ἐνημμένοι 59,15,550.

ἐναργής 8,21,488.

ἐνδείκνυμι ἐνδειξάντων 121,3,621. ἐνδείκνυται 21,10,505.

    48,4,537. ἐνδεικνύμενος 3,22,482. 12,27,494. 26,25,

    513. 45,15,534. 50,1,539. 71,20,564. 78,27,572. 90,3,

    585. ἐνδεικνύμενον 48,22,537. ἐνδεικνυμένη 124,28,

    626. ἐνδεικνυμένας 89,21,585. ἐνεδείξατο 79,5,572.

ἐνδείκτης ἐνδεῖκται 121,6,621. ἐνδεικτῶν 120,32,621.

ἐνδιαιτάομαι ἐνδιαιτήσηται 31,9,518.

ἐνδιατρίβω ἐνδιέτριψε 12,26,494.

ἐνδίδωμι ἐνδιδούς 30,9,517. ἐνέδωκε 117,14,617.

ἔνδον 32,30,519. 118,17,618.

ἐνδόσιμος ἐνδοσίμων 87,18,582.

ἐνδύω ἐνδῦναι 117,6,617.

ἕνεκα 84,2,578. 94,17,590. 117,27,618.

ἐνενηκοντούτης 106,16,604.

ἐνεργός ἐνεργῶ 41,11,529. ἐνεργοτάτη 117,23,618.

ἔνθεν 36,27,524. 41,28,529. 78,28,572.

ἐνθυμέομαι ἐνθυμουμένῳ 19,1,502. 22,23,508 Κ[4], Λο, Οὐεστ

    (Κ[2] σ. 235). 38,5,525. 96,6,592. ἐνθυμουμένοις 66,21,

    558. ἐνθυμηθήσεται 114,8,614. ἐνθυμηθείημεν 11,22,

    492. ἐνθυμηθῆναι 10,30,491. 19,23,503. 72,1,564. 112,

    16,612. ἐνθυμηθείς 45,6,534. ἐνθυμηθέντος 28,10,515.

    ἐνθυμηθέντες 28,9,515.

ἐνθύμημα ἐνθυμημάτων 37,12,524. 126,24,628.

ἐνιαυτός ἐνιαυτοῖς 113,29,613.

ἔνιοι 35,9,521. 35,19,522. 56,13,547. 67,6,559. 69,19,562.

    107,28,605. 112,23,612. ἐνίων 99,4,595. ἐνίοις 13,16,

494. 19,4,502. ἐνίους 23,24,510. 91,30,587. 102,28,
600. 112,23,612.

ἐνίοτε 123,14,624.

ἔννοια ἐννοίας 20,5,504. 24,32,511. 27,19,514. 35,18,522.
41,6,528. 44,23,533. 80,4,573. 84,29,579. 89,20,585.
94,21,590. 113,1,613. 119,18,619. ἔννοιαι 72,1,564.

ἔννους 68,17,561. ἔννουν 118,31,619.

ἐνομιλέω ἐνομιλοῦσα 47,8,536. ἐνομιλήσας 3,5,481. 37,6,
524. 99,26,596.

ἐνσπείρω ἐνεσπαρμένας 13,19,494.

ἐνσπουδάζω ἐνσπουδάζων 42,28,531. ἐνεσπούδαζε 77,24,571.
ἐνσπουδάσαι 23,11,509.

ἐνταῦθα 37,26,525. 76,10,569. 77,32,571.

ἐντάφιον ἐνταφίῳ 19,5,502. 94,5,590. ἐντάφιον 103,1,600.

ἐντεῦθεν 57,2,548. 99,2,595.

ἐντολή ἐντολάς 124,20,626.

ἐντρεχής ἐντρεχῶς 124,18,626.

ἐντυγχάνω ἐνέτυχε 114,24,615. ἐντύχοι 118,14,618. ἐντυχών
52,9,541. 123,16,624.

ἐντυπόω ἐνετυποῦντο 36,24,523.

ἐνύπνιον 9,20,490.

ἐνυπτιάζω ἐνυπτιάζοντα 13,24,494.

ἔξ 53,31,543. 60,8,551. 73,3,565.

ἐξάγγελος ἐξαγγέλοις 11,25,492.

ἐξάγω ἐξάγειν 43,20,532. ἐξάγων 89,13,584. ἐξῆγεν 39,1,
526.

ἐξαιρέω ἐξαιρεῖν 65,31,558 Κ⁴, Λο, Οὐεστ (Κ² σ. 305).

  ἐξῇρει 43,14,531. ἐξελεῖν 16,3,499. ἐξελών 70,8,562.

  87,3,582. ἐξηρήσθων 107,1,605. ἐξηρῆσθαι 33,22,520.

ἐξαίρω ἐξάρας 65,20,557. 107,21,605.

ἐξαλλαγή ἐξαλλαγάς 80,9,573.

ἐξαλλάττω ἐξαλλάττων 72,4,564.

ἐξανίστημι ἐξανίσταντο 93,26,589. 93,27,589.

ἐξάπτω ἐξαπτάμενος 65,22,557.

ἐξαρτάω ἐξηρτημένος 91,19,587. κἀξηρτημένῳ 74,21,567.

  ἐξηρτημένης 69,28,562.

ἔξειμι ἐξιών 48,15,537.

ἐξείργω ἐξεῖργον 4,18,483.

ἐξελαύνω ἐξελαύνων 74,22,567. ἐξήλασε 45,27,535. ἐξελάσαι

  49,17,539. ἐξελαθῆναι 45,23,535.

ἐξεπίσταμαι ἐξεπίστασθαι 1,14,480.

ἐξέρχομαι 97,2,593.

ἔξεστι 82,23,576. 97,16,593. 101,27,598. ἐξέστω 88,3,583.

  88,5,583. ἐξεῖναι 33,27,520. ἐξῆν 9,7,489. 106,5,604.

ἐξετάζω ἐξετάζεσθαι 54,23,544.

ἐξήκοντα 15,19,498. 44,19,533. 89,30,585. 101,15,598. 109,

  16,607. 122,30,623. 123,32,625.

ἐξηκοντούτης ἐξηκοντούτην 82,13,576.

ἕξις ἕξιν 83,9,577. 106,27,604.

ἐξίστημι ἐξέστη 7,26,488. ἐξιστάμενος 23,4,509.

ἐξοικοδομέω ἐξῳκοδόμηντο 68,6,560.

ἐξόμνυμι ἐξομνύμενος 48,30,538. 53,1,542.

ἔξω 6,14,486. 7,23,488. 61,8,552. 106,24,604.

ἐξωθέω ἐξωθεῖν 43,21,532. ἐξωθούντων 111,7,610. ἐξέωσεν
    52,20,542.

ἔξωρος ἐξώροις 30,1,517. ἐξώρως 34,30,521.

ἔοικα ἔοικεν 38,1,525. ἐῴκει 106,14,604.

Ἐορδαῖος Ἐορδαῖοι 121,19,622. Ἐορδαίοις 122,14,623.

ἐπαγγέλλω ἐπαγγέλλων 38,18,525. ἐπαγγέλλον 51,21,541.
    ἐπήγγειλε(ν) 16,2,499. 78,1,571. 90,31,586. ἐπαγγεί-
    λαντα 118,29,619. ἐπηγγείλατο 81,19,575.

ἐπάγω ἔπαγε 54,18,544 Κ⁴, Οὐεστ; ἔπειγε Λο (Κοβ σ. 216).
    54,18,544 Κ⁴, Οὐεστ; ἔπειγε Λο (Κοβ σ. 216). ἐπάγων
    78,23,572. ἐπῆγεν 63,31,555. ἐπῆγον 56,20,547. ἐπή-
    γαγεν 122,13,623. ἐπάγεσθαι 106,1,604. ἐπαχθεῖσαν 92,
    3,587.

ἐπαγωνίζομαι ἐπαγωνίσασθαι 49,16,539.

ἐπαινετέος 15,22,498.

ἐπαινέτης ἐπαινέται 38,5,525.

ἐπαινέω ἐπαινοῦσι 16,13,499. ἐπαινῶν 49,19,539. 91,6,586.
    125,21,627. ἐπαινοῦντος 64,32,557. 108,7,606. ἐπαι-
    νοῦντες 10,17,490. 46,27,536. ἐπήνεσεν 57,15,548.
    ἐπαινεσάντων 78,19,572. ἐπαινέσαντας 72,12,564. ἐπαι-
    νουμένων 59,25,551. ἐπαινούμενα 63,19,555.

ἔπαινος 9,6,489. 87,11,582. 114,5,614. ἐπαίνου 72,11,564.
    116,25,617. 123,4,624. ἐπαίνῳ 48,7,537. 80,18,574. 87,
    6,582. 111,30,611. 125,8,626. ἔπαινον 7,17,487. 23,15,
    509. 24,12,510. 35,14,522. 63,32,555. 90,12,585. 116,11,

616. 116,24,617. 117,3,617. 125,7,626. ἔπαινοι 78,13,

572. ἐπαίνων 34,2,520. 66,30,559. 116,13,616. 117,14,

617. ἐπαίνοις 12,20,493. 12,27,494. 109,20,607. ἐπαί-

νους 7,9,487. 60,21,552. 116,30,617.

ἐπαίρω ἐπαίρουσι 25,21,512. ἐπαίρειν 7,9,487. 46,9,535.

82,2,576. ἐπαίροντα 25,6,511. ἐπάρας 41,26,529. 77,

17,571. ἐπηρμένος 17,31,501. ἐπήρθη 123,9,624.

ἐπακολουθέω ἐπακολουθοῦσαν 78,4,571. ἐπηκολούθει 71,15,

563. ἐπηκολούθουν 114,13,614.

ἐπαμφότερος ἐπαμφότερον 53,23,543. ἐπαμφοτέρως 33,3,519.

ἐπαναγιγνώσκω ἐπανεγιγνώσκετο 58,17,549.

ἐπανάγω ἐπανάγων 78,20,572.

ἐπανακυκλέω ἐπανακυκλῶν 88,25,583.

ἐπαναλαμβάνω ἐπαναλαμβάνειν 36,22,523.

ἐπάνειμι ἐπανιών 91,22,587.

ἐπανέρχομαι ἐπανελθεῖν 33,28,520. 120,28,621.

ἐπανθίζω ἐπηνθισμένη 17,26,500.

ἐπανίημι ἐπανῆκεν 69,16,561. ἐπανείς 39,15,527. ἐπανείθη

125,15,627.

ἐπαντλέω ἐπαντλοῦσιν 56,1,547. ἐπαντλῶν 7,30,488. ἐπαν-

τλῆσαι 43,8,531.

ἐπάξιος ἐπαξίῳ 48,8,537. ἐπάξιον 91,8,586. ἐπάξια 109,9,

607.

ἐπαποδύω ἐπαποδύσομαι 117,16,617.

ἐπαρήγω ἐπάρηξον 104,15,602.

ἐπαρκέω ἐπαρκεῖν 56,9,547. ἐπήρκει 107,10,605.

ἐπασκέω ἐπήσκησε 27,6,514.

ἐπαύλιον ἐπαύλια 63,4,554.

ἐπαφίημι ἐπαφῆκε(ν) 4,6,483. 15,26,498. 44,24,533.

ἐπεί 7,25,488. 10,15,490. 18,1,501. 18,14,501. 30,21,517.
        34,4,520. 39,23,527 46,30,536. 50,14,539. 50,31,540.
        51,19,541. 51,27,541. 57,17,548. 58,3,549. 58,16,549.
        60,6,551. 62,25,554. 63,13,555. 72,31,565. 75,3,568.
        80,25,574. 91,21,587. 99,12,596. 111,23,611. 122,2,622.
        124,4,625. 124,26,626.

ἐπείγω ἔπειγε βλ. ἔπαγε 54,18,544.

ἐπειδάν 61,25,553. 104,24,602. 118,22,619.

ἐπειδή 1,11,480. 5,1,484. 5,29,485. 6,21,486. 7,26,488. 9,
        17,490. 11,14,492. 12,24,493. 14,2,495. 19,5,502. 21,
        23,506. 22,15,508. 31,24,518. 33,21,520. 34,15,521. 35,
        12,522. 36,23,523. 49,26,539. 61,28,553. 66,6,558. 66,
        23,558. 67,5,559. 71,9,563. 77,4,570. 78,21,572. 80,6,
        573. 80,8,573. 80,22,574. 88,10,583. 89,8,584. 92,17,
        588. 92,20,588. 96,27,593. 99,3,595. 99,5,595. 111,31,
        611. 112,27,612. 113,11,613. 113,14,613. 119,2,619.
        123,5,624. 123,21,625. 126,15,628. 126,21,628. 126,26,
        628. 127,7,628.

ἔπειμι ἐπιόντος 53,19,543.

ἐπεῖπον ἐπεῖπεν 35,5,521.

ἔπειτα 17,6,500. 42,32,531. 64,8,556. 92,26,588. 100,31,
        597. 105,5,603. 108,6,606. ἔπειθ' 123,7,624.

ἐπεμβαίνω ἐπεμβαίνειν 123,25,625.

ἐπέρχομαι ἐπέρχεται 36,2,522 Κ⁴, Λο: περιέρχεται Οὐεστ.

    ἐπῆλθεν 87,6,582. ἐπελθεῖν 3,24,482. ἐπελθών 37,5,

    524. 99,26,596.

ἐπέσαντος 72,2,564.

ἐπέχω ἐπέχει 29,25,516. 59,11,550. 86,30,581. ἐπέχουσαν

    109,23,607 Κ⁴, Οὐεστ; περιέχουσαν Λο (Κοβ σ. 220).

    ἐπισχών 78,22,572. 119,3,619.

ἐπί, ἐπ', ἐφ' († γενική) 8,16,488. 8,16,488. 11,26,492. 12,

    12,493. 18,21,501. 22,20,508. 24,18,511. 26,16,513. 26,

    32,513. 28,12,515. 29,3,516. 32,11,519. 35,2,521. 35,

    14,522. 38,31,526. 40,5,527. 41,8,528. 41,9,529. 43,11,

    531. 43,26,532. 44,7,533. 47,32,537. 50,23,540. 53,18,

    543. 54,7,543. 56,3,547. 56,28,548. 56,31,548. 58,2,

    549. 58,21,549. 60,13,552. 65,31,558. 72,27,565. 72,28,

    565. 80,12,574. 81,11,575. 81,12,575. 83,17,578. 83,27,

    578. 87,9,582. 88,11,583. 88,28,583. 89,1,583. 91,21,

    587. 94,14,590. 99,28,596. 100,4,596. 101,28,598. 103,

    15,600. 104,6,601. 104,7,601. 105,12,603. 106,7,604.

    113,30,614. 116,7,616. 119,3,619. 125,4,626. 126,13,

    628. († δοτική) 3,30,482. 4,2,483. 5,6,484. 5,28,485.

    6,14,486. 6,24,486. 8,5,488. 8,25,489. 10,8,490. 11,1,

    491. 11,13,492. 12,19,493. 14,19,496. 15,8,497. 16,1,

    498. 16,25,499. 16,27,499. 16,28,499. 17,2,500. 18,10,

    501. 22,28,508. 24,8,510. 25,3,511. 25,4,511. 25,28,

    512. 26,2,512. 27,17,514. 31,10,518. 33,32,520. 33,32,

    520. 34,6,521. 35,24,522. 35,31,522. 36,32,524. 39,31,

(ἐπί, ἐπ', ἐφ' † δοτική) 527. 42,16,530. 43,3,531. 44,17,

533. 45,2,534. 47,26,537. 48,21,537. 48,29,538. 49,15,

538. 49,22,539. 49,24,539. 50,12,539. 50,16,539. 52,2,

541. 53,14,542. 53,17,542. 54,6,543. 54,21,544. 55,10,

545. 55,11,545. 56,19,547. 59,19,551. 62,11,553. 63,25,

555. 64,3,555. 64,12,556. 64,17,556. 65,28,557. 65,29,

557. 66,27,559. 66,32,559. 67,14,559. 68,8,560. 69,3,

561. 69,16,561. 71,29,564. 72,10,564. 73,25,566. 76,8,

569. 76,16,569. 78,30,572. 79,18,573. 79,20,573. 80,15,

574. 82,14,576. 82,14,576. 82,32,577. 85,3,579. 87,15,

582. 88,8,583. 89,14,584. 91,3,586. 92,27,588. 95,6,

591. 95,14,591. 96,28,593. 97,22,593. 98,7,594. 101,3,

598. 101,15,598. 102,9,599. 102,20,599. 102,22,599.

103,11,600. 105,4,603. 105,5,603. 105,13,603. 105,32,

604. 107,8,605. 107,26,605. 108,2,606. 109,22,607. 110,

14,610. 110,18,610. 110,20,610. 110,22,610. 114,16,614.

115,7,615. 116,13,616. 117,4,617. 117,5,617. 117,6,617.

120,4,620. 121,4,621. 121,8,621. 121,9,621. 121,18,622.

122,21,623. 122,29,623. 123,1,624. 123,32,625.

(† αἰτιατική) 3,1,481. 4,16,483. 5,14,485. 5,18,485. 5,

20,485. 6,11,485. 8,7,488. 8,10,488. 10,21,491. 10,27,

491. 12,15,493. 12,22,493. 13,3,494. 17,3,500. 20,31,

505. 22,2,507. 23,29,510. 24,19,511. 24,24,511. 25,23,

512. 25,31,512. 25,32,512. 28,8,515. 29,18,516. 29,28,

516. 30,12,517. 31,25,518. 32,5,518. 38,17,525. 42,3,

529. 42,7,529. 42,20,530. 43,19,532. 44,23,533. 45,17,

(ἐπί, ἐπ', ἐφ' † αἰτιατική) 534. 46,16,535. 48,31,538. 51,
   27,541. 55,18,546. 59,8,550. 59,11,550. 63,20,555. 64,7,
   556. 65,15,557. 65,17,557. 66,29,559. 67,18,559. 67,23,
   560. 70,17,562. 70,29,563. 72,31,565. 73,16,566. 74,17,
   567. 74,18,567. 74,20,567. 77,14,570. 78,12,572. 81,25,
   575. 82,25,576. 82,26,576. 83,4,577. 83,6,577. 86,12,
   580. 86,32,581. 87,5,582. 90,4,585. 91,11,586. 91,20,
   587. 93,10,589. 95,17,591. 97,1,593. 106,32,605. 107,16,
   605. 113,4,613. 113,6,613. 115,31,616. 116,6,616. 116,
   10,616. 116,19,617. 117,18,617. 119,14,619. 121,21,622.
   121,23,622. 124,4,625. 125,29,627. 126,6,627. 127,4,
   628.   βλ. ἐν 112,19,612.

ἐπιβάλλω ἐπιβαλών 82,29,576. ἐπιβεβλημένην 27,6,514.

ἐπιβατεύω ἐπιβατεύειν 42,24,531. ἐπιβατεύοντες 73,27,566.
   ἐπεβάτευσε 85,23,580.

ἐπιβολή ἐπιβολαί 101,**26**,598. 106,19,604.

ἐπιβουλεύω ἐπιβουλεύοι 109,22,607. ἐπιβουλεύεσθαι 67,17,
   559. ἐπιβεβουλεῦσθαι 109,29,607. ἐπεβουλεύθη 84,31,
   579.

ἐπιβουλή ἐπιβουλήν 30,10,517.

ἐπιγίγνομαι ἐπιγιγνομένοις 33,7,520.

ἐπίγραμμα 73,11,566.

ἐπιγράφω ἐπιγράφουσι 69,19,562. ἐπέγραψε(ν) 26,6,512. 107,
   19,605. ἐπιγράψαντες 73,10,566. ἐπεγράφετο βλ. ἐνε-
   γράφετο 22,15,508. ἐπιγέγραπται 114,23,614.

ἐπιδείκνυμι ἐπιδεικνύμενος 46,2,535. 80,4,573.

ἐπίδειξις ἐπιδείξεως 84,26,579. ἐπίδειξιν 3,31,482. 18,28,

502. 24,6,510. 32,20,519. 48,7,537. 49,16,539. 76,21,
570. 107,31,606. 118,28,619. 125,3,626. ἐπιδείξεων 84,
23,579. 111,32,611. 117,27,618. ἐπιδείξεσιν 46,7,535.
ἐπιδείξεις 48,12,537. 116,10,616.

ἐπίδηλος ἐπιδήλως 6,28,486. 15,25,498. 68,29,561. 77,2,570.

ἐπιδηλόω ἐπεδήλου 118,8,618.

ἐπιδημέω ἐπεδήμει 37,22,524. 87,20,582.

ἐπιδημία 34,15,521.

ἐπιδιαβάλλω ἐπιδιαβάλλων 89,5,584.

ἐπιδίδωμι 57,25,548. ἐπιδίδωσι 57,25,548 Κ⁴, Οὐεστ; ἐπι-
δώσει Λο (Κοβ σ. 216). ἐπιδιδούς 75,8,568. 107,12,605.
ἐπιδώσει βλ. ἐπιδίδωσι 57,25,548. ἐπέδωκε(ν) 10,16,
490. 55,2,544. 83,29,578. 126,3,627. ἐπιδοῦναι 57,13,
548. ἐπιδεδώκοι 57,14,548. ἐπιδοθέντων 44,11,533. 44,
14,533.

ἐπίδοσις ἐπιδόσει 79,27,573.

ἐπιεικής ἐπιεικεῖ 69,14,561. 70,18,562.

ἐπιθειάζω ἐπιθειάζουσι 13,12,494. ἐπιθειάσας 94,2,590.

ἐπίκειμαι ἐπικειμένου 71,18,563.

ἐπικέρδεια ἐπικέρδειαν βλ. ἐπικέρδια 105,25,603.

ἐπικέρδια 105,25,603 Κ⁴, Οὐεστ; ἐπικέρδειαν Λο (Βαλκ¹ σ.
289 ἤ 300).

ἐπικοπή ἐπικοπάς 122,13,623.

ἐπικόπτω ἐπικόπτειν 46,8,535. 123,24,625. ἐπικόπτων 79,30,
573 Κ⁴, Λο, Οὐεστ (Βαλ σ. 89). ἐπέκοπτε 116,12,616.
ἐπικοπείς 99,32,596.

ἐπικοσμέω   ἐπεκόσμησεν 40,15,528.

'Επίκουρος   'Επικούρου 73,30,566.

ἐπικρίνω   ἐπέκρινε 73,32,567.

ἐπίκροτος   ἐπίκροτον 50,1,539.

ἐπιλέγω   ἐπιλέγων 54,31,544.

ἐπιμείγνυμι   ἐπιμιγνύς 62,9,553.   ἐπιμίξας 83,30,578.

ἐπιμελέομαι   ἐπιμελεῖται 39,1,526.   ἐπιμελήσεται 113,21,613.
    ἐπεμελήθη 19,32,503. 87,1,582. 91,18,587. 102,16,599.
    ἐπιμεληθείς 125,25,627.

ἐπιμιμνήσκομαι   ἐπεμνήσθην 14,29,496. 58,3,549.   ἐπεμνήσθη
    63,13,555.   ἐπιμνησθέντα 1,11,480.

ἐπινοέω   ἐπινοήσας 110,7,609.

ἐπίνοια   ἐπινοίᾳ 39,17,527.   ἐπίνοιαν 66,10,558.

ἐπιορκέω   ἐπιορκοῦντες 116,3,616.

ἐπίουρος   ἐπίουρον 54,26,544 Κ⁴, Λο, Οὐεστ (Με σ. 1263).

ἐπιπαίζω   ἐπιπαίξας 114,18,614.

ἐπίπαν   36,4,522. 72,5,564. 93,24,589. 123,12,624.

ἐπίπληξις   ἐπίπληξιν 70,32,563.

ἐπιπλήττω   ἐπιπλήττων 26,29,513. 43,13,531. 84,21,579. 105,
    28,603.   ἐπιπλήξαιμι 40,8,527.   ἐπιπλήξειεν 70,30,563.
    ἐπιπλήξας 7,6,487.

ἐπιποιέω   ἐπιποιοῦντα 77,15,570.

ἐπιπολάζω   ἐπιπολάζειν 26,14,513.

ἐπιπόλαιος   ἐπιπόλαιον 98,21,595.

ἐπίπονος   ἐπιπονώτατον 52,5,541.

ἐπιπρέπω   ἐπιπρέπει 52,25,542.   ἐπιπρέποντες 77,11,570.

116

ἐπιπτήσσω ἐπιπτήξαιμεν 89,3,584.

ἐπιρραψῳδέω ἐπιρραψῳδήσαντος 114,16,614.

ἐπιρρέω ἐπιρρεούσης 42,30,531. ἐπερρύη 57,5,548.

ἐπιρρώννυμι ἐπέρρωσε(ν) 24,30,511. 91,3,586. ἐπερρωμένη
    61,16,553 Κ⁴, Οὑεστ; ἐρρωμένη Λο (Κοβ σ. 230).

ἐπισιτίζομαι ἐπεσιτίζοντο 90,10,585.

ἐπισκευάζω ἐπισκευάσας 113,26,613.

ἐπισκήπτω ἐπέσκηψε 100,17,597. ἐπισκῆψαι 54,16,543. ἐπι-
    σκήψαντος 73,5,565.

ἐπισκοπέω ἐπισκοπῶν 41,3,528. ἐπισκοπουμένῳ 36,5,522.
    ἐπεσκοπεῖτο 32,29,519. 43,32,532. 48,15,537. ἐπισκε-
    ψομένους 63,4,554. ἐπεσκέφθαι 21,28,507. ἐπεσκεμμένος
    βλ. ἐπεσκεμμένας 27,5,514. ἐπεσκεμμένας 27,5,514 Κ⁴,
    Οὑεστ; ἐπεσκεμμένος Λο (Κοβ σ. 229).

ἐπισκοτέω ἐπισκοτοῦντος 85,21,580.

ἐπισκώπτω ἐπισκώπτει 14,13,495. ἐπισκώπτων 4,4,483. 63,32,
    555. ἐπέσκωπτεν 98,18,594.

ἐπισπάω ἐπισπασάμενος 63,2,554.

ἐπισπουδάζω ἐπισπουδάζειν 90,15,586.

ἐπιστάζω ἐπιστάξαι 87,17,582.

ἐπιστατέω ἐπεστάτει 45,22,534.

ἐπιστέλλω ἐπιστέλλοι 70,2,562. 126,24,628. ἐπιστέλλειν 77,
    30,571. 82,13,576. 126,20,628. ἐπιστέλλων 53,26,543.
    ἐπιστέλλοντα 82,12,576. ἐπέστελλε 126,22,628. ἐπέ-
    στελλον 57,18,548. ἐπέστειλε(ν) 53,27,543. 57,11,548.
    70,6,562. ἐπιστεῖλαι 109,7,607. ἐπεσταλκότος 49,1,

538. ἐπεσταλμένων 70,9,562. ἐπεσταλμένα 57,15,548.

ἐπιστενάζω ἐπιστενάξαι 87,15,582.

ἐπιστήμη 54,2,543. ἐπιστήμην 24,21,511. 114,20,614. ἐπι-
στήμαις 54,1,543. ἐπιστήμας 16,8,499.

ἐπιστολή 126,19,628. ἐπιστολῆς 70,8,562. 70,30,563. ἐπι-
στολῇ 48,11,537 Κ⁴, Οὐεστ ; ἐπιστολῶν Λο (Βουλγ). ἐπι-
στολήν 44,13,533. 56,27,548. 69,32,562. 70,32,563. 78,
5,571. 84,18,579. 109,13,607. 109,23,607. ἐπιστολαί
24,5,510. 72,23,565. ἐπιστολῶν 37,14,524. 61,1,552.
βλ. ἐπιστολῇ 48,11,537. ἐπιστολαῖς 109,4,607. ἐπιστο-
λάς 94,1,590. 111,2,610. 126,21,628.

ἐπιστομίζω ἐπεστόμιζεν 122,8,623.

ἐπιστρέφω ἐπιστρέφειν 7,10,487. ἐπιστρέφων 28,32,516.
ἐπιστρέφοντα 93,7,589. ἐπέστρεψεν 93,18,589. ἐπιστρέ-
ψας 68,32,561. ἐπιστρεφόμενος 8,18,488. ἐπεστρέφοντο
41,23,529. ἐπεστραμμένη 20,6,504. 113,18,613. ἐπε-
στραμμένη 7,4,487. ἐπιστραφείς 71,16,563.

ἐπιστροφή ἐπιστροφῇ 21,9,505. 77,19,571. ἐπιστροφήν 32,28,
519.

ἐπισυνίστημι ἐπισυνιστάντας 67,22,560.

ἐπισφύριος ἐπισφύριον 63,29,555.

ἐπισχεδιάζω ἐπισχεδιάσαντος 6,6,485.

ἐπίταξις ἐπίταξιν 120,28,621.

ἐπίτασις ἐπιτάσει 123,18,624.

ἐπιτάττω ἐπέταξε(ν) 57,16,548. 93,1,588. ἐπιτεταγμένον
121,32,622. ἐπιταχθείς 100,5,596. 109,4,607.

118

ἐπιτάφιος 12,18,493.

ἐπιτέγγω ἐπιτέγξας 80,13,574.

ἐπιτείνω ἐπέτεινε 22,19,508.

ἐπιτήδειος ἐπιτήδειον 123,11,624. ἐπιτήδειοι 21,29,507.
  100,12,597. ἐπιτηδείων 41,8,528. 111,11,611. ἐπιτη-
  δεία 69,21,562. 74,25,568. ἐπιτηδείαν 111,16,611. 117,
  7,617. ἐπιτηδείως 7,22,488. 75,19,568. ἐπιτηδειότερος
  106,25,604. ἐπιτηδειότερον 125,10,626. ἐπιτηδειότατος
  10,3,490. 42,9,529. 64,27,556. 100,7,596.

ἐπιτήδευσις ἐπιτηδεύσεων 112,6,612.

ἐπιτηδεύω ἐπιτηδεύοντα 14,6,495. ἐπετήδευε(ν) 64,27,556.
  83,17,578.

ἐπιτίθημι ἐπίθες 25,26,512. ἐπιτιθέμενος 17,13,500. ἐπέ-
  θετο 123,12,624.

ἐπιτιμέω ἐπιτιμῶν 89,14,584.

ἐπιτίμιον ἐπιτίμια 33,28,520.

ἐπιτομή ἐπιτομῇ 78,17,572.

ἐπίτονος ἐπίτονον 8,30,489. 48,17,537.

ἐπιτρέπω ἐπέτρεψεν 39,10,526. ἐπετράπη 103,15,600. ἐπι-
  τραπείς 25,19,512.

ἐπιτροπεύω ἐπιτροπεύων 70,29,563. ἐπιτροπεύοντες 57,19,
  548.

ἐπιτύφομαι ἐπιτεθυμμένοι 29,6,516.

ἐπιτωθάζω ἐπετώθασεν 38,21,526.

ἐπιφανής 31,2,517. ἐπιφανῶν 38,24,526. 118,18,618. ἐπι-
  φανῶς 29,15,516. 99,14,596. ἐπιφανέστατος 98,12,594.

ἐπιφανεστάτων 35,10,521. 108,28,607. ἐπιφανεστάτη 38, 25,526.

ἐπιφέρω ἐπενεχθείσης 13,16,494. ἐπενεχθεισῶν 63,8,554.

ἐπιφθέγγομαι ἐπεφθέγξατο 55,1,544. 91,8,586. 98,9,594.

ἐπίφθονος ἐπίφθονον 28,1,515.

ἐπιφορά ἐπιφορᾶ 20,4,504. ἐπιφοράν 47,5,536. ἐπιφοραῖς 75,25,569. ἐπιφοράς 52,28,542.

ἐπίχαρις 112,9,612. ἐπίχαρι 22,10,507. 23,22,510. 32,9, 519. 52,22,542. 64,26,556.

ἐπιχείρημα ἐπιχειρημάτων 126,25,628.

ἐπιχειρηματικός ἐπιχειρηματικόν 39,17,527.

ἐπίχολος ἐπιχόλοις 85,22,580. ἐπιχολώτερος 46,31,536. ἐπιχολώτατος 83,25,578.

ἐπιχρησμῳδέω ἐπεχρησμῴδει 9,2,489. 66,15,558.

ἐπιχωριάζω ἐπιχωριάζειν 119,16,619. ἐπεχωρίασε 23,16,509.

ἐπολισθάνω ἐπολισθάνουσαν 59,7,550.

ἕπομαι ἕποιτο 43,24,532. ἕπου 79,32,573. ἑπόμενος 79,18, 573. 94,24,590. ἑπομένης 86,32,581.

ἐπονομάζω ἐπονομάζουσιν 61,28,553. ἐπονομάζων 49,26,539. 68,10,560. ἐπωνόμαζε 56,14,547. ἐπωνόμαζον 4,29,484. 76,27,570. 82,21,576. 99,3,595. ἐπωνόμασται 31,11,518. 78,8,571. ἐπωνομάσθαι 58,25,549.

ἔπος 66,16,558. ἔπη 90,11,585.

ἑπτά 121,18,622. 122,30,623.

ἑπτακόσιοι ἑπτακοσίας 57,17,548.

ἐπωνυμία 30,5,517. ἐπωνυμίας 5,8,484. ἐπωνυμίαν 5,2,484.

16,19,499   94,11,590

ἐπώνυμος ἐπώνυμον 58,28,549 103,15,600

ἔραμαι ἐρασθῆναι 77,1,570

ἔρανος ἔρανον 39,10,526 61,26,553.

ἐρασιχρήματος 120,26,621

ἐραστής 105,24,603   ἐραστήν 102,7,599. ἐρασταί 42,17,530.

ἐράω ἐρᾷ 116,32,617   ἐρᾶν 5,18,485. 26,18,513. 30,23,517.
    ἐρῶν 68,17,561 90,26,586. ἐρῶντος 30,2,517. 101,28,
    598   ἐρῶντα 30,22,517. 37,10,524. 66,14,558. ἐρῶντες
    5,22,485 30,24,517 34,3,520 48,26,538. ἐρῶσιν 78,2,
    571   ἐρῶντας 12,25,493 90,26,586 113,18,613. ἤρα
    26,12,513 34,11,521 47,23,536 60,9,551 80,30,574

ἐργάζομαι ἐργάζεσθαι 62,13,554   ἐργαζόμενος 7,31,488.
    εἰργάζετο 21,21,506   εἰργάσθαι 60,5,551. 121,9,621.
    εἰργασμένων 52,3,541

ἔργον 22,23,508. 59,2,550 60,26,552. τοὔργον 107,18,605.
    ἔργων 48,8,537 60,22,552. 62,15,554. 75,9,568. 107,13,
    605   ἔργα 14,2,495 24,25,511. 109,3,607.

ἐρείδω ἔρειδε 27,14,514. ἐρείσας 62,32,554.

ἔρευθος 102,3,599

ἐρῆμος ἐρήμην 51,21,541 87,16,582.

ἐρίζω ἤριζεν 50,11,539   ἤρισεν 113,15,613

ἕρμαιον ἑρμαίῳ 57,2,548 117,2,617. ἕρμαιον 37,31,525.

ἑρμηνεία 106,24,604   ἑρμηνείας 37,11,524 71,6,563. 101,25,
    598. 108,30,607   ἑρμηνείαν 80,3,573. 109,11,607.

ἑρμηνεύς 126,26,628

ἑρμηνεύω 109,32,608. ἑρμηνεύει 93,15,589. ἑρμηνεύουσι 76,
30,570 ἑρμηνεύοιμι 126,10,627 ἑρμηνεύειν 11,29,492.
27,8,514 33,8,520 40,14,528. 125,26,627. ἑρμηνεύων
18,15,501. 98,17,594 ἑρμηνεύοντος 35,15,522. ἑρμη-
νεύοντα 13,24,494 ἑρμηνεύοντας 4,31,484. 16,19,499.
ἑρμήνευε 14,15,496 106,18,604. ἑρμηνεύσω 71,23,564.
ἑρμήνευσε 110,3,609 ἑρμηνεῦσαι 14,30,496. 24,17,511.
33,7,520. 39,18,527 54,28,544. 100,29,597. 106,22,604.
112,17,612 112,32,613. ἑρμηνεύσαντα 28,13,515. ἑρμη-
νευόμενα 17,27,500. ἑρμηνεῦσθαι 21,9,505.

ἑρμῆς ἑρμαῖ 34,7,521.

Ἑρμογένης 83,3,577. 83,15,577. Ἑρμογένην 83,13,577.

Ἑρμοκράτης 109,30,608 110,25,610. 111,13,611. 111,19,611.
Ἑρμοκράτους 111,17,611. 112,17,612. Ἑρμοκράτει 111,
32,611.

ἔρομαι ἐρομένου 16,30,500. 26,20,513. 26,22,513. 41,7,528.
50,2,539. 84,9,578. 86,17,581. 111,12,611. ἐρομένῳ
26,26,513. ἤρετο 37,24,525. 45,24,535. 60,17,552. 61,
18,553 61,20,553. 62,17,554. 65,7,557. 65,16,557. 87,
22,582 90,25,586. 105,7,603. 114,26,615. 118,21,618.
123,18,624

ἐρυθριάω ἐρυθριᾶν 111,31,611

ἐρύκω ἐρύκειν 75,15,568

ἔρχομαι ἔρχεται 104,12,602. ἦλθε(ν) 6,5,485. 7,15,487 25,
32,512 27,25,514 38,17,525 63,20,555 66,9,558. 72,
32,565 125,29,627 ἐλθεῖν 59,10,550 ἐλθών 82,26,

576   82,27,576

ἐρῶ   ἐρεῖ 44,16,533   ἐρούντων 16,3,499   εἴρηκα 85,25,580
94,9,590   101,26,598   107,30,605   εἴρηκας 37,31,525
εἴρηται 12,1,492   12,18,493   36,9,523   77,6,570   84,15,
579   89,2,584   96,29,593   101,29,598   117,4,617   126,9,
627   εἰρῆσθαι 9,21,490   96,28,593.   εἰρημένην 99,14,
596   εἰρημένας 79,6,572   119,18,619   εἰρημένον 27,1,
513   60,17,552   71,27,564. βλ. εἰρημένων 48,11,537.
εἰρημένα 4,5,483   27,20,514. 33,30,520. 65,25,557. 67,
15,559   73,14,566   79,4,572. 86,6,580. 121,13,621.
εἰρημένων 7,1,487   48,11,537 K4, Οὐεστ; εἰρημένον Λο
(Koβ σ. 230). 79,10,572   116,22,617   εἰρημένοις 35,22,
522

Ἔρως   101,32,599   ἔρωτι 110,20,610   ἔρωτα 69,29,562   77,
4,570   83,6,577   93,19,589

ἐρωτάω   ἐρωτῶν 118,19,618   ἐρωτῶντος 67,32,560   ἠρώτα 45,
5,534   79,27,573   105,9,603   ἐρωτώμενα 122,10,623

ἐρώτημα   ἐρωτήματος 4,14,483

ἐρώτησις   ἐρωτήσεις 2,3,480   122,9,623

ἐρωτικός   ἐρωτικήν 37,6,524   ἐρωτικά 8,32,489. 102,19,599.

ἐς   1,2,479. 1,4,479   2,23,481. 3,1,481   3,20,482. 4,3,483.
5,2,484   5,12,485   5,27,485. 6,5,485. 6,17,486   6,28,
486   6,31,487   7,9,487   7,15,487   7,24,488   8,3,488   8,
4,488   8,16,488   8,18,488. 9,15,490   9,27,490   10,25,
491   10,30,491   11,21,492   11,22,492   12,30,494   13,30,
495   14,11,495   14,16,496   14,22,496   17,20,500   17,21,
500   18,4,501   18,11,501   18,14,501   18,16,501   18,26,

(ἑϛ) 502   18,27,502   19,14,502. 21,2,505. 21,10,505   21,11,

505   21,31,507   23,7,509   23,8,509. 24,12,510. 24,21,

511   24,28,511   25,5,511   25,27,512   26,12,513. 26,23,

513   27,5,514   27,9,514   27,19,514   28,25,515   28,27,

515   28,32,516   29,1,516   30,12,517. 31,16,518. 31,23,

518   31,32,518   32,7,518   32,13,519. 32,23,519. 34,3,

520   34,13,521   34,18,521. 35,13,522   35,26,522   36,30,

524   37,20,524   37,24,525   37,32,525. 38,2,525. 38,4,

525. 39,1,526   39,5,526   40,11,528. 41,4,528. 41,6,528.

41,13,529. 41,17,529. 41,18,529. 41,19,529. 41,21,529.

41,23,529   41,24,529. 41,29,529. 41,32,529. 42,4,529

42,5,529. 42,25,531   43,25,532. 44,1,532. 44,7,533. 44,

12,533   44,17,533   45,4,534   45,18,534   46,3,535. 46,

13,535   46,17,535   46,24,536   46,31,536. 47,25,536   48,

5,537   48,7,537   48,9,537   48,12,537   48,15,537   49,2,

538   49,4,538   49,16,539   50,7,539   50,13,539. 50,18,

540   51,19,541   51,27,541   52,18,541   52,18,541   54,29,

544   55,17,545   55,17,545. 56,4,547. 56,4,547. 56,5,

547   56,12,547   57,13,548. 57,17,548. 57,20,548. 57,28,

549   57,32,549. 59,13,550   60,8,551 K^4, Λο (K^3); ἄπεστι

παρὰ Οὐεστ.   60,31,552   61,8,552. 62,5,553. 62,28,554.

62,30,554   62,32,554. 63,4,554. 63,24,555. 63,30,555.

64,13,556. 64,20,556. 65,16,557. 65,21,557. 65,22,557.

66,10,558. 66,18,558. 67,11,559. 67,14,559. 67,21,559.

67,29,560   68,16,560   68,18,561. 68,32,561. 69,10,561.

69,13,561   70,8,562   71,6,563. 71,14,563. 71,23,564.

72,8,564   73,7,565   73,19,566   74,9,567. 74,10,567   74,

(ἑς) 11,567. 74,19,567 74,22,567. 75,3,568. 75,3,568. 75,9,

568 75,10,568. 75,17,568. 77,6,570. 77,12,570 77,13,

570 77,25,571 77,28,571 77,30,571. 78,7,571. 78,20,

572 78,28,572 78,32,572 79,2,572 80,8,573 80,27,

574 81,8,574 81,9,574 81,30,575. 83,9,577 83,14,

577 84,1,578 84,16,579 84,26,579. 85,4,579 85,15,

580 86,15,580 87,4,582. 89,24,585. 90,2,585 90,10,

585 90,11,585 90,19,586. 90,22,586 91,9,586. 91,31,

587 93,6,588 93,18,589 93,30,589. 94,8,590 95,10,

591. 95,12,591 95,19,591. 95,23,591. 96,1,592. 96,21,

593 96,22,593 96,22,593. 96,23,593. 96,23,593. 96,24,

593 96,26,593 97,21,593 97,27,594. 98,11,594. 98,13,

594 98,29,595 100,2,596 100,3,596 100,4,596 100,

15,597 101,6,598 102,12,599. 102,26,599 103,27,601

104,3,601 104,24,602 105,7,603 105,15,603 106,8,

604 106,14,604 107,14,605 107,27,605 107,28,605

108,15,606 108,18,606 109,3,607 110,12,610. 110,28,

610 110,28,610 110,29,610 111,1,610. 111,5,610 111,

8,611 111,10,611 112,3,611. 112,11,612 112,22,612

113,10,613 113,17,613 115,5,615 116,9,616. 116,11,

616 117,26,618 117,27,618. 118,11,618 118,14,618.

119,15,619 119,18,619 120,25,621 120,30,621. 121,7,

621. 121,20,622 Κ⁴, Λο, Οὐεστ (Κ² σ. 383).   121,24,

622. 122,2,622 122,6,623. 122,7,623 122,9,623 Κ⁴;

ἑαυτόν Λο, Οὐεστ ('Ια σ. 80).   124,8,625. 124,11,625.

124,12,625 124,14,626 124,16,626 125,3,626 125,4,

626 125,7,626 125,13,626 125,21,627. 126,21,628

ἐσαγγέλλω ἐσαγγελθέντα 65,11,557.

ἐσάγω ἐσάγει 95,18,591. ἐσήγετο 13,30,495. ἐσηγάγετο 74,
   17,567 80,8,573 98,31,595.

ἐσάπαξ 58,15,549

ἔσειμι ἐσῄει 119,4,619

ἔσθημα 61,10,553

ἐσθής ἐσθῆτι 11,23,492 ἐσθῆτα 74,15,567. 91,18,587. 92,6,
   587 117,6,617 118,25,619. 118,32,619.

ἐσθίω ἐσθίειν 53,28,543 ἐσθίων 29,5,516. ἐσθίοντος 88,
   26,583

ἐσκαλέω ἐσκαλῶν 124,13,625 ἐσκαλούμενος 124,11,625. ἐσε-
   καλούμεθα 106,10,604 ἐσκληθέντες 106,11,604.

ἐσκυκλέω ἐσεκυκλεῖτο 106,16,604.

ἐσμός ἐσμούς 25,2,511

ἐσπέρα ἐσπέρας 32,1,518 37,24,525. ἐσπέραν 86,1,580

ἐσπέριος ἐσπερίων 8,25,489.

ἔσπερος ἐσπέρῳ 85,27,580

ἐσπλέω ἐσπλεύσας 105,7,603. ἐσπεπλευκότος 39,9,526.

ἐσποιέω ἐσποιῶν 76,22,570.

ἔστε ἔστ' 50,26,540

ἐστιατήριον 107,20,605

ἐστιάω ἐστιῶν 57,30,549 ἐστιάσαντα 79,25,573.

ἐσφοιτάω ἐσεφοίτα 48,13,537.

ἔσω 59,1,550 118,18,618 124,16,626

ἑταῖρος ἑταίρων 86,18,581. 113,5,613. ἑταίρους 110,30,610.

ἑτερόδοξος ἑτεροδόξως 67,5,559.

ἑτερόπους ἑτερόποδες 28,5,515.

ἕτερος 26,13,513   28,21,515.   ἑτέρου 20,24,505. 26,13,513.

    26,22,513   28,10,515   72,19,565   96,9,592. 122,1,622

    Κ⁴, Λο; ἑτέρων Οὐεστ.   θατέρου 116,5,616. 124,9,625.

    ἑτέρῳ 15,22,498   60,23,552   72,1,564. 115,25,616. 124,

    8,625   125,32,627   ἕτερον 25,29,512. 29,5,516 προστίθ.

    Λο πρὸ 'τι' (Κοβ σ. 229); ἄπεστι παρὰ Κ⁴, Οὐεστ.   38,

    13,525   53,9,542   79,31,573. ἕτεροι 17,24,500. 60,25,

    552. 67,20,559   95,6,591. ἑτέρων 80,25,574. βλ. ἑτέ-

    ρου 122,1,622   ἑτέροις 22,16,508. 27,10,514. 36,25,

    523. 73,15,566   79,8,572. 107,21,605. ἑτέρους 66,19,

    558. 77,1,570   ἑτέρα 40,5,527. 76,7,569. ἑτέρᾳ 79,7,

    572   79,11,572   119,17,619. 123,6,624. ἑτέραν 45,4,

    534   78,31,572   93,29,589. ἑτέρας 89,21,585. ἕτερα

    65,5,557   76,20,570   83,20,578. 113,17,613. θάτερα 59,

    11,550

ἑτέρωθι 14,1,495   59,22,551   76,25,570.

ἑτέρωσε 122,6,623

ἔτι 3,29,482   26,16,513   31,11,518   33,23,520   34,11,521

    34,23,521   42,17,530   51,17,540   54,1,543   54,15,543.

    66,17,558 Κ⁴, Λο, Οὐεστ (Κ¹ σ. 35). 68,3,560   72,26,

    565   75,1,568   78,18,572. 82,12,576   90,32,586   98,15,

    594   98,23,595   123,17,624.

ἑτοιμάζω ἑτοιμάζων 25,27,512. 45,13,534. ἑτοιμαζούσης 88,

    12,583. ἡτοίμαζε 125,6,626. ἡτοίμασε 20,1,503. ἡτοι-

    μάσθη 34,17,521

ἕτοιμος 29,12,516   86,15,580   ἑτοίμου 89,28,585. 95,31,

    592   ἑτοίμως 47,4,536   ἑτοιμότερον 109,15,607. ἑτοι-

μότατα 28,11,515

<u>ἔτος</u> 57,27,549 121,14,621 <u>ἔτους</u> 65,31,558· <u>ἐτοῖν</u> 74,4,

567 <u>ἔτη</u> 12,31,494· 21,22,506 53,31,543· 83,4,577·

89,30,585 90,6,585 94,6,590· 97,21,593 101,15,598

104,21,602 108,22,606 109,17,607 115,6,615 117,12,

617 122,22,623 122,30,623 123,32,625 <u>ἐτῶν</u> 44,20,

533 46,24,536 59,1,550· 65,24,557 Κ⁴, Οὐεστ; ἄπεστι

παρὰ Λο (Λο).   117,22,618· 121,18,622

<u>εὖ</u> 5,7,484 9,13,489· 11,3,491· 14,15,496· 19,31,503 25,

21,512 43,30,532 46,7,535 46,29,536· 55,11,545· 58,

25,549 Κ⁴, Λο (Κ² σ. 292); ἄπεστι παρὰ Οὐεστ·   61,9,

553· 83,32,578 86,32,581 88,19,583· 101,1,597· 102,

16,599 102,26,599 104,27,602· 105,2,603· 105,9,603

107,30,605 108,27,606 109,9,607· 110,6,609· 115,16,

615· 120,12,620 123,10,624· 125,19,627·

<u>εὐαγγέλιον</u> <u>εὐαγγέλια</u> 22,26,508· 78,23,572·

<u>Εὐβοεύς</u> <u>Εὐβοέα</u> 7,16,487

<u>Εὔβοια</u> <u>Εὐβοίᾳ</u> 60,3,551

<u>εὖγε</u> 94,16,590

<u>εὐγένεια</u> <u>εὐγενείας</u> 16,29,500· 63,28,555· <u>εὐγένειαν</u> 2,9,

480· 64,1,555 118,8,618·

<u>εὐγλωττία</u> 8,24,489· 72,2,564· <u>εὐγλωττίαν</u> 62,5,553· 93,21,

589

<u>εὐγνώμων</u> <u>εὐγνώμονος</u> 39,13,527·

<u>εὐδαίμων</u> <u>εὔδαιμον</u> 124,2,625·

<u>Εὐδαίμων</u> <u>Εὐδαίμονος</u> 86,22,581· <u>Εὐδαίμονα</u> 86,23,581·

εὐδοκιμέω εὐδοκιμῶ 97,5,593. εὐδοκιμεῖν 71,9,563. εὐδο-
  κιμῶν 14,13,495 εὐδοκιμοῦντι 74,20,567. ηὐδοκίμησε
  33,29,520 105,3,603. 116,6,616. εὐδοκιμηκώς 85,3,579.

εὐδόκιμος 73,13,566 94,6,590. εὐδόκιμοι 83,1,577. 95,2,
  591 εὐδοκίμων 1,9,479 εὐδόκιμον 120,16,620. εὐδο-
  κιμωτέρους 31,22,518 εὐδοκιμώτατος 63,27,555. 125,31,
  627 εὐδοκιμώτατοι 107,6,605. εὐδοκιμώτατα 79,9,572
  85,17,580

εὐδοξία εὐδοξίας 90,31,586 εὐδοξίᾳ 107,8,605

Εὔδοξος 5,4,484.

εὐειδής εὐειδεῖς 28,3,515

εὐεργεσία εὐεργεσίᾳ 64,3,555.

εὐεργετέω εὐεργετεῖν 58,24,549

εὐεργέτημα εὐεργετήματι 105,5,603

εὐεργέτης εὐεργέτῃ 45,12,534

εὐήθης 36,18,523 120,9,620 εὔηθες 96,5,592.

εὐήνιος εὐηνίως 93,8,589

εὐθάλαττος εὐθάλαττον 57,12,548

εὐθυμία εὐθυμίᾳ 32,16,519

εὐθύνω εὐθύνει 42,26,531

εὐθύς εὐθύ 4,20,483 115,23,616.

εὐκλεής εὐκλεῶς 100,24,597 εὐκλεέστερος 112,3,611

εὔκλεια εὔκλειαν 43,27,532.

εὐλάβεια εὐλαβείας 56,31,548

εὐλαβής 56,25,547 εὐλαβῶς 47,12,536

εὐμαθής εὐμαθέστεροι 36,24,523. εὐμαθέστατος 72,14,565.

εὐμεταχείριστος εὐμεταχειρίστῳ 92,7,587· εὐμεταχειρίστων
      55,25,547·

εὐμήκης εὐμήκεις 28,3,515   51,9,540   77,10,570·

Εὔμηλος Εὐμήλου 76,31,570· Εὐμήλῳ 76,31,570·

εὐμήχανος εὐμηχάνου 39,12,526·

εὔνοια εὔνοιαν 84,22,579· 103,2,600·

εὐνομέομαι εὐνομουμένων 7,8,487·

εὔνους εὔνου 70,15,562   εὔνουν 51,25,541   125,6,626·
      εὔνους 84,26,579· 97,18,593

εὐνοῦχος 9,4,489· 76,8,569   97,4,593· εὐνούχους 8,31,489·

εὐνουχώδης εὐνουχῶδες 52,16,541·

εὐξύμβολος 61,28,553

Εὐοδιανός 100,15,597· Εὐοδιανόν 100,1,596·

εὐπαγής εὐπαγῆ 61,7,552·

εὐπαιδευσία εὐπαιδευσίας 24,5,510· εὐπαιδευσίαν 89,21,585·

εὐπαιδία εὐπαιδίας 77,4,570·

εὐπαράγωγος εὐπαράγωγα 18,14,501·

εὐπατρίδης εὐπατρίδην 75,1,568   εὐπατρίδας 14,24,496

εὔπλοια εὐπλοίαις 125,2,626

εὔποτος εὔποτον 61,24,553

εὐπραγία εὐπραγίαν 111,4,610   εὐπραγίαι 25,20,512·

εὐπρεπής 75,25,569

εὐπρόσωπος εὐπροσώποις 23,2,509· εὐπροσώπως 23,27,510·

εὕρημα 3,13,482   27,10,514   124,22,626

Εὐριπίδης Εὐριπίδου 98,9,594   118,5,618·

εὑρίσκω εὗρον 82,15,576   εὗρε(ν) 13,20,494· 27,26,514·
      εὕρῃς 25,25,512   εὕροις 102,27,600· εὑρεῖν 15,28,498

104,6,601   εὐρών 19,31,503. εὕρηκα 56,28,548. εὕρη-
κας 56,31,548   εὑρηκέναι 15,5,497. 79,29,573. εὕρετο
13,8,494 97,20,593 121,26,622. εὑρέσθαι 44,18,533
Κ⁴, Λο, Οὐεστ (Οὐεστ). 126,11,628. εὑρημένη 15,6,497.
εὑρημένην 15,28,498   εὑρημένοις 19,31,503.

εὐροέω εὐροούσης 88,26,583   εὐροήσει 114,9,614

εὔροια 112,13,612   εὐροίας 119,24,620   εὐροίᾳ 4,31,484
10,29,491 23,14,509 90,23,586 98,32,595 126,15,628

εὔρους 81,22,575

εὐρύοπα 2,18,481

εὐρύς εὐρέι 66,17,558   114,18,614

Εὐρώπη Εὐρώπης 20,18,504   113,12,613.

εὔσκιος εὐσκίοις 108,1,606

εὔσκοπος εὐσκόπως 64,25,556

εὐσταλής 78,17,572

εὐστομέω εὐστομούσης 93,20,589

εὔστροφος εὔστροφον 93,22,589

εὐσχήμων 72,3,564   122,4,623   εὔσχημον 78,19,572   92,1,
587

εὐταξία εὐταξίαν 35,16,522

εὐτελής 120,8,620   εὐτελές 88,28,583   εὐτελῶν 21,21,506
εὐτελῆ 52,10,541

εὐτραφής εὐτραφῶς 61,4,552

εὐτρεπίζω εὐτρεπίζειν 65,8,557

εὐτυχέω εὐτυχεῖ 81,4,574   εὐτυχησάντων 117,32,618.

εὐτυχής εὐτυχές 1,12,480

εὐτυχία   εὐτυχίαν 34,26,521.

εὐφημία   εὐφημίας 116,24,617

εὔφημος   εὔφημον 16,19,499.   εὔφημα 116,14,616.   εὐφημότατος
      99,25,596

εὔφορος   εὐφόρως 47,3,536

Εὐφράτης 7,21,488   Εὐφράτου 46,30,536.

εὐφωνία   εὐφωνίας 29,22,516   32,31,519. 74,17,567.   εὐφωνίᾳ
      103,18,601   εὐφωνίαν 120,9,620

εὐχέρεια   εὐχερείας 95,16,591   εὐχέρειαν 92,10,588.

εὔχομαι 70,14,562   102,10,599   ηὐξάμην 70,22,563   εὐξά-
      μενος 34,32,521

ἐφαρμόζω   ἐφαρμόζων 26,8,512   ἐφαρμόζοντα 80,3,573.

ἐφεκτικός   ἐφεκτικούς 11,5,491.

ἐφεξῆς 48,26,538   49,1,538. 70,13,562   124,29,626

Ἐφέσιος 6,8,485   38,29,526.   Ἐφεσίου 87,20,582.   Ἐφεσίων
      10,15,490   75,18,568. 107,11,605.   Ἐφεσίοις 43,6,531.

Ἔφεσος   Ἐφέσου 38,27,526. 107,1,605.   Ἐφέσῳ 38,25,526.
      101,23,598   107,6,605   107,14,605.   Ἔφεσον 23,8,509.
      24,24,511   107,26,605. 108,18,606.

ἐφεστρίς   ἐφεστρίδων 26,17,513

ἔφηβος   ἐφήβῳ 117,7,617   ἔφηβοι 112,9,612.   ἐφήβων 73,6,
      565   ἐφήβους 59,13,550

ἐφημερίς   ἐφημερίδες 72,24,565. 86,31,581.   ἐφημερίδων 86,30,
      581

ἐφίημι   ἐφιέναι 45,22,534   ἐφιείς 3,24,482. 41,30,529   90,
      23,586   106,2,604   ἐφίεσαν 121,22,622.   ἐφῆκα 45,28,

535   ἐφῆκε 9,16,490   ἐφῇ 13,9,494.   ἐφέντος 116,5,
616

ἐφίστημι   ἐπιστῆσαι 23,1,509.   ἐπιστήσας 63,2,554   ἐπέστη
78,25,572   ἐπιστῆναι 79,10,572.   ἐπιστάς 9,21,490.
ἐπιστάντος 46,19,535. 79,7,572. 79,11,572.   ἐφέστηκε
19,28,503   ἐφεστηκώς 37,8,524.   ἐφεστηκυῖα 19,27,503.

ἐφοράω   ἐφεώρα 103,4,600

Ἔφορος   Ἔφορον 21,14,506

ἐφυμνέω   ἐφυμνῆσαι 44,22,533   ἐφυμνεῖται 11,14,492

ἐχθρός 53,8,542   ἐχθροῦ 24,12,510   25,31,512   126,11,628

ἐχυρός   ἐχυρώτατος 68,14,560

ἔχω 53,28,543   76,15,569   101,16,598. 111,23,611.   ἔχεις
64,2,555   102,4,599   ἔχει 16,7,499. 30,25,517   38,16,
525   85,29,580   118,27,619.   ἔχοι 78,24,572. 124,27,
626   ἐχέτω 45,29,535. 55,6,545. 117,19,617.   ἔχειν 22,
7,507   30,14,517   49,11,538. 61,2,552. 68,1,560.   ἔχων
5,13,485   25,6,511. 33,28,520. 36,3,522. 40,12,528. 75,
2,568   101,1,597   103,1,600   103,25,601   105,29,603
114,24,615   124,21,626   125,28,627   ἔχοντος 16,20,499.
43,22,532   56,5,547   ἔχοντι 123,17,624   ἔχοντα 61,5,
552   64,13,556   82,5,576   117,9,617   ἔχουσα 31,19,518
ἐχούσης 69,11,561   ἔχουσαν 19,16,503   57,9,548   69,32,
562   111,3,610   ἔχον 22,8,507   63,5,554   ἐχόντων 50,
11,539   60,23,552   εἶχε(ν) 6,23,486. 7,22,488 8,29,
489   32,10,519   32,23,519. 32,29,519. 32,32,519. 34,30,
521   41,14,529   43,23,532   47,3,536. 64,26,556. 66,7,

558   78,15,572   90,8,585   92,9,588.   99,22,596.   106,23,

604   107,31,606   109,11,607   111,6,610   116,28,617.

120,9,620   126,16,628.   εἶχον 58,5,549.   ἔσχε 47,22,

536.   ἔχεσθαι 81,13,575.   ἐχόμενος 102,22,599.   εἴχετο

23,10,509.

ἕωλος   ἕωλα 4,5,483   85,7,579.

ἑῷος   ἑῴου 95,3,591   ἑῴας 77,31,571.   113,13,613.   ἑῴαν 70,

28,563   111,11,611

ἕως   ἕω 27,5,514

ἕως   46,15,535

ζεύγνυμι   ζεῦξαι 81,20,575

ζεῦγος   ζεύγους 43,26,532

Ζευξίδημος   108,27,606

Ζεύς   2,18,481   Διός 76,17,569.   111,8,611.   Διί 59,29,551

Δία 1,8,479   20,20,504   25,10,511.   48,5,537.   67,9,559

77,25,571.   Ζεῦ 52,18,541.   65,21,557.

Ζέφυρος   Ζεφύρου 19,26,503.   ζέφυροι 87,15,582.

ζηλωτής   20,3,504   98,28,595

ζηλωτός   91,22,587   ζηλωτοῖς 26,4,512   ζηλωτά 42,21,530

ζημιόω   ζημιῶσαι 25,29,512

Ζήνων   Ζήνωνος 108,31,607

ζητέω   ζητεῖ 87,31,582   ζητεῖν 79,30,573   ζητουμένων 2,4,

480

ζῶ   ζῇ 105,8,603   ζῆν 9,5,489   17,5,500   105,11,603.   ζῶν

66,15,558   ζῶντος 99,16,596   123,23,625   ζῶντα 54,15,

543   123,24,625   ἔζη 104,32,603

ζωγραφία ζωγραφίας 13,32,495 ζωγραφία 95,31,592

ἤ 1,16,480 1,16,480 6,2,485 7,8,487 10,1,490 16,26,
499 16,28,499 16,30,500 17,5,500· 17,11,500· 19,2,
502 23,23,510· 25,7,511· 32,10,519· 33,24,520· 34,6,
521 36,12,523· 36,26,523· 43,27,532· 46,8,535· 47,24,
536· 56,25,547 60,28,552 61,6,552· 62,5,553· 62,22,
554 62,23,554· 64,16,556· 66,29,559· 70,20,563· 70,26,
563· 70,27,563· 71,31,564· 74,26,568· 74,29,568· 75,21,
569 84,24,579 85,28,580· 88,26,583· 89,23,585· 90,21,
586 90,21,586 90,21,586· 91,17,587 92,6,587· 92,6,
587 92,6,587 94,26,590 96,12,592 97,1,593· 99,27,
596 100,8,596 101,6,598 101,6,598· 101,31,599 101,
32,599 105,25,603 105,28,603· 105,30,603 106,22,604·
106,26,604 107,4,605 107,28,605 108,16,606 109,18,
607· 110,3,609 111,10,611 112,16,612· 112,18,612
118,21,618 120,11,620· 120,32,621· 121,2,621· 121,11,
621· 122,6,623 122,27,623· 124,12,625·

ἤ 84,6,578 Κ⁴, Λο, Οὐεστ (Κ¹ σ. 41).

ἡβάω ἡβῶν 12,32,494 98,23,595

ἤβη ἤβην 74,10,567

ἡγεμονία ἡγεμονίαν 67,23,560

ἡγεμών ἡγεμόσι 125,14,627

ἡγέομαι ἡγώμεθα 7,18,487· 10,31,491 Λο, Οὐεστ μετὰ 'Φαβω-
ρῖνον'; ἄπεστι παρὰ Κ⁴ (Κ⁴).   11,21,492 17,20,500
21,22,506 55,25,547 68,30,561· 70,32,563· 88,25,583·
105,17,603 ἡγείσθω 115,13,615   ἡγεῖσθαι 2,1,480 49,

12,538   70,16,562   84,23,579   <u>ἡγούμενος</u> 60,6,551

<u>ἡγουμένῳ</u> 10,4,490   80,1,573   <u>ἡγούμενοι</u> 21,15,506

<u>ἡγουμένων</u> 23,32,510   29,19,516. 111,9,611. <u>ἡγουμένους</u>

32,20,519   53,4,542   <u>ἡγουμένης</u> 10,21,491   <u>ἡγεῖτο</u> 32,

13,519   52,6,541

<u>ἤδη</u>   5,26,485. 12,2,492   12,6,493   30,8,517. 31,3,517. 33,

22,520   34,30,521   38,2,525. 41,18,529. 44,23,533. 48,

14,537   50,4,539. 50,14,539. 51,28,541. 54,30,544. 57,

14,548   60,1,551   65,22,557. 71,27,564. 75,18,568. 76,

5,569   78,9,571   78,30,572   85,2,579   85,12,579   87,19,

582   87,21,582   92,30,588. 98,6,594   98,15,594. 103,16,

601   106,17,604   106,27,604. 111,2,610. 119,18,619.

βλ. <u>οἶδε</u> 91,23,587.

<u>ἥδομαι</u> <u>ἧσαι</u> 3,15,482   34,18,521. <u>ἥσθη</u> 83,7,577.

<u>ἡδονή</u> <u>ἡδονῆς</u> 11,9,491   <u>ἡδονῇ</u> 62,14,554. 80,29,574. 109,12,

607   <u>ἡδονήν</u> 32,32,519   36,21,523   <u>ἡδοναί</u> 26,27,513.

<u>ἡδονῶν</u> 96,17,592   <u>ἡδοναῖς</u> 14,27,496. 26,10,512   <u>ἡδο-</u>

<u>νάς</u> 35,19,522   74,16,567. 77,12,570.

<u>ἡδύς</u>   22,10,507   22,17,508. 72,3,564. <u>ἡδύν</u> 91,28,587.

<u>ἡδεῖαν</u> 111,16,611   <u>ἡδύ</u> 19,25,503   44,12,533   <u>ἡδέως</u>

40,21,528   <u>ἡδίων</u> 11,30,492. 20,7,504. <u>ἡδίω</u> 59,5,550.

79,12,573   <u>ἡδίους</u> 112,5,612   <u>ἥδιον</u> 34,25,521   51,11,

540   107,27,605

<u>ἥδυσμα</u> <u>ἡδύσματι</u> 7,13,487

<u>ἠθικός</u> <u>ἠθικοῖς</u> 35,23,522   <u>ἠθικοῦ</u> 24,6,510. <u>ἠθικῷ</u> 75,26,

569

136

ἦθος 7,12,487 32,17,519 41,1,528 61,4,552 70,6,562 89,
    22,585 94,12,590 98,22,595 108,7,606· 111,16,611
    117,20,617 119,11,619 ἤθους 7,5,487 7,23,488 24,6,
    510 71,5,563 92,10,588 100,32,597 105,7,603 ἤθει
    19,10,502 19,18,503 87,31,582 ἤθη 5,27,485· 9,14,
    489 17,21,500 18,13,501 51,4,540· 72,9,564· 77,26,
    571 94,11,590 104,30,603 120,30,621· 123,29,625·
    ἠθῶν 17,16,500 22,7,507 22,7,507· 43,5,531· ἤθεσι(ν)
    19,30,503 23,13,509 33,10,520
ἥκιστος ἥκιστα 96,16,592 96,17,592·
ἥκω 5,19,485 83,18,578 119,9,619· ἥκοι 57,31,549· 118,22,
    619 ἥκειν 61,5,552 71,22,564· 78,13,572 78,27,572·
    79,6,572 ἥκων 5,12,485· 26,13,513 37,24,525· 41,32,
    529 45,2,534 46,17,535· 65,16,557· 72,29,565· 77,13,
    570 83,9,577 116,30,617 118,13,618· ἥκοντος 45,18,
    534 46,13,535 49,3,538· 85,4,579· ἥκοντι 46,24,536·
    ἥκοντα 50,14,539 ἥκοντας 40,18,528· 42,5,529· 108,12,
    606 ἥκούσας 74,18,567· ἧκον 98,12,594· ἥξοι 90,4,
    585· ἥξοντα 23,7,509 ἥξοντας 58,30,550·
Ἠλεῖος 13,27,495· Ἠλεῖοι 97,7,593·
ἠλιθιώδης ἠλιθιώδη 66,7,558·
ἡλικία 73,8,565 ἡλικίας 30,23,517· 53,32,543· 91,5,586·
    108,21,606 110,16,610 ἡλικίαν 83,19,578·
ἧλιξ ἡλίκων 105,30,603
Ἡλιόδωρος 124,5,625 124,10,625· Ἡλιόδωρον 124,23,626
ἥλιος 54,19,544 82,3,576 ἠέλιος 86,3,580 ἥλιον 85,27,
    580

Ἦλις Ἤλιδος 14,7,495

ἡμέρα ἡμέρας 78,9,571   82,5,576   85,14,580   114,3,614

    ἡμέρα 43,7,531   57,29,549   70,4,562   92,16,588   ἡμέραν

    31,28,518   65,31,558   87,21,582   117,18,617   ἡμερῶν

    48,27,538

ἥμερος ἡμέρου 29,27,516   ἡμέρους 45,7,534

ἡμερόω ἡμερώσας 60,2,551

ἡμί ἤ 38,3,525   62,8,553   84,10,578   88,5,583   103,30,601

    118,27,619

ἡμιβάρβαρος ἡμιβαρβάρῳ 71,16,563

ἡμίγαμος ἡμίγαμον 29,32,516

ἡμιμαθής 82,7,576

ἡμιπύργιον ἡμιπύργια 68,7,560

ἥμισυς ἡμίσειαν 20,19,504

ἤν βλ. ἐάν.

ἡνία 53,22,543   ἡνίας 100,31,597   ἡνία 77,11,570   ἡνίαν

    106,2,604

ἡνίκα 103,27,601

ἤπειρος 16,30,500   ἤπειρον 60,7,551   ἠπείρων 13,17,494

    42,30,531

Ἤπειρος Ἠπείρῳ 60,1,551   69,20,562

ἠπειρώτης 96,29,593

Ἡράκλεια 46,27,536

Ἡρακλεῖδαι Ἡρακλείδας 59,18,550

Ἡρακλείδης 26,5,512   112,26,612   112,31,613   114,7,614

    Ἡρακλείδου 103,16,601   103,25,601   114,32,615   116,30,

617 117,4,617   'Ηρακλείδη 102,14,599. 'Ηρακλείδην
103,10,600 103,22,601. 118,12,618. 'Ηρακλείδη 114,16,
614.

'Ηρακλῆς 'Ηρακλέους 14,27,496. 'Ηρακλεῖ 3,29,482. 'Ηρα-
κλέα 3,27,482. 21,8,505. 60,29,552. 61,14,553. 61,19,
553

'Ηριδανός 'Ηριδανῷ 8,26,489 Κ⁴; 'Ροδανῷ Λο, Οὔεστ (Σ, Κα
παρὰ Κ² σ. 184).

'Ηρώδειος 'Ηρώδειοι 101,27,598.

'Ηρώδης 34,10,521 47,23,536 48,2,537. 48,18,537. 48,29,
538 49,5,538 49,13,538 49,15,538 49,29,539. 54,30,
544 55,16,545 57,3,548 57,8,548 58,5,549 59,19,
551 60,13,552 60,18,552 60,23,552 60,32,552 61,15,
553 61,19,553 61,30,553 62,8,553 62,16,554. 62,26,
554 63,3,554. 64,1,555 64,4,555 65,9,557. 65,11,557.
67,17,559 67,22,560 68,5,560. 68,9,560 68,16,560
68,26,561 68,27,561 69,2,561 69,22,562. 69,26,562.
70,30,563. 70,31,563. 71,16,563. 72,31,565. 73,12,566.
74,22,567 78,5,571. 78,25,572. 79,24,573. 79,26,573.
79,30,573 80,2,573. 84,20,579. 90,12,585 90,32,586.
114,32,615   'Ηρώδου 10,10,490. 34,5,521. 34,24,521
48,8,537. 48,10,537. 55,15,545. 56,3,547. 56,21,547.
58,8,549. 58,19,549. 60,29,552. 63,7,554. 68,13,560.
69,5,561 69,12,561 72,23,565 73,14,566 74,3,567
74,28,568 78,9,571 78,32,572 84,13,578. 84,25,579
86,25,581 90,9,585 94,31,591 95,30,592. 97,25,594

97,28,594   98,28,595   101,10,598.   101,24,598   ‘Ηρώδη

10,3,490   47,19,536   53,26,543   64,21,556.   64,27,556.

65,8,557   66,10,558   67,6,559   67,21,559   71,15,563

73,18,566   73,31,566   74,12,567   79,22,573   84,1,578.

90,5,585   90,30,586   90,31,586   91,8,586.   101,12,598

‘Ηρώδην   1,4,479   10,7,490   54,28,544.   57,16,548.   58,11,

549   58,14,549   63,11,555.   63,17,555.   63,20,555.   63,22,

555   67,13,559   67,27,560   70,7,562.   71,3,563.   71,8,

563   73,24,566   78,3,571   78,13,572.   79,6,572.   79,10,

572   80,17,574   84,17,579.   85,5,579.   90,3,585.   90,24,

586   90,28,586.   123,31,625.   ‘Ηρώδη   49,10,538.   64,29,

557   70,10,562   80,16,574

ἥρως   61,18,553   ἥρωες   35,30,522   ἡρώων   2,25,481.   11,25,

492

ἡσυχία   ἡσυχία   23,12,509.   ἡσυχίαν   104,31,603.

ἡττάομαι   ἡττώμενος   95,16,591.   ἡττήθη   24,9,510.   72,11,564.

ἥττητο   26,11,513.

ἥττων   14,27,496.   99,27,596.   ἥττω   90,31,586.   ἧττον   16,11,

499.   17,11,500   17,12,500   19,9,502.   31,28,518.   38,10,

525.   41,10,529.   52,30,542.   77,16,571.   102,17,599.   114,

8,614   114,8,614

ἠχέω   ἠχοῦσιν   32,9,519   ἠχοῦσα   52,24,542.   ἠχούσῃ   78,30,

572.   ἤχησεν   12,11,493.   98,26,595.   109,5,607.

ἠχή   ἠχῇ   11,10,491

ἦχος   122,29,623   ἤχῳ   94,26,590

ἠχώ   7,2,487   29,23,516   72,1,564.   74,20,567.   80,5,573.

116,23,617   ἠχοῦς 74,29,568

θάλασσα 113,25,613   θάλαττα 81,28,575. θαλάσσης 2,16,481.
  θαλάττης 20,28,505. 31,20,518. 42,26,531. 44,5,532. 60,
  8,551 89,13,584   θαλάττῃ 31,10,518. 42,16,530. 43,3,
  531. 54,6,543. 86,20,581. 108,2,606. βλ. Θετταλίᾳ 118,
  4,618.   θάλατταν 97,6,593. 123,28,625. θαλάτταις 13,
  18,494

θαλαττουργός θαλαττουργούς 40,12,528.

θαλλός θαλλῷ 92,8,587.

θαμά 8,18,488. 26,12,513. 32,32,519. 46,15,535. 53,24,543.
  67,32,560. 70,2,562. 87,14,582. 99,6,595.

θαμίζω θαμίζων 8,3,488. 44,1,532. 65,15,557. 74,12,567.
  ἐθάμιζεν 25,5,511 117,27,618.

θάμυρις 33,25,520   Θαμύρου 4,1,483.

θανατάω θανατᾶν βλ. θάνατον 68,25,561.

θάνατος 20,10,504   θανάτου 53,17,542. 68,17,561 73,2,565.
  θανάτῳ 92,17,588   θάνατον 29,10,516. 30,9,517. 68,25,
  561 Κ⁴, Οὐεστ; θανατᾶν Λο (Κοβ σ. 217).   76,1,569.

θάπτω θάπτειν 73,6,565 89,14,584. 104,8,602. ἔθαψεν 100,
  11,597 ἔθαψαν 12,20,493. 73,9,566. θάψαντες 65,30,
  557 θαπτομένοις 123,1,624. τέθαπται 38,26,526. 55,
  13,545 ἐτάφη 104,22,602.106,29,604. 108,23,606. 109,
  17,607 122,32,624. ταφῆναι 54,5,543. 54,15,543.

θαρρέω θαρροῦντα 32,26,519 θαρροῦντες 67,24,560. ἐθάρρει
  34,12,521 60,9,551 ἐθάρρησεν 3,21,482. θαρρήσας 96,
  13,592. τεθαρρηκότι 48,13,537.

θαρσαλέος θαρσαλέους 28,5,515. θαρραλέον 124,16,626.

    θαρραλέως 71,13,563 θαρραλεώτατα 28,12,515.

θάρσος 112,10,612

θατερ- βλ. ἔτερ-.

θαῦμα 1,11,480 12,4,492 49,20,539. 96,19,593. βλ. ὑπὲρ

    θαῦμα ἄγων 49,19 καὶ 20,539. θαύματος 119,7,619

    θαύματα 59,2,550

θαυμάζω 28,28,515 θαυμάζουσι 16,10,499. 16,11,499. θαυ-

    μάζειν 28,7,515 30,21,517 70,1,562. 88,22,583. θαυ-

    μάζων 34,6,521. θαυμάζοντος 26,31,513. θαυμάζοντες

    48,27,538 Κ4, Λο, Οὐεστ (Γρ καὶ Σ παρὰ 'Ολ). ἐθαύμαζον

    123,23,625 ἐθαύμαζε(ν) 10,15,490. 83,8,577. 123,30,

    625 ἐθαυμάζετε 24,10,510 ἐθαύμαζον 24,8,510. 36,32,

    524 ἐθαύμασεν 40,28,528. 41,31,529. 88,16,583. θαυ-

    μάσαιμι 21,15,506 θαυμάσαι 40,27,528 106,20,604

    θαυμάσας 60,16,552 θαυμάσαντος 41,10,529. θαυμάζεσ-

    θαι 4,23,483 θαυμαζόμενος 49,21,539. θαυμαζόμενοι

    107,8,605 θαυμαζόμεναι 68,8,560. ἐθαυμάζετο 32,5,

    518 101,19,598 124,27,626. ἐθαυμάσθη 12,3,492. 41,

    31,529 62,12,554 100,28,597. 123,12,624.

θαυμάσιος 48,17,537 72,19,565. 119,19,619 θαυμασίῳ 25,4,

    511 109,32,608 θαυμασίοις 35,8,521. 71,4,563. θαυ-

    μασίους 94,32,591. θαυμασία 116,9,616. θαυμασίαν 79,

    4,572 θαυμάσιον 65,13,557 70,6,562 θαυμασίων 54,

    11,543 θαυμάσια 41,29,529. 44,25,533. θαυμασιώτερος

    33,3,519 θαυμασιωτέρας 91,20,587. θαυμασιωτάτοις 33,

    31,520

θεά   θεᾶς 64,16,556

θέα   θέας 93,24,589

Θεαγένης   Θεαγένει 71,28,564

θεάομαι   τεθέαμαι 86,7,580

θέατρον   3,21,482   59,3,550   59,20,551·   59,23,551   64,10,
    556   78,8,571   θεάτρῳ 56,24,547·   θέατρα 74,19,567·

θεῖος   θεῖον 116,17,616   θείου 13,13,494·   θείως 23,14,509·
    23,16,509   θειότερος 77,4,570·

θειώδης   θειῶδες 28,23,515·

θέλγω   θέλγων 4,1,483·   ἔθελγε 11,10,491·   11,12,492·   14,14,
    496   θέλξειν 33,25,520·   ἔθελξεν 30,22,517·   θέλξας
    97,20,593

θέλω   βλ·   ἐθέλω·

θεογονία   23,30,510

Θεόδοτος   73,17,566   Θεόδοτον 73,16,566·

Θεόδωρος 21,17,506·

θεοειδής   77,6,570·

θεολογία   23,30,510   θεολογία 76,17,569·

Θεόμνηστος   Θεόμνηστον 6,27,486·

Θεόπομπος   Θεόπομπον 21,13,506·

θεός   20,14,504   44,29,534   75,13,568·   θεοῦ 31,14,518·   θεῷ
    27,21,514·   57,29,549·   θεοί 13,10,494·   81,29,575·   121,
    28,622·   θεῶν 2,25,481·   31,31,518·   109,20,607   θεοῖς
    45,32,535   111,27,611   θεούς 104,13,602·   111,29,611·

Θεοφόρητος   Θεοφορήτῳ 23,17,509·

θεραπεύω   97,3,593   θεραπεύοιμι 111,29,611·   θεραπεύοντι

17,14,500   θεραπεύουσιν 46,14,535.   θεραπεύοντας 107,
   17,605   ἐθεράπευες 46,21,535.   ἐθεράπευε(ν) 51,19,541
   92,11,588   ἐθεράπευον 91,23,587   θεραπευοίμην 111,29,
   611

θεριστής   θερισταί 28,30,515   29,2,516

Θερμοπύλαι   Θερμοπύλαις 59,31,551.

θερμός 8,31,489   θερμή 52,23,542.   θερμότατος 83,25,578.

θέρος   θέρους 78,26,572

θεσπέσιος   θεσπέσιον 69,25,562.   θεσπέσιοι 88,17,583.

θεσπίζω   θεσπίζουσι 97,8,593.

θεσπιῳδός   θεσπιῳδῷ 2,14,481.

θετικός   θετικάς 82,19,576.   θετικά 120,20,621.

Θετταλία   Θετταλίας 18,12,501   39,9,526   Θετταλία 18,25,
   501   115,19,615.   118,4,618 Κ⁴; θαλάττη Λο, Οὐεστ ('Ια
   σ. 80: θαλάττα).

Θετταλός 106,20,604   119,9,619.   121,16,621.   Θετταλόν 115,
   13,615   Θετταλοί 18,24,501   19,2,502.   34,7,521   Θετ-
   ταλοῖς 3,3,481   18,22,501   59,30,551   115,16,615   Θετ-
   ταλούς 19,1,502.   115,17,615.

θεωρέω   θεωρεῖν 101,28,598   θεωροῦσα 87,30,582.

θεώρημα 87,29,582   θεωρήμασι 89,25,585.

θεωρητέον 89,23,585

θεωρία   θεωρίας βλ. ῥητορείας 76,22,570.   θεωρίαν 89,27,
   585.

Θῆβαι 99,13,596

Θηβαῖος   Θηβαῖοι 99,11,595   Θηβαίοις 4,2,483.

144

θήκη   106,6,604   θῆκαι 54,15,543   112,25,612   θήκας 57,1C,
    548

θηλή   θηλῆς 61,24,553

θῆλυς   θῆλυ 100,9,596   θηλυτάτη 106,1,604

θήρα   θήρας 14,26,496   θήραν 43,26,532 97,1,593   θήραις
    91,26,587

θηράω   θηρώντων 66,25,558   θηρασόντων 66,26,559   τεθηρα-
    κότων 66,26,559

θηρεύω   θηρεύοντες 84,4,578

θησαυρίζω   θησαυρίζοντος 56,6,547

θησαυρός   θησαυροῦ 56,23,547   57,1,548   θησαυρόν 56,27,548
    θησαυρούς 56,12,547

θησεύς   Θησεῦ 98,1C,594

θνήσκω   τεθνάναι 23,9,509   30,8,517   76,24,570   92,23,588
    τεθνεῶτος 99,18,596   τεθνεῶτι 92,19,588. τεθνεώσης
    84,30,579   τεθνεῶσαν 70,12,562

θνητός   θνητοῦ 44,29,534   61,20,553   θνητά 36,13,523 Κ4,
    Οὐεστ; ἀθάνατα Λο ('Ια σ. 40).

θόρυβος   θορύβου 39,2,526   85,10,579

Θουκυδίδης   Θουκυδίδην 12,6,493

Θράκη   Θράκη 13,6,494

Θράκιος   Θράκια 62,2,553

Θρασύβουλος   Θρασύβουλον 19,3,502.

Θρασύμαχος   Θρασύμαχον 15,10,497. 15,13,497.

θρασύνω   θρασύνεσθαι 126,6,627. θρασυνόμενον 3,12,482.
    θρασυναμένου 25,7,511.

θρασύς   99,17,596   θρασεῖς 114,2,614.   θρασύ 49,18,539.
   θρασυτέρα 77,19,571.

θρέμμα   θρεμμάτων 92,8,587

θρῆνος   84,30,579.   θρήνῳ 35,24,522.   θρῆνον 109,24,607.
   θρήνους 12,29,494. 75,30,569.

θρόνος   θρόνου 32,27,519   38,30,526. 48,19,537   73,27,566.
   78,22,572   85,24,580   91,18,587. 92,30,588. 98,6,594.
   103,11,600. 113,3,613   119,3,619. 121,17,621. 125,31,
   627 K⁴, Λο, Οὐεστ (Μο).   θρόνον 74,4,567. 91,11,586.
   93,17,589   95,12,591   97,20,593. 100,5,596. 102,15,599.
   117,21,618   121,27,622   122,16,623. 126,7,627.

θρυλέω   θρυλούμενον 80,13,574.

θυγάτηρ   θυγατρός 65,32,558   θυγατρί 65,29,557. 66,4,558.
   82,15,576   115,7,615   122,29,623   θυγατέρα 111,3,610.
   θύγατερ 66,2,558   θυγατέρες 68,12,560.   θυγατέρας 66,
   6,558

θυγάτριον   θυγατρίῳ 68,2,560.   θυγάτρια 68,10,560

θυμιάω   θυμιᾶσθαι 111,27,611.   θυμιώμενον 111,25,611.

θυμός   9,11,489   θυμοῦ 32,20,519.   θυμῷ 20,4,504.

θυμόω   θυμοῦται 96,22,593

θύρα   θύραις 45,2,534   θύρας 5,18,485. 5,20,485. 38,17,525
   46,16,535   65,15,557   74,18,567   119,15,619.

θύρσος   θύρσοι 25,1,511

θυσία   θυσίας 117,18,617   θυσίᾳ 44,22,533. 57,30,549.

θύω   θύειν 56,13,547   θύων 23,12,509   57,29,549. θύοντας
   56,15,547   θύουσαν 113,7,613   θύσας 69,23,562.

θώπευμα θωπεύμασι 30,18,517 68,4,560.

θωρήσσω θωρηχθῆναι 35,3,521

θώς θῶας 61,11,553

ἴαμβος ἰάμβων 12,8,493

ἰάομαι ἰάσαιο 38,9,525

ἰατρικός ἰατρικούς 46,28,536

ἰατρός ἰατροῦ 92,26,588. ἰατρῷ 17,13,500 ἰατρῶν 16,10,
   499. ἰατροῖς 53,24,543

ἰδέα 2,9,480 2,26,481 23,23,510. 24,30,511. 36,4,522 52,
   23,542 71,4,563 72,5,564. 74,24,568. 83,16,578. 96,
   18,592 98,2,594 122,27,623 123,13,624. ἰδέας 40,16,
   528 40,30,528 46,6,535 68,20,561. 90,18,586. 90,22,
   586 90,26,586 100,18,597. 101,22,598. 104,2,601.
   ἰδέᾳ 14,3,495 ἰδέαν 6,21,486 13,25,495. 19,12,502.
   27,5,514 34,19,521 65,25,557 74,5,567. 75,26,569.
   81,6,574 86,28,581 95,29,592. 100,28,597. ἰδέαι 71,
   6,563

"Ιδη "Ιδη 63,8,554

ἴδιος ἰδίᾳ 4,22,483 88,22,583 ἰδίας 24,32,511. ἴδιον 7,
   3,487

ἰδιώτης ἰδιώτην 109,28,607

ἰδρώς ἰδρῶτι 52,7,541 ἰδρῶτας 81,3,574.

ἱεράομαι ἱερᾶσθαι 93,13,589. 111,21,611.

'Ιεράπολις 108,26,606

ἱερεύς 42,26,531

'Ιερόν 40,12,528 'Ιερῷ 40,12,528 Κ⁴, Λο, Ουεστ (Κ3).

ἱερός ἱερά 18,2,501   104,24,602   Ἱερὰ (συκῆ) 104,23,602

   ἱερᾶς 42,23,530   ἱεράς 114,11,614   ἱεροῦ 22,31,508

   24,1,510   54,5,543   98,27,595. 107,17,605. 127,4,628

   ἱερῷ 1,7,479   12,13,493   46,18,535. 62,29,554. 70,21,

   563   82,24,576   107,20,605   ἱερόν 59,27,551. 62,28,

   554   64,14,556   75,10,568   107,14,605   118,15,618

   ἱερῶν 54,12,543   113,21,613   ἱεροῖς 86,29,581.

ἱερόσυλος ἱεροσύλους 43,19,532.

ἱερουργέω ἱερουργοῦντα 91,25,587.

ἱεροφάντης ἱεροφάντην 91,24,587. ἱεροφαντῶν 103,18,601.

ἵζω ἱζήσας 119,3,619

ἱκανός 7,14,487   103,8,600. ἱκανῷ 120,5,620   ἱκανοί 24,

   16,511. ἱκανά 65,26,557. ἱκανῶς 5,5,484   10,9,490

   14,31,496   16,18,499   16,18,499. 19,17,503. 31,4,517.

   35,16,522   39,18,527   71,30,564. 87,2,582. 94,8,590.

   96,7,592   96,10,592   105,18,603. 126,30,628. ἱκανώτα-

   τος 14,22,496   15,20,498   19,13,502. 76,29,570. ἱκανώ-

   τατον 40,16,528.

ἱκετεύω ἱκέτευε 119,8,619   ἱκέτευσεν 80,13,574.

ἱκέτης 31,6,517

ἵλεως ἵλεω 91,2,586

Ἰλισσός Ἰλισσόν 59,1,550

ἱμάτιον 118,26,619

ἵνα, ἵν' 3,18,482   15,9,497   41,24,529. 56,9,547. 56,10,

   547   66,12,558   75,21,569. 105,16,603. 111,29,611. 113,

   22,613   119,10,619

'Ινδικός 'Ινδικοῖς 10,11,490·

'Ινδός 10,9,490· 'Ινδοί 2,13,481· 'Ινδοῖς 120,1,620·

'Ινυκός 'Ινυκόν 14,11,495

'Ιουλία 'Ιουλίας 121,24,622· 'Ιουλίαν 121,26,622·

'Ιουλιανός 'Ιουλιανόν 60,32,552·

"Ιππαρχος 56,18,547

ἱππεύς ἱππέων 85,17,580·

ἱππεύω ἱππεύειν 124,26,626· ἱππευόντων 93,27,589· ἱππεύ-
     ουσι 37,3,524

ἱππιάζω ἱππιάζοντι 106,14,604·

'Ιππίας 13,27,495

'Ιππόδρομος 94,32,591 115,20,615· 116,2,616 116,31,617
     117,30,618 118,3,618· 118,12,618 118,24,619· 119,9,
     619 119,27,620 'Ιπποδρόμου 116,7,616· 126,28,628·
     'Ιπποδρόμῳ 115,15,615· 118,26,619· 121,16,621· 'Ιππό-
     δρομον 115,13,615 116,20,617· 117,8,617 117,15,617·
     119,16,619

'Ιπποκράτης 'Ιπποκράτους 46,29,536·

'Ιππόνικος 'Ιππονίκου 110,31,610·

ἵππος ἵππου 48,24,538 ἵππῳ 108,20,606 ἵππον 53,6,542·
     62,22,554 82,26,576 96,31,593· ἵπποι 43,24,532·
     ἵππων 7,7,487 49,30,539· 61,23,553· 105,28,603· ἵπ-
     πους 80,19,574 93,14,589·

ἱπποτροφία ἱπποτροφίᾳ 115,17,615· ἱπποτροφίας 110,28,610·

ἶρις ἶριν 40,25,528 40,26,528·

'Ισαγόρας 95,1,591

'Ισαῖος 26,9,512 26,21,513 26,24,513. 26,29,513. 27,3,
    513 36,6,523 40,14,528 'Ισαίου 20,3,504. 27,9,514
    35,14,522 35,17,522 'Ισαῖον 40,1,527

ἰσῆλιξ ἰσήλικας 66,11,558 116,28,617

"Ίσθμιον 'Ισθμίου 59,26,551 "Ίσθμια 97,12,593

'Ισθμοῖ 59,25,551

'Ισθμός 'Ισθμοῦ 60,26,552 'Ισθμῷ 39,5,526 'Ισθμόν 60,6,
    551 60,15,552 60,28,552

ἴσκω ἴσκωσι 35,4,521

'Ισοκράτης 89,13,584 'Ισοκράτους 19,27,503. 20,3,504 20,
    7,504 20,15,504 21,3,505. 23,19,509

ἰσόκωλος ἰσοκώλους 21,11,505

ἴσος 60,31,552 ἴσου 9,7,489 46,1,535 ἴσον 96,1,592 96,
    15,592 ἴσα 66,22,558 111,18,611

ἴστημι ἔστησαν 87,8,582 στήσας 44,22,533 49,29,539
    στῆτε 27,15,514 στῆναι 18,3,501 ἑστός 79,10,572.
    ἑστήξειν 95,26,592 ἴσταται 99,20,596.

ἰστίον ἰστίοις 46,31,536 ἰστία 125,1,626.

ἰστορία 3,1,481 76,21,570 ἰστορίας 92,31,588. βλ. ῥητο-
    ρείας 76,22,570. ἰστορίαν 7,14,487 46,12,535. 109,3,
    607

"Ίστρος 81,21,575 "Ίστρου 79,14,573. "Ίστρον 72,32,565
    81,20,575

ἰσχύς ἰσχύν 6,17,486 21,10,505 22,3,507. 38,15,525 79,5,
    572 89,22,585 90,3,585 109,31,608 111,6,610 124,
    28,626

ἰσχύω ἰσχύων 75,26,569. ἰσχύοντας 4,19,483. ἴσχυεν 64,10,
556 ἴσχυσε 87,2,582

ἴσχω ἴσχε 6,25,486

ἴσως 30,22,517 50,21,540 50,24,540. 53,10,542 78,26,572
90,5,585 112,18,612 118,21,618. 119,31,620.

Ἰταλία Ἰταλία 60,2,551 64,3,555 82,12,576. 86,20,581.
101,5,598

Ἰταλός Ἰταλοί 87,7,582 125,18,627 Ἰταλῶν 123,27,625

ἰταμός ἰταμοί 114,1,614

ἰχθῦς ἰχθύων 26,23,513 ἰχθῦς 94,13,590. 94,17,590

ἴχνος 102,4,599

ἰώ 104,13,602

Ἴων Ἰώνων 51,4,540 Ἴωνας 31,16,518

Ἰωνία 81,5,574 Ἰωνίας 29,24,516 46,13,535. 81,5,574
116,29,617 Ἰωνίᾳ 10,14,490. 84,31,579 87,19,582
89,30,585 101,5,598. 126,3,627. Ἰωνίαν 34,3,520. 46,
24,536 113,10,613 Ἰωνίαι 81,9,574.

Ἰωνικός Ἰωνικοῦ 26,31,513. 43,15,531. Ἰωνικοῖς 32,10,
519 Ἰωνικῆς 101,22,598 119,11,619. Ἰωνικήν 113,8,
613 Ἰωνικόν 26,30,513. 51,3,540

κἀγώ βλ. ἐγώ.

καθαγίζω καθαγίσω 66,2,558.

καθαιρέω καθῄρει 18,2,501. καθηρημένον 123,21,625 Κ⁴, Λο,
Οὐεστ (Βαλ σ. 94).

καθαίρω κεκαθαρμένον 26,7,512.

καθάπαξ 23,22,510 75,26,569.

καθάπερ 7,2,487 17,18,500. 29,25,516. 53,6,542. 65,26,557.

78,23,572 83,13,577 84,2,578 92,7,587· 95,31,592·
113,24,613· 124,32,626·

καθάπτω καθάπτεται 16,4,499· καθάπτονται 102,25,599. 114,
31,615 καθάπτεσθαι 21,16,506· καθαπτόμενος 18,30,
502 84,18,579 καθαπτόμενον 19,17,503 καθαπτόμενοι
69,5,561 καθήπτοντο 24,9,510 καθαπτάμενος 27,28,514·
63,17,555

καθαρός καθαρῷ 125,14,627 καθαρᾶς 42,32,531 Κ⁴, Οὐεστ;
καθαρῶς Λο (Κ² σ. 269). καθαράν 123,5,624· καθαρόν
62,32,554 καθαρά 122,28,623· καθαρῶς 64,12,556 βλ.
καθαρᾶς 42,32,531

καθείργνυμι καθειργνύντα 88,23,583· καθείρξας 20,11,504·

καθεκτός καθεκτήν 75,6,568

καθεύδω καθεύδειν 38,3,525· καθευδούσας 68,13,560·

κάθημαι 97,3,593 ἐκάθητο 67,29,560. 118,19,618· ἐκαθή-
μεθα 106,11,604

καθιδρύω καθιδρυθέντος 95,9,591

καθιερόω καθιερώσας 44,20,533 καθιερώθη 23,27,510·

καθίημι καθειμένη 77,8,570

καθίστημι καθιστάς 90,22,586· καθιστάντι 25,30,512· καθ-
ιστάντα 14,20,496 κατέστησεν 46,3,535 84,1,578 101,
5,598 κατέστη 110,13,610 116,12,616 καταστάς 7,9,
487 καθεστηκότος 39,2,526 καθεστηκότα 118,31,619
καθεστηκός 72,5,564 καθίσταιντο 91,31,587 Κ⁴, Λο,
Οὐεστ (Κ¹ σ. 42). καθιστάμενος 24,12,510· 64,21,556
καθίστατο 68,18,561

κάθοδος καθόδου 106,31,604   κάθοδον 107,15,605

καθομιλέω καθωμιλημένα 119,25,620.

καθοράω καθεώρακας 38,10,525. καθεωρακέναι 118,10,618.
   καθεωρακώς 80,2,573

καθορμίζω καθορμισθείς 23,8,509.

καί 26,4,512 Κ⁴, Οὐεστ; ἄπεστι παρὰ Λο (Κ⁴ σ. XXII).
   98,6,594 Κ⁴, Οὐεστ; ἄπεστι παρὰ Λο (Κ² σ. 358).
   99,13,596 Κ⁴, Λο; ἄπεστι παρὰ Οὐεστ.

καινοπρεπής 122,28,623   καινοπρεπές 125,21,627

καινός καινόν 124,18,626

καίριος καίρια 72,24,565   καιρίως 31,19,518   καιριώτατον
   30,12,517   καιριώτατα 98,8,594

καιρός καιροῦ 32,31,519 106,24,604 112,14,612 124,3,625
   καιρῷ 3,24,482 4,6,483 6,7,485 41,30,529 64,26,556
   67,26,560 125,22,627   καιρόν 27,5,514 31,25,518. 31,
   28,518 36,6,523 48,16,537 62,31,554 78,21,572 90,
   15,586 103,5,600 124,17,626 125,2,626. καιροί 125,
   24,627   καιρῶν 124,22,626. καιρούς 95,8,591 126,7,
   627

Καῖσαρ 77,18,571

Καισάρεια 97,23,594

καίτοι 7,22,488 14,23,496 28,22,515 46,6,535 52,4,541
   55,2,544 70,2,562 95,22,591 βλ. ὥστε 63,15,555,
   ὥσπερ 89,9,584

κἄκ βλ. ἐκ

κἀκεῖ βλ. ἐκεῖ

κἀκεῖθεν βλ. ἐκεῖθεν

κἀκεῖνος κτλ. βλ. ἐκεῖνος κτλ.

κακία 3,26,482   κακίᾳ 18,10,501 18,18,501 110,17,610
    κακίας 1,15,480

κακίζω κακίζοιεν 28,11,515   κακίζειν 27,28,514. κακί-
    ζοντες 93,31,589

κακός 15,22,498 17,30,501   κακῷ 102,18,599. κακή 113,21,/
    613   κακά 23,28,510 36,1,522. 62,14,554   κακοῖς 114,
    19,614   κακῶς 20,29,505 71,10,563. 71,15,563 71,17,
    563 71,19,563   κάκιστος 18,9,501

καλέω καλῶ 93,11,589 97,17,593 123,20,624   καλεῖ 73,16,
    566   καλοῦσι 16,17,499   καλεῖν 36,16,523 96,4,592
    καλῶν 47,10,536 92,13,588 101,13,598 119,29,620
    καλοῦντες 27,30,514   καλοῦσιν 10,25,491   καλούσης 72,
    10,564   ἐκάλει 4,8,483 32,21,519 56,10,547. 118,5,
    618 124,23,626   ἐκαλοῦμεν 109,20,607   ἐκάλουν 11,13,
    492 21,18,506 54,26,544. 60,29,552 72,17,565. 97,26,
    594 97,32,594   καλέσας 79,26,573   καλέσαντες 67,11,
    559   καλούμενος 81,14,575. καλουμένης 20,18,504
    καλούμενον 28,30,515

Κάλλαισχρος 95,5,591

Καλλίας Καλλίου 104,7,601   Καλλίαν 110,31,610

καλλιεπής καλλιεπῆ 12,8,493

Καλλικλῆς 82,17,576

Καλλίξεινος Καλλιξείνῳ 89,14,584

Καλλιστώ 110,11,609 110,14,610

κάλλος 101,29,598 κάλλους 101,32,599

καλός καλοί 66,23,558 καλῶν 51,8,540· καλοῖς 20,13,504
102,9,599 καλούς 107,28,605 καλή 26,21,513 καλάς
107,28,605 καλόν 6,13,486 65,18,557· 75,13,568. 117,
1,617· καλά 47,22,536· 97,7,593 καλῶς 19,7,502. 52,
12,541 84,21,579 105,8,603 105,17,603 107,24,605
κάλλιστος 20,32,505 51,8,540 καλλίστη 5,17,485

Καλχηδόνιος Καλχηδόνιον 15,10,497 Κ[4], Λο, Οὐεστ (Οὐεστ).

κἀμοί βλ. ἐγώ

καμπή καμπαῖς 120,10,620

κάμπτω κάμψωμεν 77,32,571

κἄν βλ. ἐν

κἄν βλ. ἄν

κἄν βλ. ἐάν·

Κανύσιον 60,2,551

Κάνωβος Κανώβου 62,28,554·

κἀξηρτημένῳ βλ. ἐξαρτάω

καπηλεῖον καπηλείοις 126,5,627.

καπνίζω κεκαπνισμένοι 29,8,516.

Καππαδόκης Καππαδόκη 117,5,617. Καππαδόκην 117,31,618.
Καππαδοκῶν 97,23,594 Καππαδόκαις 97,30,594· Καππαδό-
κας 31,20,518

Κάρ Κᾶρα 3,14,482 Κᾶρας 31,17,518

καρδία καρδίας 102,21,599 καρδίαν 38,4,525 69,9,561·

Καρία Καρίας 113,9,613 Καρίᾳ 3,4,481· 42,14,530

Καρνεάδης 6,15,486

κάρπιμος καρπίμοις 108,1,606

καρτερέω καρτερεῖν 25,21,512 καρτεροῦντος 30,3,517

    ἐκαρτέρει 92,12,588 ἐκαρτέρουν 25,22,512 καρτερήσας
    21,24,506

καρτερία καρτερία 109,18,607.

κάρφος 81,2,574

Κασσιανός Κασσιανοῦ 126,3,627.

Κάσσιος 70,29,563 Κασσίῳ 70,31,563.

κατά, κατ', καθ' († γενική) 8,2,488. 12,28,494. 12,29,494.
    16,5,499 16,15,499 24,2,510. 24,7,510. 30,2,517. 33,
    28,520 35,30,522 36,18,523 109,26,607. 114,30,615.
    († αἰτιατική) 1,5,479 3,6,481. 3,7,481. 5,8,484 5,8,
    484 7,20,487 7,28,488 9,16,490 11,7,491. 12,1,492.
    13,3,494 13,29,495 14,16,496 14,28,496 15,9,497
    15,24,498 16,8,499 17,32,501. 19,16,503 23,24,510
    27,7,514 28,24,515 28,29,515 29,32,516 35,15,522
    36,4,522 37,18,524 38,26,526. 40,1,527 40,14,528.
    43,10,531 43,13,531. 44,32,534 45,15,534. 45,21,534.
    45,23,535. 46,12,535. 46,28,536. 47,26,537. 50,27,540.
    51,3,540 52,17,541 53,22,543. 54,3,543 54,10,543
    57,7,548 57,27,549 57,27,549. 57,30,549. 60,14,552.
    62,27,554 62,31,554 63,9,554. 63,10,554 65,6,557.
    69,29,562 70,4,562 73,18,566 74,21,567. 75,23,569.
    81,27,575 83,12,577 84,32,579 85,24,580 86,25,581
    86,26,581 87,9,582 89,27,585 90,2,585 92,28,588.
    93,32,589 95,7,591 98,4,594 98,12,594. 98,17,594

(κατά, κατ', καθ' † αἰτιατική) 99,20,596. 100,11,597 100,

    29,597 101,2,598 101,20,598. 102,13,599 102,24,599.

    103,8,600 103,10,600 104,29,603 106,18,604. 108,17,

    606 108,26,606. 111,24,611. 111,26,611 112,22,612.

    113,10,613 113,15,613 114,25,615. 115,10,615. 115,28,

    616 119,13,619 119,22,620. 120,31,621. 123,29,625.

    124,24,626 124,30,626. 125,9,626. 125,30,627. 125,31,

    627 126,29,628

καταβάλλω καταβάλλοντα 58,15,549 Κ[4], Οὐεστ; καταβαλόντα Λο

    (Βουλγ).   κατέβαλον 9,29,490. καταβαλόντι 106,5,604

    καταβαλόντα βλ. καταβάλλοντα 58,15,549

καταβιόω κατεβίω 31,12,518 38,27,526. καταβιῶναι 12,32,

    494 καταβιούς 98,5,594

καταγελάω καταγελῶ 62,18,554 καταγελᾶν 71,21,564. κατα-

    γελάσας 27,2,513

καταγιγνώσκω κατεγνωσμένον 120,17,621.

κατάγω κατάγεις 104,9,602 κατάγει 104,12,602. κατῆγον

    19,4,502

καταγωγή καταγωγήν 45,20,534

καταδαπανάω κατεδαπάνησεν 110,27,610.

καταδαρθάνω κατέδαρθε 46,18,535.

καταδύω κατέδυ 13,19,494.

καταθάπτω καταθάπτειν 100,14,597.

καταθέλγω καταθέλξαι 8,14,488

καταίρω καταιρούσαις 108,3,606.

καταμαλέω κατακληθείς βλ. μετακληθείς 77,28,571.

κατάκειμαι κατακειμένους 58,1,549.

καταντάομαι καταντήσασθαι 114,21,614·

καταλαμβάνω κατειληφότι 102,15,599· κατειληφότοιν 107,25, 605

καταλέγω κατέλεγε 38,32,526· κατέλεξε βλ. ἐγκατέλεξε 37,2, 524, ἐγκατέλεξε 44,6,532·

καταλείπω 4,14,483· 100,15,597· κατέλειπε 57,26,549·
    καταλείψας 68,28,561 καταλιπεῖν 3,17,482· καταλέλοι-
    πε 115,25,616· καταλείπεται 66,17,558·

καταλεκτέα βλ. ἐγκαταλεκτέα 108,26,606·

κατάληψις κατάληψιν 2,10,480·

καταλογάδην 50,8,539

καταλύω καταλύουσιν 13,13,494· κατέλυε 49,1,538· κατέλυον
    67,30,560 κατέλυσε(ν) 14,8,495 15,23,498· 17,29,501·
    44,31,534 καταλυθείη 17,30,501 καταλυθῆναι 12,31,
    494 καταλυθείς 108,16,606·

Καταναῖος Καταναῖοι 119,32,620·

καταπλήττω κατέπληξε 26,1,512·

καταπνέω καταπνέουσι 87,16,582·

καταρτύω καταρτύων 7,7,487·

κατασείω κατασεῖσαι 120,21,621·

κατασκέλλομαι κατεσκληκώς 22,18,508· κατεσκληκότα 61,7, 552·

κατασκευάζω κατασκευάσας 11,24,492· κατεσκευάσθαι 58,25,
    549 κατεσκευασμένος 13,5,494· 107,10,605· κατεσκευ-
    ασμέναι 108,5,606 κατεσκεύαστο 6,16,486

κατασκευή 43,29,532 κατασκευήν 105,1,603

158

κατάσκιος κατάσκια 80,32,574

κατατείνω κατατείνας 107,14,605

κατατίθημι καταθέμενον 44,12,533 76,7,569

καταφεύγω καταφεύγειν 35,13,522 καταφεύγων 14,16,496

      καταφεύγουσαν 19,14,502

καταφρονέω καταφρονούμενος 31,4,517. κατεφρονήθη 83,22,

    578

καταφωράω καταφωράσας 70,16,562.

καταχαρίζομαι καταχαριζόμενος 68,24,561.

καταχράομαι κατεχρήσατο 15,7,497.

καταψεύδομαι καταψευδόμενος 23,25,510 καταψευδομένοις

    101,24,598

καταψηφίζομαι καταψηφίσασθαι 99,17,596. καταψηφισθέντι 22,

    28,508

κατεῖδον κατιδών 118,15,618 κατιδόντες 42,19,530.

κάτειμι κατίοι 57,31,549 κατιών 91,20,587.

κατερύκω κατερύκεται 114,17,614

κατέχω κατέχοντος 75,18,568 κατασχών 74,4,567. 93,17,589.

    117,21,618 κατασχόντος 85,10,579

κατηγορέω κατηγορεῖ 19,29,503. κατηγοροῦσι 57,28,549 88,

    27,583 89,7,584 99,8,595. κατηγορεῖν 85,18,580.

    κατηγορῶν 27,16,514 39,22,527. κατηγόρησας 123,23,

    625

κατηγορία 58,11,549 123,20,624. κατηγορίας 76,10,569. 99,

    10,595 120,32,621 κατηγορία 24,4,510. κατηγορίαν 8,

    11,488 17,19,500 63,7,554 69,11,561. κατηγορίαις

75,25,569   120,23,621

κατήγορος κατηγόρου 64,3,555.

κατηφής 64,19,556   κατηφῆ 105,16,603. κατηφές 32,12,519.

κατοικέω κατῳκημένη 87,8,582.

κατορθόω κατορθοῦντος 110,3,609. κατώρθωσε 1,15,480.

κάτω 82,1,575. 104,10,602.

κέδρος κέδρου 59,20,551   κέδρους 114,11,614.

κεῖμαι κεῖται 73,13,566 88,8,583. 106,30,604   κεῖσθαι 54,
    8,543 54,12,543 54,13,543. κείμενος 79,17,573. κει-
    μένῳ 123,25,625   κείμενον 39,18,527. 54,16,543. κει-
    μένης 20,17,504   ἔκειτο 66,1,558. 106,13,604.

κεῖνος 53,8,542

Κεῖος Κείου 14,18,496   Κείω 3,25,482.

Κέλερ 37,14,524   Κέλερος 37,13,524.

κελεύω κελεύεις 56,29,548. κελεύει 30,12,517. 121,32,622.
    κελεύοντα 81,13,575   ἐκέλευες 65,2,557. ἐκέλευε 34,8,
    521 ἐκέλευσε 44,21,533   κέλευσον 52,3,541.

Κελτικός Κελτικοῦ 43,27,532. Κελτικά 25,19,512. 124,8,625

Κελτός Κελτῷ 60,30,552   Κελτοῖς 82,12,576. Κελτούς 25,32,
    512

κέντρον 58,12,549 102,2,599   κέντρου 100,31,597   κέντρῳ
    24,29,511

κεραία κεραίας 28,32,516

Κεραμεικός Κεραμεικοῦ 59,7,550 85,16,580. Κεραμεικῷ 57,
    32,549 78,7,571 84,3,578

κεραμεύς 54,32,544   κεραμεῖ 54,32,544

κεράννυμι κεκραμένην 80,3,573. ἐκράθη 98,16,594

κέρας 6,32,487

Κέρας 28,31,515

κεραυνός κεραυνῷ 28,20,515

κέρδος 108,7,606

Κερσοβλέπτης Κερσοβλέπτου 89,16,584.

κεύθω κεύθῃ 53,9,542

κεφαλή κεφαλῆς 99,31,596   κεφαλῇ 47,2,536   κεφαλήν 42,20,
    530 78,25,572

κῆπος κήπῳ 54,4,543   κῆποι 98,20,595   κήποις 7,31,488
    κήπους 26,25,513

κῆρυξ κήρυξ 127,4,628.   κήρυκα 59,17,550.

κηρύττω κηρύττεις 84,10,578   ἐκήρυττεν 8,24,489   ἐκήρυξε
    117,8,617   κηρύττεσθαι 115,30,616.

Κηφισιά Κηφισίαν 69,28,562 Κ⁴ (Κ⁴ σ. XXIII: Κηφισιάν), Λο,
    Οὐεστ.

Κιλικία Κιλικίᾳ 76,28,570

Κίλιξ 83,24,578   Κίλικα 24,14,511   Κιλίκων 74,32,568

Κίμων Κίμωνα 55,20,546

κινδύνευμα 3,22,482

κινδυνεύω κινδυνεύων 37,28,525 65,4,557. κινδυνεύουσι(ν)
    16,7,499 32,19,519   κεκινδυνευμένας 89,19,585.

κινέω κινήσοντος 66,29,559   κινῆσαι 55,9,545

Κιρραία 23,27,510.

κιττός κιττοῦ 58,2,549

Κλαζομεναί Κλαζομενάς 29,18,516.

Κλαζομένιος Κλαζομενίων 29,17,516.

Κλεινίας Κλεινίου 15,31,498

κλείω κέκλεισται 39,25,527

Κλεοπάτρα Κλεοπάτρα 6,20,486 6,25,486.

κλέος 99,27,596 108,17,606. 112,1,611. 114,16,614.

κλέπτω κλέπτων 7,27,488 κλέψον 104,16,602.

κλεψύδρα κλεψύδρας 90,16,586 κλεψύδραν 90,10,585

Κλεψύδριον 90,8,585 Κλεψυδρίου 90,7,585 97,26,594

Κλήμης 115,26,616 Κλήμεντι 116,4,616.

κληρονομέω κληρονομούμεναι 112,7,612 ἐκληρονομήθη 115,9,
    615

κληρονόμος 30,20,517 κληρονόμον 10,6,490. κληρονόμους
    66,19,558

κλήρωσις κλήρωσιν 64,11,556

κλίνη 6,4,485

κνήμη κνήμην 61,7,552

Κνίδιος 5,4,484 Κνιδίῳ 71,28,564.

Κοδρατίων 82,19,576

Κοθωκίδης 21,32,507

κοῖλος κοίλη 35,21,522 115,3,615

κοινός κοινήν 102,30,600 κοινόν 7,12,487. 41,13,529 48,
    15,537 75,3,568 107,12,605. 119,18,619 κοινοῦ 33,
    24,520. 103,5,600 κοινῶν 20,25,505.

κοινωνία κοινωνίᾳ 91,26,587

κοινωνός 90,17,586 κοινωνόν 67,26,560.

κολάζω ἐκόλασε(ν) 26,18,513 126,17,628 κολάζηται 9,12,
    489 κεκολασμένος 74,19,567. κεκολασμένου 102,16,599

κεκολασμένον 56,11,547   κεκολασμένη 71,31,564.   κεκο-
λασμένην 21,10,505

κολακεύω ἐκολάκευσε 123,8,624 Κ⁴, Λο, Οὐεστ (Μο).   κολα-
κεύσαντες 110,32,610

κόλαξ κολάκων 51,7,540

κόλασις κολάσει 69,13,561   70,17,562

Κολλυτός Κολλυτοῦ 80,22,574

κολοσσός 59,26,551   κολοσσοῦ 91,4,586   κολοσσῷ 26,8,512

κόλπος κόλπῳ 59,5,550   κόλπον 59,31,551   124,24,626

κολυμβήθρα κολυμβήθρας 59,32,551.

κομάω κομᾷ 96,25,593   κομᾶν 61,1,552

κόμη 122,12,623   κόμης 41,14,529.   κόμην 77,21,571.

κομίζω κομιζομένην 59,9,550

κομματίας 120,19,621

κομμάτιον κομματίων 90,20,586   102,21,599.

Κόμμοδος 94,1,590   Κόμμοδον 97,19,593.

κομπάζω ἐκόμπαζεν 4,24,483

Κοπρεύς Κοπρέα 59,17,550

κόρη 75,32,569   κόρην 111,11,611   κόραι 68,8,560.

Κορίνθιος Κορινθίοις 59,23,551. 97,11,593.

Κόρινθος Κορίνθου 60,13,552   79,28,573   Κόρινθον 111,8,611

κόρις κόρεων 92,13,588

κόρρη κόρρης 83,27,578

κόρυς 27,14,514   κόρυν 27,14,514.

κοσμέω ἐκόσμησεν 24,29,511. κεκόσμηται 20,15,504.   κεκο-
σμημένην 105,1,603

κόσμος κόσμου 2,26,481. 11,32,492. 84,20,579. κόσμῳ 5,6,
    484 20,16,504 103,19,601. 115,22,616 κόσμον 48,6,
    537 64,13,556 107,22,605.

κοτέω κοτέει 54,32,544

κουφίζω κουφιεῖ 1,18,480

κουφολογία κουφολογίαν 87,3,582.

κοῦφος κούφους 28,4,515 κοῦφον 61,25,553. 98,20,595.

κουφότης κουφότητα 33,9,520

κράζω κεκραγώς 85,11,579

κρᾶσις 7,5,487.

κρατέω κρατῇ 9,10,489 κρατοῦντας 4,19,483. ἐκράτει 33,
    27,520 87,5,582 92,29,588. 95,16,591. 121,4,621

κρατήρ 1,18,480 62,29,554 κρατῆρι 100,19,597 112,19,
    612 κρατῆρα 62,32,554

κράτιστος κράτιστον 124,4,625 125,23,627 κράτιστα 122,
    26,623

κρατύνω κρατύνειν 101,8,598

κρείττων 9,8,489 23,23,510 29,12,516 30,27,517 100,8,
    596 κρείττω 107,22,605 κρείττοσιν 75,31,569
    κρεῖττον 118,5,618

κρήνη κρήνῃ 65,6,557 κρήνην 57,20,548 113,26,613 κρη-
    νῶν 113,22,613.

κρηπίς κρηπῖδος 44,24,533

Κρής Κρητῶν 76,16,569

κρίνω κρίνοντα 79,32,573 κρῖναι 73,31,566. κρίνονται 99,
    16,596 κρίνεσθαι 9,4,489. κρινομένων 76,16,569.

κρινομένοις 35,31,522   ἐκρινόμην 64,6,556   κεκριμένης 27,17,514   κριθείς 13,16,494   22,29,508   κριθέντι 13, 17,494

κρίσις   κρίσιν 69,15,561

κριτιάζω   κριτιάζειν 18,27,502   κριτιάζουσα 71,32,564.

Κριτίας 17,29,501   18,28,502   19,1,502   19,12,502   Κριτίου 19,22,503   19,24,503   Κριτία 72,8,564   Κριτίαν 1,9, 479   12,5,493   19,2,502

κριτικός   κριτικόν 37,25,525   49,9,538   κριτικούς 71,27, 564   96,11,592   125,19,627   κριτικά 96,10,592.

κροαίνω   κροαίνειν 48,23,537

κροτέω   κροτεῖν 88,7,583   κροτεῖσθαι 114,5,614.

κρότος 48,17,537   71,32,564.   112,14,612.   κρότου 20,1,503. 74,29,568   κρότω 94,26,590.

κτάομαι   κτωμένω 84,22,579   ἐκτήσατο 105,19,603.   κτήσασθαι 12,25,493   ἐκτῆσθαι 14,26,496.   κεκτημένος 122,31,624. κεκτημένοις 106,27,604.   ἐκέκτητο 10,8,490   56,25,547 107,32,606

κτείνω   κτεῖναι 89,18,585

κτῆμα   118,5,618

Κτησίδημος 60,16,552   60,21,552   Κτησιδήμου 60,12,552   60, 14,552

Κτησιφῶν   Κτησιφῶντος 24,3,510.   24,8,510   Κτησιφῶντι 23,5, 509

κτύπος 49,32,539   κτύποις 26,16,513.

κύαμος   κύαμοι 4,12,483.

κυβερνάω κυβερνώσης 59,12,550

κυβερνήτης 42,26,531

Κύθηρος 30,5,517 31,2,517 Κυθήρου 31,11,518.

κύκλος κύκλου 27,30,514 124,6,625. κύκλω 44,6,532. 109,
    30,608

κύλιξ κύλικα 29,4,516

Κυμαῖος Κυμαῖον 21,14,506

κυνίδιον κυνιδίων 105,28,603

Κυντίλιος Κυντιλίων 66,31,559 67,15,559 Κυντιλίους 67,3,
    559 87,23,582

Κυρήνη Κυρήνης 24,16,511

Κυρῖνος 120,30,621 121,5,621 121,7,621. Κυρίνω 120,15,
    620

κύριος κυριώτατον 38,26,526 κυριωτάτων 19,15,502.

κυρίως 1,2,479 11,18,492

Κῦρος Κῦροι 107,3,605

κυρόω κεκυρωκότος 53,20,543.

κυρτόω κυρτουμένην 61,8,552.

κύφων κύφωνα 30,17,517

κύω κύειν 63,21,555

κύων 39,4,526 κύνα 71,11,563 κυνῶν 43,25,532. 105,27,
    603

κῶλον κώλου 88,24,583 κῶλον 48,21,537. 88,24,583 κώλων
    90,21,586

κωλύω κωλύουσι 39,27,527

κωμάζω ἐκώμαζεν 26,12,513

κώμη   κώμαις 57,14,548

κωμικός   κωμική 72,1,564

κωμῳδέω   κωμῳδούσης 16,22,499

κωμῳδία   4,8,483   12,7,493   16,4,499   κωμῳδίας 16,22,499.

    κωμῳδίᾳ 110,30,610   κωμῳδίαν 21,16,506.

κώνειον   10,2,490

κώπη   κώπῃ 59,8,550

Λαβδακίδης   Λαβδακιδῶν 62,14,554

Λακεδαιμόνιος   40,20,528   Λακεδαιμόνιοι 14,2,495   27,15,

    514   Λακεδαιμονίοις 4,3,483   18,7,501   40,17,528   81,

    15,575   81,17,575   97,10,593   Λακεδαιμονίους 21,5,505

    Κ⁴, Οὐεστ; ἄπεστι παρὰ Λο (Κ⁴ σ. XXII).   27,11,514.

Λακεδαίμων   Λακεδαίμονος 89,2,584.   Λακεδαίμονι 14,1,495

λακωνίζω   ἐλακώνισε 15,24,498. 18,1,501.

Λακωνικός   Λακωνικόν 18,4,501.

λαλέω   λαλεῖς 86,9,580   102,5,599.

λάλος   122,27,623. λάλον 52,14,541.

λαμβάνω   96,32,593   λαμβάνειν 108,8,606. λαμβάνων 111,14,

    611. λαμβάνοντος 91,17,587. ἔλαβε(ν) 37,7,524. 109,3,

    607 Κ⁴, Οὐεστ; ἔβαλε Λο (Κοβ σ. 220).   λάβοι 114,1,

    614   λάβε 55,12,545   λαβεῖν 8,32,489. 49,14,538. 100,

    8,596   121,2,621   λαβών 31,5,517   89,16,584. 102,22,

    599   125,12,626   λαβόντος 53,15,542. εἴληφεν 20,19,

    504   λαμβάνονται 88,32,583   89,4,584. λαβόμενος 33,12,

    520. 84,12,578

λαμπρός   94,22,590   λαμπροῦ 99,28,596. 113,16,613. λαμπρόν

32,9,519   48,17,537   60,6,551   98,25,595. 109,5,607.

109,8,607   λαμπρούς 4,30,484. λαμπρά 21,7,505. 34,2,

520 52,26,542   57,6,548   λαμπρᾶ 31,27,518. 37,20,524.

82,31,577. 83,27,578   λαμπραί 17,25,500. λαμπράς 83,

8,577   λαμπρῶς 18,1,501. 76,18,570. 79,3,572. 79,6,

572. 79,24,573 91,24,587. λαμπροτέρας 24,22,511.

λαμπροτάτω 1,προσφώνησις,479.

λαμπρότης λαμπρότητες 39,20,527.

λαμπρύνω λαμπρύνει 43,28,532. 43,30,532. 93,13,589 109,13,

607   λαμπρύνων 77,21,571. ἐλαμπρύνετο 35,12,522 101,

12,598

λανθάνω λάθοιεν 108,13,606

Λαοδίκεια 42,14,530 49,26,539   Λαοδικεία 54,14,543. Λαο-

δίκειαν 43,32,532

Λαοδικεύς Λαοδικέα 120,7,620

Λάρισσα 115,15,615

λάσιος λασίως 61,2,552

λέγω 4,9,483 43,18,532   λέγεις 8,19,488. 50,21,540. 60,

24,552   λέγει 2,6,480. λέγουσιν 27,31,515. λέγε 118,

23,619 125,4,626   λέγειν 5,1,484. 23,16,509. 90,13,

585   λέγων 6,12,486 9,22,490 30,7,517. 35,20,522.

64,29,557 68,22,561 72,28,565 98,19,594. λέγοντος

2,21,481. 15,12,497 προστίθ. Λο μετὰ 'εἶναι' (Κοβ σ.

211); ἄπεστι παρὰ Κ⁴, Οὐεστ.   24,11,510 34,16,521.

61,15,553   λέγοντα 85,32,580 95,26,592   λέγοντες 15,

5,497 99,16,596   ἔλεγε(ν) 8,18,488 31,2,517 31,30,

518   50,8,539   53,10,542   56,7,547   λέξω 54,24,544

λέγεται 11,15,492   12,30,494   31,32,518   40,6,527   64,

20,556   83,26,578   94,17,590   98,32,595   109,18,607

114,11,614   115,3,615   115,7,615   λέγονται 29,28,516

54,4,543   λέγοιτο 100,24,597   λεγόμενος 36,7,523

λεγομένου 124,9,625   λεγόμενον 92,23,588   λεγόμενα

109,11,607   112,15,612   λεγομένοις 100,30,597·

ἐλέγετο 10,29,491   33,10,520   82,30,577   86,7,580   97,

18,593   101,7,598   λεχθέντα 50,32,540   71,12,563

λεῖος   λεῖον 19,25,503   72,5,564   λείοις 17,28,500

λείπω   λιπών 86,3,580   λείπεται 95,30,592   115,15,615

λείποιτο 3,19,482   λείπεσθαι 93,9,589

λειτουργέω   λειτουργεῖν 9,17,490   λειτουργησόντων 122,19,

623   ἐλειτούργησεν 58,27,549

λειτουργησία   λειτουργησίαν 112,29,613 Κ⁴, Λο ('Ολ); ἀλει-

τουργησίαν Οὐεστ.

λειτουργία   λειτουργίαν 9,24,490·   λειτουργιῶν 122,15,623

122,20,623   λειτουργίαις 103,13,600·   λειτουργίας 110,

28,610   121,20,622

λέξις 106,28,604   λέξεως 76,21,570· 94,25,590· 96,8,592·

λέξει 78,29,572   79,7,572

Λεοντῖνος 3,2,481   Λεοντίνῳ 32,8,518·   Λεοντῖνον 18,26,

502   Λεοντίνοις 11,20,492·

Λεπτίνης 39,28,527· 103,27,601 Κ⁴; ἄπεστι παρὰ Λο, Οὐεστ

(Βαλ σ. 92). Λεπτίνου 39,23,527   Λεπτίνην 103,30,601·

λεπτολογέω   λεπτολογεῖσθαι 74,29,568·

λεπτολόγος λεπτολόγοι 27,32,515.

λεπτός λεπτοί 72,18,565 λεπτή 81,28,575 λεπτάς 28,32,
    516 λεπτόν 8,30,489 λεπτά 26,11,513.

Λέσβιος Λεσβίω 64,19,556

Λέσβος Λέσβω 38,28,526

λευκός λευκοῦ 58,32,550 λευκάς 59,14,550. 65,9,557. λευ-
    κότατοι 77,10,570

Λευκτρικός Λευκτρικῶν 21,5,505.

λέχος λέχει 73,7,565

λέων λέοντα 15,12,497 96,22,593 λεόντων 47,2,536 λέον-
    τας 62,25,554

Λέων 5,11,485 5,19,485 5,25,485 Λέοντος 5,24,485 6,6,
    485

λεωφόρος λεωφόρου 104,23,602

λήγω λήγουσαι 39,20,527

λήδιον λήδια 26,17,513

Λήμνιος 123,16,624 Λημνίου 126,32,628 Λημνίω 117,11,
    617 122,20,623 Λήμνιον 126,1,627

Λῆμνος Λῆμνον 28,29,515

λῆρος λήρων βλ. ἀώρω 11,1,491.

ληστής ληστήν 51,32,541

λιβανωτός 105,21,603 λιβανωτοῦ 111,28,611 λιβανωτῶ 111,
    25,611 λιβανωτόν 111,30,611

λιβάς λιβάδες 96,17,592

Λιβύη Λιβύην 103,27,601

λιθάριον λιθαρίοις 67,2,559

λιθιάω λιθιώντων 53,24,543

λίθος 64,19,556 λίθου 58,32,550. 107,16,605 λίθῳ 64,19,
556 107,23,605 λίθων 91,20,587 λίθοις 34,9,521
λίθους 39,8,526

λιθοτομία λιθοτομίας 53,26,543.

λιμήν 28,31,515 λιμένων 108,2,606.

λίμνη λίμνην 86,3,580

λογάριον λογάρια 122,18,623.

λογίζομαι λογιζομένῳ 110,19,610.

λογικός λογικοῖς 35,23,522

Λόγιμος Λογίμου 103,17,601

λογισμός λογισμῷ 9,12,489 25,22,512 λογισμῶν 48,32,538
λογισμούς 44,15,533

λογιστεύω ἐλογίστευε 25,15,512.

λογοπώλης 39,7,526

λόγος 3,26,482 11,30,492. 12,13,493. 14,4,495 18,12,501
19,10,502 20,30,505 21,7,505 22,20,508. 32,29,519.
33,31,520 36,6,523 50,26,540. 70,28,563. 71,3,563.
72,3,564 73,17,566 88,18,583 106,32,605. 112,18,612.
119,5,619 λόγου 3,19,482 3,31,482. 5,13,485 6,21,
486 6,32,487 8,7,488 11,12,492. 12,2,492 15,6,497
16,23,499 19,12,502 19,21,503 19,24,503 20,5,504
22,21,508 23,23,510 35,27,522 39,20,527 40,25,528
40,30,528 41,9,529 44,26,533 47,5,536. 49,22,539
51,29,541 59,23,551 60,17,552 64,23,556 69,25,562
71,6,563 71,7,563 71,24,564 71,30,564 72,6,564 72,

(λόγου) 26,565   73,26,566   73,28,566   74,24,568· 74,27,568

75,27,569   75,31,569   77,10,570   78,16,572   78,25,572

79,19,573   82,10,576   82,15,576   82,16,576   82,25,576

83,17,578   85,4,579   87,3,582   90,17,586   90,32,586

91,10,586   95,6,591   96,18,592   98,20,595   98,30,595

102,16,599   104,1,601   107,4,605· 107,22,605   113,31,

614   114,4,614   116,22,617   119,13,619· 122,27,623·

123,28,625   βλ. λόγων 120,7,620, λόγων 120,8,620.

λόγῳ 3,14,482   4,19,483· 16,32,500· 23,21,510· 24,9,

510   33,32,520   44,24,533   53,2,542   53,23,543   63,3,

554   127,2,628   λόγον 12,11,493· 14,28,496   16,22,499

23,14,509   30,2,517   32,7,518   33,2,519   50,17,540· 50,

22,540 52,30,542   55,1,544   68,19,561   70,8,562   71,9,

563   72,20,565   76,11,569   80,8,573   83,10,577   86,30,

581   91,8,586   92,17,588   103,25,601   110,30,610   110,

31,610   119,27,620   122,8,623   126,16,628   λόγοι 17,

22,500   23,24,510   λόγων 2,6,480   2,10,480   3,8,482

3,18,482   6,17,486   6,28,486   8,20,488   10,21,491   11,

4,491   15,30,498   21,1,505   24,30,511   27,6,514· 29,14,

516   32,11,519   46,10,535   46,28,536· 47,12,536· 48,8,

537   49,16,539   50,2,539· 52,23,542   60,22,552   69,30,

562   71,27,564   73,24,566   74,1,567   74,5,567   85,26,

580   90,28,586   95,29,592   96,12,592   101,13,598   108,

11,606· 120,7,620 Κ⁴, Οὐεστ; λόγου Λο (Κοβ σ. 221).

120,8,620 Κ⁴, Οὐεστ; λόγου Λο (Βουλγ).   125,20,627.

λόγοις 7,5,487   14,14,496   23,2,509   24,1,510   24,25,

511   32,20,519   73,1,565   94,9,590   λόγους 5,5,484
16,5,499   23,26,510   46,2,535   60,25,552   74,11,567
74,13,567   76,29,570   78,2,571   83,11,577   96,11,592

λοιδορέω   λοιδορούμενον 25,7,511   λοιδορουμένους 32,19,519

λοιδορησμός   λοιδορησμῷ 116,21,617

λοιδορία   10,22,491   λοιδορίαις 71,18,563   λοιδορίας 71,
10,563   71,22,564   92,13,588

λοιμός   λοιμῷ 69,8,561

λοιπός   114,17,614

Λολλιανός   38,29,526   39,6,526   39,10,526   Λολλιανοῦ 74,2,
567   83,24,578

Λούκιος (ὁ φιλόσοφος)   64,20,556   65,9,557   65,16,557   65,
20,557   65,25,557   Λουκίου 65,13,557

Λούκιος (ὁ αὐτοκράτωρ)   Λουκίου 68,22,561   Λούκιον 67,26,
560

Λυδία   37,23,524   Λυδία 37,27,525   Λυδίαι 81,9,574

Λύδιος   Λύδιον 113,9,613

Λυδός   Λυδοῦ 126,8,627   Λυδούς 31,16,518

Λυκία   115,7,615

Λύκιοι   Λυκίων 112,28,612

Λύκιος   26,6,512   112,27,612

λύκος   λύκων 61,10,553   λύκους 61,11,553

Λύκος   Λύκῳ 42,15,530

λυπέω   λυπῶ 70,20,563   λελύπηκα 70,19,562.

λύρα   λύρας 80,8,573   120,3,620   λύρᾳ 125,24,627   λυρῶν
26,15,513   74,16,567

λυρικός   λυρικοί 120,2,620   λυρικούς 28,6,515

Λύσανδρος 39,28,527   Λυσάνδρου 18,2,501

λυττάω λυττῶντα 32,21,519.

λύω λύουσαν 42,27,531   λῦσον 39,31,527. λυομένου 79,15,
    573

λωίων λῷστε 15,8,497 52,11,541 68,26,561.

μά 1,8,479 38,3,525

μαγάς 29,26,516   μαγάδες 7,2,487

μάγειρος 30,5,517   μάγειρον 98,1,594.

Μαγνητικός Μαγνητικῶν 107,15,605

μάγος, ὁ   μάγον 119,1,619   119,2,619   μάγοι 13,9,494 13,
    12,494   μάγων 13,7,494 94,10,590   μάγοις 13,3,494

μάθημα μαθήματα 120,17,621

μαθητής 20,3,504 126,28,628   μαθητῶν 118,20,618.

Μαίανδρος 13,4,494

μαινίς μαινίδας 52,10,541

μαίνομαι ἐμάνης 70,31,563

Μαίων Μαίονας 31,17,518

μακάριος μακάριοι 69,8,561

Μακεδονία Μακεδονίαν 102,26,599

Μακεδών Μακεδόνες 121,20,622   Μακεδόσιν 21,29,507

μακρηγορέω ἐμακρηγόρει 63,32,555   ἐμακρηγόρησε 46,5,535

μακροήμερος μακροημερώτερος 61,20,553

μακρολόγος μακρολογώτερον 13,25,495.

μακρός 112,18,612   μακρῷ 13,26,495 48,8,537. μακρᾷ 111,
    7,610   μακροτέρας 82,4,576

μάλα 25,9,511 26,21,513 35,5,521. 38,11,525 38,21,526.
    45,26,535 60,2,551. 64,4,555 121,5,621   μᾶλλον 2,27,

174

(μᾶλλον) 481   7,8,487   7,10,487   9,6,489   10,1,490   10,32,
    491   11,3,491   13,22,494· 16,10,499· 16,16,499 Κ⁴,
    Οὐεστ; μόνον Λο.   16,26,499   17,5,500   17,11,500   19,
    2,502   20,7,504   25,7,511   32,9,519   33,10,520   34,6,
    521   36,26,523   40,28,528   46,8,535   47,24,536   56,25,
    547   61,6,552   62,5,553   62,18,554   64,16,556   71,31,
    564   74,26,568   74,29,568   75,21,569   80,1,573   88,18,
    583   88,25,583   89,23,585   91,17,587   94,26,590   96,12,
    592   98,29,595   101,12,598   105,3,603   105,28,603   107,
    4,605   108,16,606   108,29,607   109,18,607   110,2,608
    110,18,610   112,2,611   119,4,619   122,6,623   122,27,
    623.   μάλιστα 9,28,490· 16,6,499· 16,22,499· 20,24,
    505   27,10,514   32,8,518· 35,24,522   39,22,527   52,32,
    542   53,21,543   55,4,545   66,23,558   68,3,560· 70,23,
    563   75,32,569   76,10,569· 76,20,570   80,6,573· 82,10,
    576   89,18,585   95,21,591   97,28,594· 100,27,597· 101,
    23,598   104,6,601   108,24,606   109,4,607   109,13,607·
    113,7,613   114,20,614   117,10,617   126,12,628

Μαμερτῖνος Μαμερτῖνοι 67,20,559

μανθάνω μανθάνειν 65,18,557   μαθησόμενος 65,19,557·
    ἔμαθεν 108,32,607   ἐμάθομεν 36,14,523· μαθεῖν 48,10,
    537   116,29,617   119,8,619   μαθών 40,15,528· 63,5,554
    84,17,579· 86,18,581 Κ⁴, Οὐεστ; παθών Λο (Κοβ σ. 218).
    105,11,603· 107,30,605· 117,3,617· μεμαθηκόσιν 120,13,
    620

μανία μανίας 119,4,619

μαντικός μαντική 2,12,481 16,11,499

Μαραθών 61,17,553 Μαραθῶνι 61,18,553 73,5,565 78,3,571
     99,4,595 99,6,595 Μαραθῶνα 69,28,562 99,2,595

Μαραθώνιος 73,12,566 Μαραθώνιοι 61,27,553

Μαρκιανός 113,5,613

Μάρκος (ὁ σοφιστής) 41,11,529 41,26,529 41,32,529 42,5,
     529 Μάρκου 40,16,528 102,13,599 Μάρκῳ 40,10,528
     Μάρκον 40,8,527 41,2,528 41,23,529

Μάρκος (ὁ αὐτοκράτωρ) 65,14,557 65,18,557. 69,12,561 73,
     30,566 83,7,577 88,5,583 92,28,588. 92,31,588 93,5,
     588 Μάρκου 49,27,539 67,32,560 70,25,563. 77,28,
     571 83,18,578 88,12,583 Μάρκῳ 68,29,561. 69,18,561
     83,5,577 87,19,582 Μάρκον 67,7,559. 67,24,560. 69,
     25,562 70,29,563 87,14,582

Μαρσύας 80,30,574 Μαρσύαι 81,10,574.

μαρτυρία 92,26,588

μάρτυς μάρτυρα 69,24,562

μασάομαι μασωμένου 88,25,583

μαστεύω μαστεύων 105,25,603

μαστίγωσις μαστίγωσιν 30,16,517

μάστιξ μάστιγι 7,8,487

μάττω μάττων 29,5,516

Μαύσωλος Μαύσωλον 3,14,482

μεγαλαυχέω μεγαλαυχουμένου 64,2,555.

μεγαλεῖος μεγαλειότατα 28,12,515.

μεγαλογνώμων μεγαλογνώμονα 91,7,586. μεγαλογνώμονι 31,28,

518   μεγαλόγνωμον 46,22,535

μεγαλοπρέπεια μεγαλοπρεπείᾳ 103,19,601.

μεγαλοπρεπής 43,29,532 μεγαλοπρεπῶς 105,1,603. μεγαλο-
   πρεπέστατον 43,10,531 μεγαλοπρεπέστατα 91,17,587.

μεγαλουργία μεγαλουργίᾳ 60,5,551.

μεγαλοφροσύνη μεγαλοφροσύνην 57,27,549

μεγαλόφρων μεγαλοφρονέστατα 57,22,548

μεγαλοφωνία μεγαλοφωνίας 32,5,518 94,27,590 μεγαλοφωνίαν
   32,3,518

μεγαλόφωνος μεγαλόφωνον 91,7,586 μεγαλοφώνως 26,32,513

μεγαλοψυχία 57,6,548

Μέγαρα 41,32,529 Μέγαράδε 55,13,545

Μεγαρεύς Μεγαρεῖς 42,2,529 Μεγαρέας 42,6,529

μέγας 3,9,482 9,11,489 51,8,540 57,2,548 μεγάλου 72,11,
   564 85,30,580 90,17,586 112,29,613 115,19,615 123,
   10,624 μεγάλῳ 60,30,552 μέγαν 62,24,554 121,6,621
   μεγάλη 86,24,581 μεγάλη 28,30,515 μεγάλην 121,4,
   621 μέγα 28,10,515 29,18,516 31,18,518 38,2,525
   42,19,530 44,21,533 45,17,534 60,5,551 77,9,570
   83,4,577 90,4,585 93,10,589 101,16,598 113,10,613
   μεγάλα 11,29,492 66,4,558 91,4,586 112,12,612
   μεγάλων 4,2,483 7,17,487 25,3,511 36,31,524 63,22,
   555 67,7,559 101,11,598 112,30,613 μεγάλως 11,29,
   492 μείζων 57,3,548 μείζους 18,25,501 μειζόνων
   14,10,495 μεῖζον 16,28,499 29,16,516 32,5,518
   μέγιστος 62,29,554 μέγιστε 124,19,626 μεγίστης 125,

9,626   <u>μέγισται</u> 56,17,547   <u>μεγίστας</u> 103,14,600

<u>μεγίστου</u> 12,13,493   <u>μεγίστων</u> 34,29,521   36,32,524

103,13,600   <u>μέγιστα</u> 58,24,549

<u>μέγεθος</u> <u>μεγέθει</u> 107,21,605   115,23,616   <u>μέγεθος</u> 24,24,511

56,25,547   60,31,552   86,14,580   109,11,607

<u>Μεγιστίας</u>   118,9,618   118,19,618   118,23,619   118,27,619

<u>Μεγιστίου</u> 119,14,619   <u>Μεγιστίαν</u> 118,18,618   119,4,619

<u>μεθαρμόττω</u> <u>μεθήρμοσε</u> 42,6,529

<u>μεθίημι</u> <u>μεθῆκε(ν)</u> 108,15,606   βλ. <u>μετέθηκεν</u> 26,18,513.

<u>μεθεῖναι</u> 39,8,526

<u>μεθίστημι</u> <u>μετέστησεν</u> 66,19,558

<u>μεθυστικός</u> <u>μεθυστικόν</u> 66,14,558

<u>μεθύω</u> <u>μεθύοντι</u> 90,27,586   <u>μεθύοντες</u> 55,26,547   <u>μεθύοντος</u>

10,32,491   <u>μεθύοντα</u> 32,21,519   <u>ἐμέθυε</u> 35,19,522

<u>μειδίαμα</u> 102,3,599   <u>μειδιάματι</u> 48,22,537

<u>μειδιάω</u> <u>μειδιάσας</u> 88,8,583

<u>μειρακιεύομαι</u> <u>μειρακιεύεσθαι</u> 101,29,598

<u>μειράκιον</u> 26,30,513   34,10,521   51,3,540   51,20,541   51,24,

541   <u>μειρακίου</u> 10,31,491   37,16,524   42,18,530   83,27,

578   86,27,581   95,24,592   107,24,605   110,17,610   112,

10,612   112,20,612   <u>μειρακίῳ</u> 22,12,507   26,10,512   51,

6,540   105,2,603   110,15,610   <u>μειράκια</u> 62,3,553   75,

17,568   106,12,604   118,23,619   <u>μειρακίων</u> 66,32,559

<u>μειρακίοις</u> 36,19,523   76,13,569   101,11,598   114,2,614

<u>μειρακιώδης</u> 84,29,579   <u>μειρακιώδη</u> 98,19,594   <u>μειρακιῶδες</u>

75,20,569

μείς μηνί 42,24,531   μῆνα 63,22,555

μείων 86,14,580   μεῖον 48,24,538

μελαίνω μελαίνων 64,17,556

μέλας 10,9,490 64,19,556   μέλανες 29,6,516   μελαίνη 65,
   10,557 μέλαιναν 117,6,617   μελαίνας 59,15,550

μελετάω μελετῴη 51,14,540 85,7,579   μελετᾶν 52,9,541
   126,5,627   μελετῶντος 41,30,529 51,15,540 96,25,593
   μελετῶντι 125,5,626   ἐμελέτα 41,8,528 51,14,540.
   μελετήσομαι 41,27,529 Κ⁴, Οὑεστ; μελετασεῦμαι Λο (Κοβ
   σ. 215).   54,20,544   μελετασεῦμαι βλ. μελετήσομαι 41,
   27,529.   μελετῆσαι 109,6,607   μελετήσας 41,30,529
   μελετήσαντα 29,15,516   μελετῶτο 66,13,558   μελετω-
   μένας 110,5,609   μελετηθεῖσαν 88,9,583

μελέτη 85,9,579 106,15,604   μελέτης 31,25,518 36,5,522
   51,28,541 86,5,580 98,2,594 103,23,601 106,4,604
   118,2,618 118,28,619 119,22,620 125,3,626   μελέτῃ
   32,10,519 36,25,523 37,15,524 81,11,575 117,7,617
   122,21,623 123,11,624   μελέτην 34,18,521 38,18,525
   49,23,539 75,22,569 84,31,579 103,9,600 114,15,614
   μελέται 112,17,612 119,30,620   μελέταις 96,8,592 98,
   4,594 127,2,628   μελέτας 26,28,513 27,4,514 29,17,
   516 32,22,519 36,28,524 48,9,537 76,18,570

μελετηρός μελετηράς 40,3,527

μέλι μέλιτος 35,21,522 69,7,561   μέλιτι 69,6,561   μέλι
   25,1,511

Μελικέρτης Μελικέρτου 59,28,551

μελιχρός μελιχρᾷ 97,18,593   μελιχρότατος 35,18,522

μέλλω 79,24,573   μέλλων 52,9,541   μέλλουσαν 102,4,599

    ἔμελλε(ν) 1,11,480 33,24,520

μέλω μέλειν 85,28,580   ἔμελε 76,19,570

μελῳδία μελῳδίαν 125,25,627

Μέμνων Μέμνονα 66,22,558

μεμπτέος μεμπτέοι 10,21,491

μεμπτός 101,19,598 103,9,600   μεμπτάς 77,12,570   μεμπτόν
    13,21,494

Μέμφις Μέμφιν 5,9,484   5,9,484

μέμφομαι 67,9,559   μεμφόμενος 60,26,552   ἐμέμψατο 57,20,
    548

μέν 1,3,479 1,13,480 2,2,480 2,11,481 2,22,481 2,24,
    481 3,2,481 3,4,481 3,6,481 3,8,482 3,15,482 3,
    23,482 3,28,482 3,29,482 4,2,483 4,8,483 4,12,483
    4,14,483 4,21,483 4,23,483 5,4,484 5,11,485 5,14,
    485 5,23,485 5,26,485 6,4,485 6,8,485 6,16,486 6,
    20,486 6,32,487 7,13,487 7,25,488 8,10,488 8,19,
    488 8,24,489 8,27,489 9,16,490 9,25,490 10,3,490
    10,9,490 10,14,490 10,17,490 10,19,490 10,24,491
    10,28,491 10,30,491 11,13,492 11,15,492 11,17,492
    12,1,492 12,3,492 12,5,493 12,11,493 12,18,493 12,
    23,493 12,28,494 13,2,494 13,12,494 13,14,494 13,
    15,494 13,24,494 13,27,495 15,18,498 15,21,498 15,
    25,498 15,27,498 15,29,498 16,8,499 16,14,499 16,
    18,499 16,24,499 17,2,500 17,4,500 17,6,500 17,
    11,500 17,14,500 17,22,500 17,24,500 17,29,501 18,

180

(μέν) 1,501   18,11,501   18,15,501   18,19,501   18,29,502   18,

31,502   19,3,502   19,23,503   19,25,503   20,3,504   20,6,

504   20,9,504   20,12,504   20,17,504   20,21,505   20,32,

505   21,4,505   21,12,506   21,17,506   21,21,506   21,29,

507   21,30,507   22,1,507   22,5,507   22,9,507   22,17,

508.   22,21,508 Κ⁴, Οὖεστ; ἄπεστι παρὰ Λο (Κ⁴ σ. XXII).

23,6,509   23,8,509   23,16,509   23,24,510   23,26,510

24,5,510   24,8,510   24,25,511   24,28,511   24,30,511

25,13,512   25,17,512   25,31,512   26,1,512   26,9,512

26,14,513   27,10,514   27,11,514   27,17,514   27,23,514

28,1,515   28,3,515   28,16,515   28,19,515   28,20,515

28,24,515   28,29,515   29,1,516   29,4,516   29,9,516   29,

15,516   29,20,516   29,28,516   30,2,517   30,10,517   30,

15,517   30,27,517   30,32,517   31,8,518   31,12,518   31,

16,518   31,20,518   31,23,518   31,27,518   32,1,518   32,

8,518   32,10,519   32,18,519   32,22,519   32,26,519   32,

27,519   33,2,519   33,13,520   33,15,520   33,22,520   33,

30,520   34,10,521   34,27,521   34,29,521   35,16,522   35,

22,522   36,4,522   36,10,523   36,31,524   37,1,524   37,

10,524   37,14,524   37,19,524   38,6,525   38,9,525   38,

17,525   38,24,526   38,29,526   38,32,526   39,12,526   39,

18,527   39,22,527   39,23,527   40,1,527   40,5,527   40,

21,528   40,30,528   41,5,528   41,9,529   41,16,529   42,1,

529   42,15,530   42,16,530   42,17,530   42,29,531   43,24,

532   43,28,532   44,4,532   44,30,534   45,5,534   45,14,

534   45,31,535   46,1,535   46,11,535   46,18,535   46,25,

(μέν) 536   46,28,536   47,8,536   47,17,536   47,20,536   47,23,

536   47,25,536   47,30,537   48,4,537   48,10,537   48,12,

537   48,25,538   48,29,538   49,7,538   49,20,539   50,3,

539   50,8,539   50,16,539   51,6,540   51,27,541   52,28,

542   52,31,542   53,9,542   53,19,543   53,31,543   53,32,

543   54,4,543   54,13,543   54,22,544   54,27,544   55,4,

545   55,12,545   55,16,545   55,22,547   56,4,547   56,8,

547   56,10,547   56,16,547   56,18,547   56,20,547   56,21,

547   57,2,548   57,7,548   57,24,548   57,29,549   58,5,

549   58,10,549   58,16,549   58,20,549   59,4,550   59,21,

551   59,24,551   60,9,551   60,13,552   60,15,552   60,21,

552   60,25,552   61,14,553   61,16,553   62,1,553   62,21,

554   62,30,554   63,9,554   63,13,555   63,21,555   63,30,

555   64,7,556   64,9,556   64,24,556   64,30,557   65,13,

557   65,28,557   66,1,558   66,15,558   66,18,558   66,26,

559   67,4,559   67,7,559   67,28,560   67,30,560   68,11,

560   68,27,561   69,3,561   69,17,561   69,22,562   69,26,

562   70,5,562   70,9,562   70,19,562   70,28,563   71,5,

563   71,7,563   71,12,563   71,19,563   71,21,564   71,24,

564   72,7,564   72,13,565   72,18,565   72,19,565   72,29,

565   73,3,565   73,14,566   73,17,566   73,28,566   74,2,

567   74,3,567   74,9,567   74,25,568   75,16,568   75,19,

568   75,23,569   75,27,569   76,18,570   76,23,570   76,24,

570   76,27,570   77,1,570˙   77,3,570   77,5,570   77,13,

570   77,23,571   77,27,571   77,27,571   78,7,571   78,13,

572   78,19,572   78,28,572   79,14,573   79,29,573   80,19,

(μέν) 574   80,23,574   80,28,574   81,11,575   81,13,575   81,

26,575   81,32,575   82,3,576   82,7,576   82,11,576   82,

13,576   82,14,576   82,17,576   82,22,576   82,32,577   83,

7,577   83,15,577   83,21,578   83,24,578   84,2,578   84,

16,579   84,24,579   84,27,579   85,5,579   85,8,579   85,

13,580   85,18,580   85,23,580   85,26,580   85,30,580   85,

32,580   86,14,580   86,20,581   86,23,581   86,28,581   87,

14,582   87,21,582   88,21,583   89,29,585   89,30,585   89,

32,585   90,2,585   90,5,585   90,16,586   90,24,586   90,

27,586   91,5,586   91,15,587   91,19,587   91,20,587   91,

32,587   92,5,587   92,9,588   92,12,588   92,25,588   92,

29,588   93,6,588   93,11,589   93,26,589   94,1,590   94,3,

590   94,7,590   94,13,590   94,17,590   94,21,590   94,30,

590   95,10,591   95,25,592   95,29,592   96,10,592   96,16,

592   96,19,593   96,20,593   97,15,593   97,21,593   97,22,

593   97,25,594   97,30,594   98,11,594   98,14,594   98,26,

595   98,28,595.   99,1,595 K^4, Λο (K^2 σ. 359); ἄπεστι

παρὰ Οὐεστ.   99,3,595   99,16,596   99,31,596   100,1,

596   100,12,597   100,16,597   100,28,597   100,30,597

101,4,598   101,10,598   101,19,598   101,20,598   101,25,

598   102,11,599   102,15,599   102,24,599   102,28,600

103,2,600   103,5,600   103,8,600   103,17,601   103,18,

601   103,23,601   103,30,601   104,1,601   104,6,601   104,

20,602   104,23,602   104,28,603   104,32,603   105,4,603

105,5,603   105,19,603   106,11,604   106,13,604   106,18,

604   106,21,604   107,5,605   107,11,605   107,18,605

(μέν) 107,25,605   107,32,606   108,5,606   108,14,606   108,25,

606   109,5,607   109,6,607   109,14,607   109,16,607   109,

19,607   109,24,607   110,4,609   110,9,609   110,17,610

110,20,610   111,14,611   111,20,611   111,29,611   112,1,

611   112,4,611   112,17,612   112,23,612   112,27,612

112,32,613   113,8,613   113,11,613   113,16,613   113,19,

613   113,32,614   114,8,614   114,13,614   114,32,615

115,7,615   115,14,615   115,15,615   115,27,616   115,32,

616   116,3,616   116,21,617   116,26,617   117,6,617   117,

12,617   117,14,617   117,19,617   117,30,618   117,30,618

118,11,618   118,19,618   118,25,619   118,29,619   119,9,

619   119,21,620   119,29,620   119,30,620   120,4,620

120,15,620   120,20,621   121,4,621   121,16,621   122,3,

623   122,11,623   122,22,623   122,29,623   123,3,624

123,5,624   123,12,624   123,24,625   123,30,625   124,7,

625   124,16,626   124,24,626   125,11,626   125,17,627

125,21,627   125,31,627   126,2,627   126,5,627   126,6,

627   126,9,627   126,12,628   126,13,628   126,22,628

126,28,628   126,32,628.   βλ. τάδε 45,18,534.

μέντοι   52,28,542 Κ⁴, Λο, Οὐεστ (Κ³).

μένω   μένειν 82,29,576 Κ⁴, Οὐεστ; μενεῖν Λο (Κοβ σ. 230).

μένοντι 81,27,575   μενόντων 82,30,577   μενεῖν βλ. μέ-

νειν 82,29,576.   μεῖναι 29,11,516   μείναντος 56,32,

548

μέρος   21,8,505   31,8,518   31,11,518   31,31,518   μέρους 32,

4,518   35,12,522   126,15,628   μέρει 92,31,588   μέρη

125,29,627

μεσαιπόλιος 74,30,568   μεσαιπόλιον 102,11,599

μεσημβρία 45,26,535   μεσημβρίαν 27,5,514   62,28,554   79,
    14,573   85,32,580

μεσόγειος μεσογεία 42,15,530   61,32,553   62,6,553   μεσο-
    γεία 123,4,624

μέσος 113,5,613   μέσοι 106,12,604   μέσους 42,5,529   65,2,
    557   90,19,586   μέσας 45,27,535

μεσότης μεσότητι 64,29,557

Μεσσήνιος Μεσσηνίων 99,17,596   99,20,596   Μεσσηνίους 99,
    11,595

μεστός 91,11,586   μεστοί 93,30,589   μεσταί 24,5,510
    μεστά 11,7,491

μετά, μετ', μεθ' († γενική) 5,20,485   50,32,540   78,6,571
    84,3,578   84,5,578   86,8,580   105,30,603   105,30,603
    († αἰτιατική) 2,26,481   18,16,501   21,23,506   29,30,
    516   30,8,517   30,19,517   31,28,518   35,25,522   39,4,
    526   41,32,529   45,7,534   49,4,538   53,16,542   55,23,
    547   56,15,547   60,19,552   67,18,559   69,26,562   76,1,
    569   79,11,572   81,14,575   89,17,585   111,15,611   117,
    9,617   117,29,618   117,31,618   118,1,618   118,12,618
    120,28,621   122,13,623   122,20,623

μεταβαίνω μεταβαίνων 125,30,627

μεταβάλλω μεταβάλλει 17,17,500 Κ[4], Οὐεστ; μετακαλεῖ Λο (Κοβ
    σ. 211).   μεταβαλεῖ 105,30,603   μετέβαλεν 26,13,513
    μετέβαλον 18,26,502   μεταβαλεῖν 64,22,556   μεταβα-

λοῖντο   βλ. μεταβάλοιντο 7,10,487.   μεταβάλοιντο 7,
     10,487 Κ⁴, Οὐεστ; μεταβαλοῖντο Λο (Κοβ σ. 229).

μετάγω   μεταγαγών 4,25,483

μεταδίδωμι   μετέδωκας 102,7,599

μετακαλέω   μετακαλεῖ βλ. μεταβάλλει 17,17,500.   μετακληθείς
     77,28,571 Κ⁴, Λο (Κ³); κατακληθείς Οὐεστ.

μετακοσμέω   μετεκόσμησε 59,12,550

μεταλαμβάνω   μεταλαβών 79,12,573

μεταπέμπω   μεταπέμψαντα 111,10,611   μεταπεμφθείς 82,8,576

μεταποιέω   μετεποίησε 43,7,531

μεταρρέω   μετερρύη 74,12,567

μετάρσιος   μεταρσία 42,25,531

μετασκευάζω   μετασκευάσασθαι 45,4,534

μετατίθημι   μετέθηκεν 26,18,513 Κ⁴, Οὐεστ; μεθῆκε Λο.

μεταχειρίζομαι   μεταχειρίζεσθαι 83,31,578   μετεχειρίζοντο
     3,5,481   μετεχειρίσατο 75,29,569   79,7,572   83,32,578
     119,17,619   μεταχειρίσαιτο 89,20,585   μεταχειρίσασθαι
     52,29,542   68,20,561

μέτειμι   μετῆν 106,7,604

μετέχω   μετέχεις 31,30,518   μετέχων 98,6,594. βλ. μετεῖχε
     98,6,594.   μετεχόντων 56,7,547   97,26,594   98,26,595.
     μετεῖχε 98,6,594 Κ⁴, Λο (Κ² σ. 358); μετέχων Οὐεστ.

μετέωρος   μετέωρον 68,28,561

μέτριος   μετρίου 86,14,580   μέτριον 77,8,570   77,31,571

μέτρον 53,32,543   122,30,623   μέτρα 2,16,481   57,1,548

μέχρι 40,20,528   54,21,544

186

<u>μή</u>   3,19,482   4,27,484   7,18,487   7,25,488   8,9,488   8,14,

488   9,19,490   9,23,490   11,16,492   12,17,493   12,25,

493   12,31,494   13,8,494   13,9,494   13,17,494   14,29,

496   16,3,499   17,19,500   17,20,500   18,18,501   18,20,

501   19,10,502   21,24,506   22,2,507   22,29,508   22,30,

508   23,1,509   23,32,510   25,30,512   27,23,514   27,24,

514   27,25,514   29,21,516   30,3,517   31,9,518   31,12,

518   31,13,518   32,26,519   33,20,520   33,23,520   33,27,

520   33,29,520   35,21,522.   36,14,523 προστίθ. Λο πρὸ

'μνήμη' (Κοβ σ. 212); ἄπεστι παρὰ K⁴, Οὐεστ.   36,16,

523   38,13,525   39,23,527   40,17,528   44,17,533   44,26,

533   45,6,534   45,16,534   45,17,534   45,32,535   49,7,

538   49,12,538   49,15,538   49,17,539   51,19,541   51,24,

541   51,25,541   52,21,542   54,12,543   54,18,544   55,25,

547   56,9,547   56,9,547   56,10,547   57,11,548   57,23,

548   58,16,549   60,6,551   60,10,551   62,15,554   62,30,

554   63,2,554   64,12,556   65,12,557   66,9,558   66,30,

559   67,28,560   69,2,561   69,30,562   70,19,562   70,32,

563   71,22,564   72,1,564   75,3,568   79,9,572   81,24,

575   82,30,577   84,22,579   86,2,580   86,32,581   87,5,

582   87,23,582   87,25,582   87,30,582   89,2,584   89,12,

584   89,14,584   89,16,584   91,6,586   91,13,587   94,2,

590   96,1,592   99,8,595   99,10,595   99,13,596   100,22,

597   101,1,597   101,28,598   102,5,599   103,4,600   104,

8,602   105,16,603   105,16,603   106,8,604   107,17,605

108,13,606   109,27,607   109,29,607   112,5,612   112,12,

(μή) 612   112,20,612   112,21,612   114,5,614   114,21,614

    115,3,615   115,12,615   115,30,616   117,15,617   117,28,

    618   119,2,619   119,32,620   120,8,620   122,1,622   122,

    24,623   122,25,623   124,1,625   125,8,626   125,32,627.

    βλ. οὐ 110,23,610.

μηδέ, μηδ'   1,15,480   8,10,488   17,21,500   17,32,501   29,10,

    516   37,17,524   43,15,531   49,16,539   51,2,540   51,10,

    540   51,19,541   54,25,544   60,11,551   63,13,555   64,22,

    556   70,15,562   75,3,568   90,14,586   92,32,588   93,9,

    589   95,28,592   99,9,595   99,22,596   100,22,597   100,

    23,597   104,19,602   105,14,603   106,9,604   110,14,610

    110,18,610   115,13,615   123,26,625   123,27,625   123,28,

    625   124,5,625

μηδείς 45,20,534   μηδένα 19,6,502   79,31,573   109,7,607

    126,8,627   μηδέν 27,32,515   64,7,556

Μηδικός Μηδικόν 96,32,593   Μηδικάς 33,5,519   Μηδικῶν 12,

    27,494   55,22,547   Μηδικά 55,21,547

Μηδισμός Μηδισμοῦ 85,19,580 Κ⁴, Οὐεστ; Μηδισμόν Λο (Κοβ σ.

    218).   Μηδισμόν βλ. Μηδισμοῦ 85,19,580.

Μῆδος Μήδων 81,26,575   Μήδους 12,22,493

μηκέτι 25,21,512   62,25,554

μῆκος 2,23,481   77,31,571   78,16,572   μήκη 60,9,551

μηκύνω μηκύνων 97,32,594   μηκυνόμενα 97,31,594

Μηλιακός Μηλιακόν 59,31,551

μηλόβοτος 18,8,501   μηλόβοτα 31,1,517

μήν 4,6,483   17,7,500   22,31,508   34,12,521   43,12,531   50, (μήν) 24,540   54,22,544   58,27,549   65,2,557   88,10,583   94,

    24,590   98,28,595   99,2,595   102,29,600   117,25,618

    120,21,621   121,1,621   125,8,626

μηνοειδής   μηνοειδές 63,29,555

μήπω   4,27,484   40,9,528   78,15,572   97,15,593

μηρός   μηρόν 32,32,519

μήτε, μήτ', μήθ'   10,30,491   10,31,491   24,16,511   24,16,

    511   28,9,515   28,10,515   92,22,588   92,22,588   94,15,

    590   97,17,593   97,18,593   120,13,620   125,16,627   125,

    16,627

μήτηρ   61,15,553   76,29,570   110,18,610   μητέρα 1,14,480

    29,31,516   36,15,523   110,13,610   110,20,610   119,26,

    620   μητέρων 121,22,622

μητρόθεν   56,18,547

μητροκτόνος   μητροκτόνοι 2,20,481

μητρῷος   57,4,548   μητρῴου 76,6,569   μητρῷα 66,18,558

μηχανή   μηχαναῖς 59,7,550

μιαίνω   μεμιασμένον 64,14,556

μιαιφονία   μιαιφονίᾳ 18,6,501

μικροπρεπής   μικροπρεπῶς 94,18,590

μικρός, σμικρός   μικροί 28,3,515   μικραί 18,25,501   μικρῶν

    14,10,495   57,23,548   μικρῷ 13,19,494   40,5,527

    μικρόν 23,32,510   54,24,544   61,8,552   σμικρόν 119,3,

    619   μικρά 7,18,487   42,5,529   58,20,549   111,31,611

    122,18,623   σμικρά 2,4,480

Μιλήσιος   35,9,521   Μιλησίου 75,18,568   Μιλησίῳ 26,28,513

<u>Μιλήσιοι</u> 38,23,526

<u>Μιλτιάδης</u> <u>Μιλτιάδην</u> 55,19,546

<u>Μίμας</u> <u>Μίμαντι</u> 43,12,531

<u>μίμησις</u> 17,16,500 95,32,592 <u>μιμήσεως</u> 34,20,521 <u>μιμήσει</u>
    23,23,510 <u>μίμησιν</u> 90,22,586 90,28,586

<u>μιμνήσκω</u> <u>μεμνῆσθαι</u> 45,17,534 47,22,536 <u>μεμνημένος</u> 1,5,
    479 <u>ἐμνήσθην</u> 10,27,491

<u>μιξόθηλυς</u> 122,5,623

<u>μισέω</u> <u>μισεῖν</u> 110,23,610 <u>μισοῦντες</u> 58,23,549

<u>μισθός</u> 32,22,519 <u>μισθοῦ</u> 13,20,494 32,22,519 46,17,535
    62,2,553 95,23,591 102,32,600 <u>μισθῷ</u> 37,30,525
    <u>μισθόν</u> 39,15,527 49,6,538 108,12,606 <u>μισθούς</u> 40,2,
    527

<u>μισθοφορέω</u> <u>μισθοφορεῖν</u> 35,32,522

<u>μισθοφόρος</u> <u>μισθοφόρων</u> 88,28,583

<u>μισθόω</u> <u>μισθούμενος</u> 30,10,517 30,30,517

<u>μισθωτός</u> <u>μισθωτόν</u> 102,26,599

<u>μῖσος</u> 22,8,507

<u>μνᾶ</u> <u>μνᾶν</u> 57,27,549 <u>μνᾶς</u> 58,14,549

<u>μνήμη</u> 36,10,523 36,14,523 <u>μνήμης</u> 36,9,523 55,3,545
    127,5,628 <u>μνήμῃ</u> 36,26,523 <u>μνήμην</u> 66,8,558 85,3,
    579 91,31,587 117,32,618 120,18,621

<u>μνημονεύω</u> <u>ἐμνημόνευεν</u> 99,6,595 <u>μνημονεύσαντα</u> 53,20,543

<u>μνημονικός</u> <u>μνημονικοί</u> 36,26,523 <u>μνημονικόν</u> 13,27,495 36,
    8,523 36,20,523 106,16,604

<u>μνησικακία</u> <u>μνησικακίαν</u> 31,6,517 Κ⁴, Λο, Οὐεστ ('Ολ).

μοῖρα 36,13,523

μοιχεία μοιχείας 9,4,489

μοιχός 53,12,542   μοιχοῦ 8,32,489   μοιχόν 119,2,619
    μοιχούς 43,19,532

μονή μόνας 93,6,588

μονόμαχος μονόμαχον 52,7,541   μονομάχων 11,1,491

μονόμματος μονομμάτους 89,8,584

μόνος 3,11,482   124,20,626   μόνου 1,10,480   34,11,521   90,
    13,585   μόνῳ 69,15,561   μόνον 4,29,484   9,23,490   21,
    6,505   24,12,510   26,3,512   31,14,518   33,27,520   40,3,
    527   43,21,532   43,30,532   46,13,535   50,32,540   70,32,
    563   72,22,565   93,28,589   100,16,597   105,16,603   120,
    18,621   125,6,626.   βλ. μᾶλλον 16,16,499, μόνων 33,18,
    520.   μόνων 33,18,520 K⁴, Λο; μόνον Οὐεστ (Βουλγ).
    μόνους 3,17,482   μόνην 86,9,580

μονῳδία μονῳδία 87,14,582   μονῳδίαν 35,26,522   109,23,607
    μονῳδίαι 17,15,500   μονῳδίας 75,29,569

μορφή μορφαί 96,21,593

Μουνάτιος Μουνατίῳ 71,28,564   Μουνάτιον 49,8,538

Μοῦσα Μούσαις 23,13,509   94,3,590   113,8,613   Μούσας 51,
    10,540

Μουσεῖον 37,4,524   Μουσείου 44,6,532   Μουσείῳ 37,3,524

μούσειος μουσείου 29,24,516

Μουσηγέτης Μουσηγέτα 1,19,480

μουσικός μουσικῆς 62,11,553   67,5,559   μουσικῇ 16,11,499
    125,23,627   μουσικήν 13,31,495   μουσικῶν 5,22,485

Μουσώνιος Μουσωνίου 64,31,557   Μουσωνίῳ 64,25,556

μοχθέω μοχθεῖν 72,15,565   μοχθοῦντος 114,31,615

μυέω μυηθῆναι 70,23,563

μυθολογέω μυθολογῶν 97,7,593

μυθοποιία μυθοποιίαι 17,14,500

μῦθος μύθῳ 13,26,495   μῦθοι 62,15,554   μύθοις 23,3,509
      μύθους 23,29,510

μυθώδης μυθῶδες 21,8,505

μυριάς μυριάσιν 121,4,621   μυριάδας 43,8,531   44,8,533
      49,6,538   49,11,538   57,13,548   57,17,548   57,24,548

μύριοι μύριαι 95,15,591   μυρίαις 73,26,566   107,27,605
      μυρίας 105,13,603   105,14,603

μυρίος μυρίοις 2,13,481

μύρον 105,21,603   μύρου 77,22,571

Μυσός Μυσῶν 31,17,518   Μυσοῖς 86,24,581

μυσταγωγέω μυσταγωγοῦντος 70,24,563

μυστήριον μυστηρίων 92,29,588   μυστηρίοις 70,22,563

μωρία μωρίαι 81,10,574

μωρός 66,17,558

ναί 50,20,540   80,14,574   80,14,574

νᾶμα 100,19,597

ναός ναῶν 50,12,539

νάρθηξ νάρθηκας 4,15,483

ναύκληρος ναυκλήρων 125,1,626   ναύκληρος 113,23,613

Ναύκρατις Ναύκρατιν 98,27,595   104,30,603   114,25,615

Ναυκρατίτης 98,26,595   102,14,599   114,30,615   Ναυκρατίτου

113,4,613   116,18,617   <u>Ναυκρατίτη</u> 113,14,613   <u>Ναυκρα-</u>

<u>τίτην</u> 6,27,486   96,3,592   104,26,602   <u>Ναυκρατιτῶν</u> 98,

27,595

<u>ναυμαχέω</u>   <u>ναυμαχῶν</u> 39,28,527   <u>ναυμαχοῦντες</u> 97,13,593

<u>ναῦς</u>   <u>νεώς</u> 27,1,513   59,5,550   118,13,618   <u>ναῦν</u> 59,6,550

123,28,625

<u>ναυτικός</u>   <u>ναυτικόν</u> 15,20,498

<u>νεάζω</u>   <u>νεάζων</u> 90,32,586   125,31,627   <u>νεάζουσαν</u> 108,21,606

<u>νεανίας</u> 38,2,525   60,30,552   116,29,617   116,32,617   <u>νεα-</u>

<u>νίαν</u> 84,4,578   91,3,586

<u>νεανίσκος</u>   <u>νεανίσκου</u> 26,31,513

<u>νεαροηχής</u> 84,28,579

<u>Νεῖλος</u>   <u>Νείλου</u> 38,8,525

<u>νεκρός</u>   <u>νεκρόν</u> 56,11,547   <u>νεκροῖς</u> 104,14,602   <u>νεκρούς</u> 104,

12,602

<u>νέμω</u>   <u>νεμόμενος</u> 20,20,504

<u>Νεοπτόλεμος</u>   <u>Νεοπτολέμῳ</u> 14,5,495

<u>νέος</u> 5,11,485   51,17,540   105,10,603   <u>νέῳ</u> 3,29,482   72,26,

565   112,16,612   <u>νέω</u> 12,5,493   <u>νέοι</u> 30,24,517   <u>νέων</u>

4,4,483   14,25,496   36,24,523   95,22,591   106,26,604

<u>νέοις</u> 73,32,567   93,1,588   <u>νέους</u> 113,13,613   <u>νέαν</u> 2,

27,481   <u>νέαις</u> 80,23,574   <u>νεωτέρου</u> 109,21,607   <u>νεώ-</u>

<u>τερα</u> 8,4,488   70,28,563

<u>νεότης</u> 34,2,520   47,8,536   54,1,543   <u>νεότητος</u> 42,30,531

69,29,562   73,25,566   βλ. <u>δεινότητος</u> 30,26,517.

<u>νεότητα</u> 31,22,518   77,15,570   78,4,571   113,8,613

Νερούας 56,30,548. Νερούαν 25,23,512 Κ⁴, Οὐεστ; Νέρωνα Λο.

Νέρων 2,20,481 60,11,551. Νέρωνα βλ. Νερούαν 25,23,512.

Νέστωρ 14,4,495 16,1,498

νεῦμα 51,25,541

νεῦρον νεῦρα 86,28,581

νεύω νεῦσαι 87,18,582

νέφος νέφους 28,32,516

νεώς 43,10,531 54,6,543 59,11,550 νεώ 44,25,533

νή 25,10,511 48,5,537 77,24,571

νηπενθής νηπενθεῖς 16,2,499

νησιώτης νησιώτη 96,30,593 νησιώτας 96,26,593

νῆσος 16,30,500 23,10,509 125,12,626 125,15,627 νήσου
    28,31,515 νήσω 125,12,626 νῆσοι 108,2,606 νήσων
    42,31,531 νήσους 13,17,494 39,30,527 120,28,621

νήφω νήφειν 95,19,591 νήφων 90,29,586 νήφοντα 80,1,573

Νικάγορας Νικαγόρου 119,25,620 127,3,628

Νίκανδρος Νίκανδροι 107,2,605

νικάω νικῶσιν 97,13,593 νικῶν 115,28,616 νικῶσα 50,29,
    540 νικῶσαν 30,32,517 116,5,616 ἐνίκα 116,8,616
    ἐνίκων 22,24,508 ἐνίκησε 15,19,498 νενικηκυῖα 78,
    19,572 νενικήμεθα 35,30,522

νίκη νίκης 22,26,508 115,29,616 116,1,616

Νικήτης 24,21,511 Κ⁴, Λο; ἄπεστι παρὰ Οὐεστ. 25,10,511
    25,16,512 32,4,518 Νικήτου 26,32,513 Νικήτη 26,2,
    512 Νικήτην 24,20,511 25,24,512 25,26,512 26,6,
    512 29,15,516 100,2,596

Νικίας Νικία 80,14,574

Νικομήδεια 120,15,620

Νικομήδης 95,2,591

Νικόστρατος Νικοστράτου 123,14,624

νοέω νοῆσαι 39,19,527   νοούμενα 122,6,623   ἐνοεῖτο 106,
    24,604   νοηθέν 106,23,604   νοηθέντα 39,19,527

νόημα 21,10,505 88,24,583   νοήματος 21,11,505 88,24,583
    νοημάτων 35,17,522 101,26,598 106,19,604 108,30,607

νοίδιον νοιδίων 90,21,586 102,21,599

νομίζω νομίζουσι 103,14,600   νομίζεται 34,1,520   νομί-
    ζεσθαι 116,17,616   νομιζόμενος 83,22,578   ἐνομίσθη 3,
    10,482 6,10,485 109,19,607   νομισθείη 36,13,523
    νομισθῆναι 26,14,513 83,30,578   νομισθείς 118,11,618

νομικός νομικοῖς 35,23,522   νομικῆς 120,3,620

νομομαχέω νομομαχῶν 39,28,527

νόμος νόμου 126,27,628   νόμῳ 39,26,527   νόμον 39,23,527
    53,19,543   νόμοι 102,23,599 120,2,620   νόμοις 19,30,
    503 110,21,610   νόμους 9,16,490 17,32,501 29,32,
    516 53,15,542 102,24,599 126,26,628

νοσέω νοσεῖ 79,11,572   νοσοῦσι 78,21,572   νοσῶν 51,18,
    541 92,18,588   νοσοῦντος 82,8,576 124,9,625   νοσοῦν-
    τι 17,14,500 93,32,589   νοσοῦντα 124,12,625   νοσοῦσι
    59,32,551   νοσοῦντας 81,30,575   ἐνόσει 4,9,483 46,
    18,535   νοσήσας 69,23,562

νόσος νόσου 53,27,543 69,23,562 83,10,577 86,28,581
    νόσῳ 109,18,607   νόσους 17,19,500 75,14,568

νοσώδης 86,26,581

νουθετέω νουθετῶν 43,13,531 ἐνουθέτει 9,22,490 30,1,517
    64,28,556. 95,27,592 προστίθ. Λο πρὸ 'μηδέ' ('Ε παρὰ Κ²
    σ. 355)· ἄπεστι παρὰ Κ⁴, Οὐεστ.

νοῦς 28,25,515 107,16,605 νοῦν 12,22,493 29,12,516 30,
    25,517 33,19,520 118,27,619

νύκτωρ 45,1,534 49,17,539 68,14,560 72,16,565

νῦν 6,26,486 31,11,518 59,10,550 59,13,550 65,2,557
    75,1,568 111,27,611 121,11,621

νυνί 4,9,483 39,1,526 79,17,573

νύξ 31,30,518 νυκτί 86,1,580 νυκτῶν 75,10,568 νύκτας
    45,27,535

νυστάζω νυστάζοντα 83,26,578

νωθρός 108,21,606 νωθροῦ 114,31,615 νωθροί 27,32,515
    νωθρόν 29,13,516

ξενία 68,23,561

ξένος ξένου 34,19,521 105,9,603 ξένον 34,5,521 37,25,
    525 ξένους 58,1,549 113,17,613

Ξενόφρων Ξενόφρονα 24,15,511

Ξενοφῶν 14,29,496 53,13,542 Ξενοφῶντος 14,31,496. Ξενο-
    φῶντα 14,19,496 Κ⁴, Οὐεστ· ἄπεστι παρὰ Λο (Κ¹ σ. 17).

Ξέρξης Ξέρξου 13,3,494 27,1,513 52,12,541 Ξέρξῃ 81,24,
    575 Ξέρξην 13,6,494 Ξέρξαι 33,6,519

ξέω ξέων 77,22,571

ξίφος ξίφους 86,8,580 ξίφει 109,15,607 ξίφος 43,22,532
    68,25,561 ξιφῶν 5,20,485

196

ξυγγενής βλ. συγγενής

ξυγγίγνομαι βλ. συγγίγνομαι

ξυγγνώμη βλ. συγγνώμη

ξυγγνώμων ξυγγνώμονας 64,16,556

ξυγγράφω βλ. συγγράφω

ξυγκάθημαι ξυγκαθημένου 60,14,552 ξυγκαθημένων 41,18,529

ξυγκαλέω ξυγκαλοῦσα 37,4,524

ξυγκατάκειμαι ξυγκατακείμενος 28,22,515

ξύγκειμαι βλ. σύγκειμαι

ξυγκεράννυμι βλ. συγκεράννυμι

ξύγκλητος βλ. σύγκλητος

ξυγκλύζω ξυγκεκλυσμένα 23,9,509

ξύγκλυς ξυγκλύδος 42,31,531

ξυγκρούω ξυγκρούων 97,30,594

ξυγχωρέω βλ. συγχωρέω

ξύλινος ξύλινον 2,18,481

ξυλλαμβάνω ξυνελάμβανε(ν) 18,7,501 30,3,517 111,32,611
        112,8,612 ξυνέλαβε 27,19,514 ξυλλαβεῖν 117,1,617
      ξυνειληφότες 36,26,523

ξυλλέγω βλ. συλλέγω

ξυμβαίνω βλ. συμβαίνω

ξυμβάλλω βλ. συμβάλλω

ξυμβόλαιον ξυμβόλαια 58,18,549

ξυμβολή ξυμβολάς 95,23,591

ξύμβολον 63,27,555

ξυμβουλεύω ξυμβουλεύων 40,17,528 53,18,543 ξυμβουλεύοντα

81,20,575

<u>ξυμβουλία</u> 88,17,583 <u>ξυμβουλία</u> 58,6,549 <u>ξυμβουλίαν</u> 17,
20,500 64,20,556

<u>ξύμβουλος</u> 12,15,493 45,11,534 <u>ξύμβουλοι</u> 62,15,554

<u>ξυμμαχία</u> βλ. <u>συμμαχία</u>

<u>ξύμμαχος</u> βλ. <u>σύμμαχος</u>

<u>ξυμμετέχω</u> <u>ξυμμετέχειν</u> 67,28,560

<u>ξυμμετρέω</u> <u>ξυμμεμετρημένην</u> 90,11,585

<u>ξύμμετρος</u> βλ. <u>σύμμετρος</u>

<u>ξύμπας</u> <u>ξυμπάντων</u> 18,10,501 <u>ξύμπαντα</u> 72,20,565

<u>ξυμπίνω</u> <u>ξυμπίνοντα</u> 49,8,538 <u>ξυμπίνοντας</u> 10,10,490
<u>ξυνέπινε</u> 90,16,586

<u>ξυμπίπτω</u> <u>ξυνέπεσεν</u> 63,14,555

<u>ξυμφέρω</u> βλ. <u>συμφέρω</u>

<u>ξύμφημι</u> <u>ξυμφήσαντες</u> 28,10,515

<u>ξυμφοιτάω</u> <u>ξυμφοιτᾶν</u> 31,16,518

<u>ξύν</u> βλ. <u>σύν</u>

<u>ξυνάγω</u> βλ. <u>συνάγω</u>

<u>ξυναιρέω</u> βλ. <u>συναιρέω</u>

<u>ξυναίρω</u> <u>ξυνήρατο</u> 64,6,556 92,24,588 113,25,613 <u>ξυνά-</u>
<u>ρασθαι</u> 73,23,566

<u>ξυνακολουθέω</u> <u>ξυνηκολούθει</u> 33,16,520 <u>ξυνηκολούθησεν</u> 34,2,
520

<u>ξυναποδημέω</u> <u>ξυναπεδήμουν</u> 68,7,560

<u>ξυνάπτω</u> βλ. <u>συνάπτω</u>

<u>ξυνδιαφέρω</u> <u>ξυνδιαφέροντα</u> 91,29,587

ξύνδικος 50,20,540   ξύνδικον 50,13,539   ξυνδίκοις 50,16,
539

ξύνειμι ξυνεῖναι 46,15,535   ξυνών 6,22,486   125,30,627
ξυνῆν 31,25,518

ξυνεμφέρω ξυνενεγκόντων 36,29,524

ξυνεπινεύω ξυνεπένευσαν 79,2,572

ξυνεργός ξυνεργόν 31,31,518

ξύνεσις 100,26,597

ξυνέχω βλ. συνέχω

ξυνήγορος βλ. συνήγορος

ξυνήθης βλ. συνήθης

ξυνθάπτω ξυνθάψω 66,3,558   ξυνταφῆναι 100,17,597

ξυνθήκη βλ. συνθήκη

ξυνίημι βλ. συνίημι

ξυνίστημι ξυστῆσαι 87,26,582   ξυστάντων 113,3,613
ξυνεστᾶσι 99,9,595

ξυννεάζω ξυννεάζων 91,27,587   105,28,603

ξυνοικία ξυνοικίαν 87,17,582

ξυνοράω ξυνορᾶν 112,14,612

ξυνουσία βλ. συνουσία

ξυντακής 73,4,565

ξυντάττω βλ. συντάττω

ξυντείνω ξυντείνοντες 17,11,500   ξυντείνοντα 70,7,562

ξυντίθημι βλ. συντίθημι

ξυντρέφω ξυντρέφειν 66,10,558

ξυντρέχω βλ. συντρέχω

ξυρέω ξυρεῖν 15,12,497

ξυρρέω ξυνερρυηκότα 62,3,553

ξυσπουδάζω ξυσπουδάζων 114,2,614

ξυσσιτέω ξυσσιτῆσαι 62,26,554

ὁ, ἡ, τό ὁ 20,29,505 Κ4, Οὐεστ; ἄπεστι παρὰ Λο (Κ3).
24,20,511 Κ4, Λο; ἄπεστι παρὰ Οὐεστ. 103,27,601 Κ4,
Λο, Οὐεστ (Κ3). 123,26,625 Κ4, Λο, Οὐεστ (Κ2 σ. 388).
τοῦ 58,9,549 Κ4, Οὐεστ; τόν Λο (Βαλκ παρὰ Σ σ. 272).
116,25,617 Κ4, Οὐεστ μετὰ 'ταώ'; ἄπεστι παρὰ Λο (Κοβ σ.
221). τῷ 11,1,491 Κ4, Λο; τῶν Οὐεστ. 14,12,495
Κ4, Οὐεστ; ἄπεστι παρὰ Λο. 124,20,626 προστίθ. Λο
μετὰ 'παραγραφόμενος' (Κ2 σ. 389); ἄπεστι παρὰ Κ4,
Οὐεστ. τόν 5,24,485 προστίθ. Λο πρὸ 'Φίλιππον' (Κ2
σ. 165); ἄπεστι παρὰ Κ4, Οὐεστ. 17,30,501 Οὐεστ μετὰ
''Αθηναίων'; ἄπεστι παρὰ Κ4, Λο (Κ4 σ. XXII).
οἱ 48,27,538 Κ4, Λο, Οὐεστ ('Ιακ παρὰ Κ2 σ. 278).
93,26,589 προστίθ. Λο μετὰ 'μέν' (Κοβ σ. 219); ἄπεστι
παρὰ Κ4, Οὐεστ. τῶν 101,2,598 Κ4, Λο, Οὐεστ (Κ2 σ.
361). τήν 48,26,538 Κ4, Λο, Οὐεστ μετὰ 'ἐρῶντες'
(Γρ καὶ Σ παρὰ 'Ολ). αἱ 17,1,500 Λο μετὰ 'γεγόνασιν';
ἄπεστι παρὰ Κ4, Οὐεστ. τό 5,22,485 Κ4; ἄπεστι παρὰ
Λο, Οὐεστ.

ὀγδοήκοντα 94,6,590 115,6,615

ὄγδοος ὄγδοον 63,22,555

ὅδε 40,22,528 τῷδε 73,13,566 οἵδε 11,19,492. 91,23,587
Κ4, Οὐεστ; ἤδη Λο ('Ια σ. 65). ἥδε 25,14,512 54,2,

543   55,4,545   67,10,559   96,19,593   <u>τῆσδε</u> 40,19,528

<u>τήνδε</u> 35,26,522   55,7,545   70,31,563   96,28,593   <u>αἵδε</u>

80,30,574   122,23,623   <u>τῶνδε</u> 40,23,528   75,32,569

116,29,617   <u>τόδε</u> 3,25,482   6,10,485   6,24,486   73,11,

566   99,10,595   125,4,626   <u>τάδε</u> 15,18,498   15,23,498

18,11,501   21,27,507   22,9,507   42,28,531.   45,18,534

Κ⁴, Λο (Κ² σ. 273); <u>τὰ μέν</u> Οὐεστ.   55,15,545   73,12,

566   96,9,592   <u>τοῖσδε</u> 27,11,514   34,27,521   39,22,527

79,5,572

<u>ὁδοιπορέω</u>   <u>ὁδοιπορῶν</u> 118,4,618   <u>ὁδοιποροῦντι</u> 43,23,532

<u>ὁδός</u>   <u>ὁδοῦ</u> 55,14,545   77,31,571   78,27,572   <u>ὁδούς</u> 82,28,576

<u>ὁδούς</u>   <u>ὁδόντες</u> 77,9,570   <u>ὁδόντας</u> 77,21,571

'Οδυσσεύς   8,8,488

<u>ὅθεν</u>   3,9,482   4,20,483   6,23,486   9,2,489   10,6,490   15,7,

497   22,14,508   30,32,517   34,14,521   36,26,523   41,14,

529   41,22,529   45,9,534   54,30,544   63,32,555   66,14,

558   68,23,561   72,16,565   78,11,571   83,10,577   89,26,

585   91,27,587   97,32,594   98,15,594   101,23,598   107,

1,605   112,3,611   123,28,625

<u>οἱ</u>   59,10,550   98,5,594

<u>οἶδα</u>   βλ.*<u>εἴδω</u>

<u>οἰκεῖος</u>   <u>οἰκείων</u> 51,23,541   <u>οἰκείους</u> 54,19,544   <u>οἰκείᾳ</u> 35,

12,522   <u>οἰκείας</u> 121,20,622   <u>οἰκεῖα</u> 40,32,528

<u>οἰκέτης</u>   30,4,517   <u>οἰκέται</u> 43,25,532   <u>οἰκέταις</u> 92,15,588

<u>οἰκέτας</u> 40,12,528   104,32,603

<u>οἰκέω</u>   <u>οἰκῶν</u> 123,6,624   <u>οἰκοῦντες</u> 78,21,572   <u>ᾤκησε</u> 69,22,

562   <u>οἰκῆσαι</u> 69,20,562   <u>οἰκήσαντες</u> 81,5,574

οἰκητήριον 79,20,573

οἰκία 6,5,485   42,16,530   43,30,532   οἰκίας 10,8,490   30,
    14,517   31,9,518   31,12,518   34,8,521   42,7,529   45,28,
    535   54,9,543   56,28,548   64,17,556   65,12,557   102,26,
    599   105,12,603   105,19,603   106,7,604   120,5,620
        οἰκίᾳ 13,6,494   44,32,534   65,10,557   βλ. οὐσία 66,15,
    558·   οἰκίαν 45,4,534   65,6,557   105,15,603   οἰκίαι
    108,4,606   οἰκιῶν 56,24,547

οἰκίζω ᾤκισε 59,32,551   ᾤκισται 8,26,489

οἰκίσκος οἰκίσκῳ 20,10,504   29,21,516

οἰκιστής οἰκιστήν 87,10,582   οἰκισταί 42,1,529

οἰκοδομέω ᾠκοδόμηται 85,16,580

οἰκοδόμημα οἰκοδομήματος 107,16,605   οἰκοδομημάτων 43,29,
    532

οἶκοι 6,14,486   9,15,490   13,2,494   17,5,500   20,32,505
    29,17,516   42,19,530   42,21,530   43,18,532   76,25,570
    82,32,577   89,29,585   100,2,596   101,14,598   102,11,
    599   108,22,606   109,17,607   112,27,612   120,4,620
    121,15,621

οἶκος 31,11,518   97,24,594   οἴκου 28,15,515   30,15,517
    32,23,519   106,3,604   112,4,611. 112,7,612 Κ4, Οὐεστ;
    καί που Λο (Κ2 σ. 371).   οἴκῳ 66,17,558   οἶκον 31,8,
    518   44,1,532   66,19,558   110,27,610   οἴκων 14,25,496
    56,17,547   64,18,556

οἶμαι 12,4,492   16,21,499   94,9,590   100,31,597   105,5,603
    112,30,613   οἴει 82,29,576   85,27,580   οἴεσθαι 49,8,

538   οἰομένοις 124,25,626   ᾤετο 25,18,512   47,30,537 49,18,539 51,12,540 58,24,549 60,5,551 118,20,618 119,5,619 124,12,625 ᾠόμεθα 116,22,617 ᾤοντο 8,10, 488 78,11,571 ᾠήθη 29,23,516 118,29,619

Οἰνόμαος Οἰνομάου 89,11,584

οἶνος 95,17,591 οἴνου 92,6,587 95,16,591 οἴνῳ 18,23, 501 33,21,520 90,16,586 92,27,588 οἶνον 126,6,627

οἰνοχόος οἰνοχόους 68,9,560 80,20,574

οἶος 38,13,525 48,17,537 107,23,605 115,27,616 117,4, 617 119,19,619 126,5,627 126,6,627 οἶον 7,7,487 7,13,487 19,28,503 29,24,516 37,31,525 42,26,531 61,2,552 69,14,561 70,18,562 99,15,596 100,19,597 101,22,598 110,31,610 124,21,626 οἶοι 54,22,544 84,3,578 90,27,586 οἴους 110,30,610 οἶα 8,14,488 76,32,570 οἶαι 72,1,564 οἶα 50,23,540 104,14,602 112,9,612 119,24,620

ὀκνέω ὀκνεῖν 47,31,537 ὤκνει 20,21,505

ὀκρίβας ὀκρίβαντι 11,24,492

ὀκτώ 12,30,494 28,30,515 60,31,552 90,5,585 97,21,593 109,16,607 112,18,612 112,23,612

ὄλβος ὄλβου 118,5,618

ὀλιγαρχία ὀλιγαρχίας 18,29,502

ὀλίγος ὀλίγοις 59,24,551 98,27,595 ὀλίγην 82,29,576 ὀλίγαι 39,26,527 77,27,571 ὀλίγα 5,24,485 14,16, 496 68,26,561

ὀλίγωρος ὀλίγωροι 72,17,565

ὀλκάς ὀλκάσιν 108,4,606

ὅλος   ὅλης 119,12,619

ὀλοφύρομαι   ὀλοφυρομένους 54,19,544   ὠλοφύρατο 87,13,582
      ὀλοφυράμενος 70,12,562

'Ολυμπία   'Ολυμπία 14,14,496   21,20,506   59,30,551   64,32,
      557   71,14,563   117,11,617

'Ολύμπια, τά   'Ολυμπίων 42,22,530   45,22,534   52,19,542
      'Ολυμπίοις 52,17,541

'Ολυμπιακός   'Ολυμπιακή 52,24,542

'Ολυμπίασι 20,30,505   49,23,539

'Ολυμπίειον   βλ. 'Ολύμπιον 44,19,533

'Ολυμπικός 12,13,493   'Ολυμπικῷ 12,23,493   'Ολυμπικούς
      109,2,607

'Ολυμπιόδωρος 115,17,615

'Ολύμπιον 44,19,533 Κ⁴, Οὐεστ; 'Ολυμπίειον Λο (Κοβ σ. 215).

'Ολυμπιονίκης 112,4,611   'Ολυμπιονικῶν 112,4,611

"Ολυμπος 80,30,574   'Ολύμπου 80,30,574

ὄμβριος   ὀμβρίων 57,10,548

'Ομήρειος   'Ομηρείους 53,7,542

'Ομηρίδης   'Ομηρίδαις 32,7,518

'Ομηρικός   'Ομηρικοῦ 48,24,538   'Ομηρικόν 67,9,559   96,20,
      593

"Ομηρος   'Ομήρου 1,10,480   27,13,514   'Ομήρῳ 1,12,480   121,
      28,622   "Ομηρον 83,12,577   119,28,620   119,29,620

ὁμιλέω   ὡμίλει 32,7,518   ὡμίλησε 13,2,494

ὁμιλητής   ὁμιλητάς 36,8,523   74,23,568

ὁμιλία   ὁμιλίας 18,13,501

ὅμιλος ὁμίλου 48,16,537 113,16,613 ὁμίλῳ 32,30,519 62,

    10,553 87,23,582 113,23,613

ὄμμα 68,31,561 77,9,570 86,15,580 ὀμμάτων 61,3,552

    118,31,619 ὄμμασι 118,8,618

ὁμοδίαιτος ὁμοδιαίτῳ 22,17,508

ὅμοιος 8,22,488 120,26,621 ὁμοίως 8,23,489 43,14,531

    58,1,549

ὁμοιοτέλευτος ὁμοιοτέλευτα 15,4,497 19,31,503

ὁμοιόω ὁμοιούντων 116,15,616 ὁμοιοῦσθαι 116,18,617

    ὁμοιωθῆναι 18,20,501 18,22,501

ὁμολογέω ὁμολογῶν 30,13,517 ὡμολόγει 121,12,621

    ὁμολογήσει 19,10,502 ὡμολόγησε 62,31,554 76,13,569

    ὁμολογεῖται 88,11,583 ὡμολογημένων 58,17,549 ὡμο-

    λογήθη 41,6,528

ὁμονοέω ὁμονοοῦντας 6,3,485 ὁμονοοῦσαν 42,32,531

ὁμόνοια ὁμονοίας 12,15,493 12,23,493 17,25,500

ὁμότεχνος ὁμοτέχνοις 11,27,492

ὁμοῦ 30,31,517 33,19,520 44,31,534 47,28,537 107,21,605

ὁμώνυμος 40,11,528 76,28,570 ὁμώνυμον 103,10,600

ὁμῶς 53,8,542

ὅμως 5,5,484 18,24,501 20,25,505 21,1,505 52,5,541 64,

    9,556 75,6,568 98,2,594 104,3,601 118,7,618 122,

    20,623

ὄνειδος 4,21,483 120,14,620

ὀνειροπολέω ὀνειροπολήσας 49,10,538

ὄνειρος ὀνείρατα 26,26,513 ὀνειράτων 75,11,568

ὀνίνημι ὤνησε(ν) 42,28,531   60,3,551   113,16,613   ὤνητ'
    9,32,490

ὄνομα 3,1,481   14,18,496   18,10,501   25,14,512   38,2,525
    43,31,532   51,6,540   76,14,569   99,2,595   104,23,602
    110,29,610   114,29,615   τοὔνομα 86,11,580   ὀνόματος
    103,7,600   123,10,624   ὀνόματα 11,32,492   14,17,496
    19,15,502   19,21,503   21,6,505   96,6,592   113,29,613
    122,28,623   ὀνομάτων 13,29,495   81,8,574   ὀνόμασι 17,
    27,500   66,12,558

ὀνομάζω ὀνομάζειν 7,25,488   ὠνόμαζεν 66,1,558   ὠνομάζοντο
    36,27,524   ὠνομασμένους 66,11,558

'Ονόμαρχος 101,18,598

ὀνομαστός 41,17,529   74,7,567   ὀνομαστῷ 73,1,565

ὄνος ὄνων 61,24,553

ὄνυξ ὄνυχας 77,22,571

ὀξυηχής ὀξυηχές 8,29,489

ὄπη 2,25,481   99,9,595   101,25,598

ὅπλον ὅπλων 12,16,493   38,32,526   100,4,596   103,15,600
    ὅπλοις 86,8,580   ὅπλα 47,18,536   71,2,563   109,25,607
    115,30,616

ὁπόθεν 28,28,515

ὁποῖος ὁποῖον 28,14,515   40,9,528   44,30,534   ὁποίαν 16,7,
    499   ὁποῖα 58,10,549   97,15,593

ὁπόσος ὁπόσοι 34,7,521   93,28,589   ὁπόσοις 77,5,570   ὁπό-
    σους 124,27,626   ὁπόση 75,12,568   ὁπόσην 107,32,606
    ὁπόσαι 36,32,524   74,16,567   ὁπόσον 88,7,583   ὁπόσα

7,17,487   10,7,490   74,8,567   107,29,605

ὁπότε   7,16,487   51,11,540   51,14,540   57,31,549   58,24,549
66,31,559   67,11,559   70,22,563   75,8,568   83,28,578
91,31,587   93,23,589   107,18,605   126,24,628   126,30,
628

ὁπότερος ὁποτέρῳ 76,3,569

ὅπως   24,8,510   41,8,528   47,21,536   62,17,554   71,10,563

ὁράω ὁρῶ 19,16,503   53,3,542   ὁρᾷ 123,14,624   ὁρᾶτε 41,
25,529   ὅρα 119,12,619   ὁρῶν 6,10,485 8,4,488 9,18,
490   12,15,493   29,32,516   31,3,517   62,18,554   67,7,
559   95,24,592   111,15,611   118,31,619   ὁρῶντες 4,18,
483   58,7,549   ὁρώντων 21,32,507   ὁρῶσαι 18,26,502
ἑώρα 66,13,558   ἑωρακέναι 87,25,582

ὄργανον ὀργάνων 5,21,485   ὀργάνοις 7,3,487   29,25,516

ὀργή ὀργῆς 9,10,489   25,19,512   ὀργῇ 32,15,519   66,7,558
84,12,578   123,18,624   ὀργήν 6,25,486   17,21,500   31,
7,518   69,12,561   86,16,581

ὀργιάζω ὠργίαζεν 54,8,543

ὀργίζω ὀργίζεται 97,4,593   ὀργίζου 70,19,562

Ὀρέστης 2,20,481

ὀρθός 32,28,519   ὀρθῶς 15,5,497   19,7,502   36,20,523   56,
8,547   121,13,621

ὄρθρος ὄρθρον 31,32,518

ὁρίζω ὁρίζει 5,10,484   ὁριζομένας 85,5,579   ὥρισται 64,
30,557

ὁρμάω ὁρμᾷ 96,23,593   ὁρμῶντας 8,5,488   ὥρμησε 23,31,510

ὁρμήσειεν 106,14,604   ὡρμηκότων 39,4,526   ὁρμώμενοι
36,28,524

ὁρμή 23,6,509 34,14,521 124,25,626   ὁρμῆς 11,27,492 48,
20,537 61,4,552 93,30,589   ὁρμῇ 23,17,509 50,14,
539 67,16,559 83,27,578 88,19,583 116,2,616   ὁρμήν
44,27,533 108,21,606   ὁρμαί 74,27,568   ὁρμαῖς 47,2,
536   ὁρμάς 108,30,607

ὁρμητήριον ὁρμητηρίῳ 67,29,560

ὁρμίζω ὥρμισται 59,10,550

ὅρμος 51,29,541   ὅρμους 108,3,606

ὄρνις ὄρνιθος 116,25,617 Κ⁴, Οὐεστ; ἄπεστι παρὰ Λο (Κοβ σ.
221).   ὀρνίθων 26,23,513

ὄροβος ὄροβοι 24,19,511

ὄρος ὄρει 63,8,554 97,23,594   ὀρῶν 82,30,577   ὄρη 81,30,
575 82,2,576

ὄροφος ὀρόφου 113,27,613   ὄροφον 59,20,551

ὄρτυξ ὀρτύγων 89,3,584 105,27,603

ὀρύττω ὀρύττειν 53,25,543   ὀρύττοντας 57,10,548

'Ορφεύς 33,24,520   'Ορφέως 4,1,483

ὀρχηστής ὀρχηστῶν 93,24,589

ὅς 6,25,486 15,31,498 18,16,501 33,24,520 46,11,535
53,9,542 56,2,547 62,18,554 68,14,560 84,15,579
94,30,590 102,24,599 104,7,601 123,19,624 127,3,
628 οὗ 10,26,491 12,12,493 14,28,496 16,32,500
26,2,512 40,1,527 40,8,527 40,14,528 49,5,538 54,
24,544 56,25,547 61,17,553 73,12,566 74,8,567 82,

10,576   87,31,582   99,22,596   109,4,607   120,11,620

ᾧ 17,5,500   17,25,500   18,20,501   22,23,508   25,14,512

30,5,517   31,12,518   36,30,524   54,8,543   63,12,555

68,6,560   80,15,574   81,14,575   102,22,599   105,10,603

108,24,606   ὅν 3,11,482   4,8,483   4,9,483   8,10,488

9,7,489   11,21,492   12,7,493   12,18,493   20,30,505   21,

18,506   21,26,507   24,19,511   25,18,512   27,25,514   29,

10,516   31,5,517   54,26,544   59,17,550   60,29,552   62,

31,554   68,23,561   70,26,563   71,3,563   74,13,567   76,

26,570   83,3,577   94,18,590   112,18,612   οἵ 15,4,497

19,4,502   24,16,511   58,7,549   61,27,553   69,29,562

87,8,582   100,20,597   110,21,610   ὧν 2,2,480   5,1,484

7,29,488   9,31,490   11,4,491   11,30,492   17,16,500   18,

10,501   19,7,502   23,27,510   24,23,511   30,12,517   37,

23,524   43,9,531   43,20,532   55,23,547   57,14,548   58,

26,549   59,27,551   64,20,556   67,26,560   69,9,561   70,

7,562   78,24,572   82,15,576   85,20,580   89,22,585   90,

6,585   93,15,589   94,32,591   101,16,598   106,7,604

109,27,607   110,23,610   110,29,610   113,5,613   113,28,

613   115,8,615   117,14,617   126,23,628   οἷς 4,2,483

11,25,492   13,12,494   17,22,500   18,22,501   20,26,505

20,27,505   23,30,510   45,22,534   55,10,545   55,11,545

56,30,548   70,11,562   98,7,594   125,22,627   126,7,627

οὕς 7,20,487   10,21,491   12,19,493   14,12,495   18,2,

501   47,27,537   55,18,546   56,12,547   63,9,554   66,22,

558   66,29,559   73,18,566   73,24,566   92,28,588   95,9,

591   97,26,594   98,18,594   101,20,598   104,4,601   108,

8,606   108,11,606   109,25,607   109,32,608   115,28,616

ἤ 8,25,489   10,18,490   16,31,500   ἧς 8,17,488   65,31,

558   96,28,593   121,31,622   ἦ 6,22,486   7,2,487   23,4,

509   34,26,521   38,27,526   48,5,537   48,9,537   57,28,

549   60,11,551   69,4,561   89,18,585   97,19,593   100,26,

597   ἤν 2,12,481   2,27,481   5,9,484   12,25,493   13,30,

495   19,29,503   36,5,522   36,15,523   41,13,529   42,25,

531   43,23,532   48,31,538   58,12,549   63,31,555   65,25,

557   65,32,558   83,17,578   84,22,579   88,15,583   95,17,

591   101,26,598   111,6,610   112,11,612   120,9,620

αἵ 82,24,576   αἷς 8,21,488   16,25,499   16,27,499   33,

5,519   48,29,538   52,32,542   57,26,549   120,10,620

ἅς 3,1,481   29,27,516   56,19,547   56,24,547   58,4,549

61,2,552   68,9,560   85,25,580   103,14,600   105,13,603

114,30,615   122,22,623   ὅ 9,20,490   11,13,492   16,3,

499   40,5,527   49,12,538   59,23,551   62,23,554   62,30,554

68,31,561   69,20,562   78,8,571   85,15,580   109,13,607

114,23,614   ἅ 2,3,480   4,27,484   13,21,494   14,6,495

19,8,502   20,14,504   25,21,512   34,1,520   36,14,523

36,20,523   46,4,535   59,22,551   65,20,557   67,16,559

87,6,582   90,11,585.   101,1,597 Κ[4], Λο (Κ[2] σ. 361); ἄν

Οὐεστ.   106,9,604   111,23,611   113,17,613   121,13,621

121,29,622   οὗ 54,14,543   122,32,624

ὁσημέραι   62,24,554

ὅσος 127,2,628   ὅσοι 11,8,491   ὅσῳ 43,15,531   ὅσον 11,

16,492   103,4,600   127,4,628   ὅσα 40,28,528   73,8,565
93,13,589   93,15,589   ὅσονπερ 36,6,523   ὅσαπερ 34,22,
521

ὅσπερ 51,5,540   ὅπερ 79,1,572   96,5,592   οὗπερ 29,3,516
οἷσπερ 8,3,488

ὅστις 30,24,517   40,22,528   119,8,619   ὅτου 65,7,557   118,
21,618   ἥτις 34,13,521   ὅ τι 1,15,480   6,30,486   30,
14,517   36,17,523   44,2,532   61,21,553   65,17,557   75,
7,568   114,26,615   115,14,615   118,24,619   123,19,624

ὅταν 86,2,580

ὅτε 9,9,489   22,21,508   32,15,519   32,28,519   45,25,535
46,2,535   46,18,535   48,20,537   62,11,553   65,1,557
82,9,576   93,7,589   93,32,589   98,7,594   99,13,596
105,10,603   106,14,604   110,15,610   111,11,611   114,12,
614

ὅτι 1,3,479   4,15,483   6,2,485   8,9,488   9,22,490   12,28,
494   26,26,513   30,25,517   31,13,518   35,20,522   41,21,
529   45,7,534   46,7,535   67,9,559   72,28,565   73,28,
566   86,18,581   86,28,581   88,16,583   90,27,586   94,7,
590   94,16,590   99,19,596   100,29,597   101,16,598   104,
19,602   110,19,610   114,26,615   118,17,618   120,13,620
123,7,624   124,25,626   124,30,626

οὐ, οὐκ, οὐχ 1,8,479   1,8,479   1,10,480   1,12,480   1,15,
480   3,26,482   4,6,483   4,8,483   4,13,483   4,21,483   4,
26,484   4,29,484   5,1,484   5,19,485   5,21,485   6,30,
486   7,6,487   7,9,487   7,12,487   7,17,487   7,25,488   8,

(<u>οὐ</u>, <u>οὐκ</u>, <u>οὐχ</u>) 5,488   8,19,488   10,23,491   11,6,491   12,25,
493   13,8,494   13,10,494   13,13,494   13,21,494   14,4,
495   14,15,496   15,5,497   15,16,498   15,27,498   16,16,
499   16,19,499   16,21,499   18,17,501   18,18,501   19,7,
502   19,13,502   19,18,503   19,31,503   20,25,505   21,6,
505   22,8,507   22,30,508   23,1,509   23,26,510   23,32,
510   24,5,510   24,10,510   24,11,510   25,3,511   25,5,
511   25,26,512   25,28,512   26,3,512   26,30,513   27,4,
514   27,23,514   27,24,514   27,25,514   27,25,514   28,7,
515   29,8,516   29,20,516   29,32,516   30,8,517   30,19,
517   30,24,517   32,29,519   33,17,520   34,12,521   35,18,
522   36,3,522   36,13,523   37,2,524   37,12,524   37,15,
524   38,3,525   38,16,525   39,6,526   39,10,526   40,3,
527   40,27,528   41,25,529   42,4,529   42,31,531   43,17,
532   43,20,532   43,30,532   44,16,533   44,17,533   45,28,
535   46,3,535   46,13,535   46,14,535   46,24,536   48,15,
537   50,19,540   50,24,540   50,31,540   51,22,541   52,11,
541   52,26,542   52,31,542   53,28,543   53,29,543   54,5,
543   54,12,543   54,22,544   56,20,547   56,20,547   56,22,
547   57,4,548   58,23,549   59,6,550   59,22,551   60,9,
551   60,22,552   61,30,553   62,9,553   62,13,554   62,32,
554   63,16,555   63,22,555   64,10,556   64,21,556   65,5,
557   66,20,558   66,28,559   66,29,559   67,28,560   68,30,
561   69,19,562   69,32,562   72,2,564   72,4,564   72,11,
564   72,21,565   73,26,566   74,3,567   75,4,568   75,6,
568   75,19,568   75,29,569   76,15,569   76,27,570   77,12,

(οὐ, οὐκ, οὐχ) 570 77,27,571 77,31,571 79,16,573 79,24,
573 82,4,576 82,23,576 82,27,576 83,28,578 83,32,
578 84,8,578 84,21,579 84,23,579 84,26,579 85,12,
579 85,16,580 85,29,580 86,18,581 86,24,581 86,27,
581 87,4,582 87,11,582 87,25,582 87,26,582 88,2,
583 88,9,583 88,14,583 88,30,583 90,4,585 90,20,
586 91,1,586 92,4,587 92,14,588 93,1,588 93,27,
589 94,8,590 94,23,590 95,14,591 96,3,592 97,4,
593 98,3,594 98,22,595 98,28,595 99,2,595 99,19,
596 99,30,596 100,15,597 101,19,598 101,19,598 102,
29,600 102,31,600 103,9,600 103,25,601 104,12,602
104,17,602 104,29,603 106,2,604 106,28,604 106,29,
604 108,7,606 110,4,609. 110,23,610 Κ⁴, Λο; μή Οὐεστ
(Βουλγ).   110,26,610 110,28,610 111,3,610 111,6,
610 111,9,611 111,15,611 112,18,612 112,29,613
113,2,613 113,13,613 114,15,614 114,22,614 114,32,
615 115,8,615 115,14,615 116,19,617 116,27,617
117,16,617 117,26,618 118,10,618 120,6,620 120,18,
621 120,20,621 121,4,621 121,8,621 121,12,621 121,
13,621 121,28,622 122,4,623 122,10,623 122,17,623
122,25,623 122,31,624 122,32,624 123,8,624 123,11,
624 123,32,625 124,2,625 124,13,625 124,20,626 125,
6,626 125,28,627 126,23,628 126,24,628 126,29,628
127,5,628   βλ. ὡς δὲ οὐχ ὑπεδέξατο 121,22,622.
οὐχί 2,27,481 14,29,496 23,3,509 30,21,517 88,14,
583 92,25,588 110,5,609

οὔ, οἴ, ἔ   οἱ 34,15,521   34,18,521   35,1,521   44,27,533
    46,15,535 48,28,538 49,5,538 49,16,539 62,26,554
    68,5,560 69,16,561 80,19,574 91,12,586 111,2,610
    111,11,611 118,20,618 122,1,622

Οὔαρος 51,6,540   Οὔαρε 51,31,541

Οὔαρος (ὁ ἐκ τῆς Πέργης) 82,16,576   Οὐάρῳ 82,17,576
    Οὔαρον 82,21,576

Οὔαρος (ὁ Λαοδικεύς) Οὔαρον 120,7,620

οὐδαμοῦ 14,8,495 63,12,555 86,4,580 99,27,596 101,5,
    598 105,23,603 125,22,627

οὐδέ, οὐδ' 6,4,485 7,6,487 7,12,487 7,26,488 7,32,488
    9,31,490 10,23,491 11,9,491 14,29,496 18,24,501
    19,14,502 19,19,503 21,20,506 21,20,506 22,22,508
    26,16,513 30,8,517 32,30,519 34,12,521 34,13,521
    36,14,523 40,7,527 46,5,535 55,19,546 55,19,546
    58,24,549 59,27,551 67,27,560 68,19,561 68,31,561
    72,14,565 73,27,566 75,29,569 80,27,574 81,1,574
    81,2,574 83,28,578 86,17,581 86,19,581 87,24,582
    94,24,590 97,1,593 99,27,596 100,9,596 **101,23,598**
    102,20,599 102,26,599 105,24,603 105,24,603 105,25,
    603 106,20,604 106,21,604 108,7,606 109,1,607 110,
    28,610 114,16,614 115,25,616 123,8,624 123,9,624
    126,25,628 126,25,628

οὐδείς 51,29,541 54,3,543 60,16,552 122,17,623 οὐδενί
    28,26,515 109,32,608 οὐδεμιᾶς 83,10,577 οὐδεμιᾷ
    36,11,523 οὐδεμίαν 28,21,515 73,19,566 οὐδέν 2,8,

(οὐδέν) 480 4,13,483 6,1,485 9,2,489 9,31,490 12,24,

493 16,2,499 25,30,512 45,6,534 47,32,537 48,24,

538 54,10,543 58,21,549 59,2,550 60,5,551 63,15,

555 63,31,555 80,32,574 81,2,574 82,15,576 96,8,

592 100,9,596 101,16,598 102,20,599 115,5,615 116,

23,617 118,19,618 οὐδενός 54,11,543 102,7,599 122,

29,623

οὐδέτερος οὐδέτερον 126,23,628

οὐθείς οὐθέν 106,23,604

οὐκέτι 25,17,512 70,1,562 85,6,579

οὐκοῦν 55,8,545

οὖν 10,3,490 10,19,490 10,24,491 11,15,492 12,1,492

16,24,499 19,3,502 20,21,505 20,32,505 21,21,506

31,23,518 32,2,518 33,2,519 34,32,521 36,20,523

36,31,524 37,24,525 38,24,526 40,1,527 48,4,537

50,21,540 51,22,541 55,10,545 56,29,548 58,24,549

60,16,552 62,26,554 63,3,554 68,27,561 70,26,563

71,16,563 72,18,565 73,3,565 74,3,567 75,19,568

76,4,569 76,18,570 80,23,574 82,32,577 83,21,578

85,13,580 85,23,580 86,10,580 86,14,580 86,28,581

92,9,588 93,23,589 94,7,590 96,9,592 97,21,593

103,30,601 104,20,602 106,13,604 111,14,611 113,8,

613 116,31,617 117,1,617 117,19,617 118,23,619

118,29,619 122,29,623 123,30,625 124,24,626 126,9,

627 126,28,628

οὔπω 2,5,480 12,3,492 17,30,501 22,32,508 23,16,509

25,18,512   31,18,518   34,31,521   37,21,524   37,32,525
47,25,536   51,18,541   60,20,552   65,20,557   76,24,570.
82,14,576 Κ⁴, Λο, Οὐεστ (Κ¹ σ. 40).   82,32,577   87,22,
582   100,25,597   107,23,605   113,10,613   115,27,616
117,4,617   118,2,618   118,13,618   124,22,626

<u>οὐράνιος</u> <u>οὐράνιον</u> 104,10,602

<u>οὐρανός</u> <u>οὐρανῷ</u> 85,29,580   <u>οὐρανόν</u> 52,19,542   65,21,557

<u>οὔριος</u> <u>οὐρίῳ</u> 59,5,550

<u>οὖς</u> <u>ὤτων</u> 7,27,488   <u>ὦτα</u> 67,14,559   120,22,621   121,7,621
   <u>οὔατα</u> 49,32,539

<u>οὐσία</u> 117,25,618   <u>οὐσίας</u> 30,29,517   37,28,525   75,7,568
   100,22,597   114,12,614.   <u>οὐσίᾳ</u> 66,15,558 Κ⁴, Οὐεστ;
   <u>οἰκίᾳ</u> Λο (Κοβ σ. 217).   <u>οὐσίαν</u> 31,3,517   56,19,547
   102,31,600

<u>οὔτε</u>, <u>οὔτ᾽</u>, <u>οὔθ᾽</u> 21,14,506   21,15,506   21,18,506   21,19,
   506   25,29,512   25,29,512   27,6,514   27,6,514   32,17,
   519   32,17,519   32,24,519   32,24,519   36,9,523   36,10,
   523   37,6,524   37,7,524   42,12,530   42,13,530   44,9,
   533   44,9,533   64,10,556   64,11,556   64,13,556   68,17,
   561   69,24,562   69,24,562   87,4,582   87,5,582   96,31,
   593   96,32,593   111,15,611   111,16,611   116,11,616   116,
   16,616   116,17,616   118,3,618   118,4,618   118,4,618
   120,16,620   120,16,620   120,25,621   120,25,621   120,26,
   621   122,16,623   122,17,623

<u>οὗτος</u> 1,16,480   3,20,482   4,10,483   5,25,485   8,25,489   10,
   9,490   14,24,496   20,32,505   24,20,511   24,25,511   28,

(οὗτος) 18,515   39,16,527   41,25,529   46,26,536   49,9,538

52,5,541   52,20,542   55,12,545   60,30,552   64,24,556

71,14,563   73,22,566   74,2,567   74,10,567   83,15,577

92,30,588   94,21,590   99,25,596   104,28,603   114,20,

614   116,32,617   120,20,621   123,5,624   123,26,625

124,7,625   126,32,628   τούτου 16,20,499   18,29,502

21,12,506   22,24,508   32,4,518   35,11,521   50,7,539

54,5,543   55,3,545   57,5,548   60,2,551   60,9,551   62,

21,554   64,30,557   65,13,557   68,15,560   69,25,562   73,

28,566   75,8,568   84,2,578   85,30,580   89,22,585   91,

31,587   93,5,588   97,16,593   109,7,607   112,21,612

118,13,618   119,31,620   123,12,624   126,15,628

τουτουί 50,19,540   τούτῳ 25,16,512   35,16,522   47,16,

536   51,17,540   80,6,573   92,5,587   106,4,604   107,31,

606   116,21,617   τοῦτον 3,13,482   23,15,509   26,5,512

27,19,514   52,30,542   57,7,548   61,14,553   61,19,553

61,27,553   73,31,566   88,20,583   102,30,600   τούτω 67,

10,559.   οὗτοι 42,1,529 Κ4, Λο, Οὐεστ (Κ1 σ. 29).   42,

18,530   51,2,540   88,31,583   90,27,586   107,4,605   116,

3,616   τούτων 2,13,481   28,26,515   31,13,518   52,21,

542   54,10,543   59,4,550   61,13,553   66,32,559   74,20,

567   81,12,575   89,12,584   95,9,591   107,29,605   122,6,

623   126,13,628   τούτοις 11,9,491   17,2,500   27,20,

514   31,19,518   36,17,523   51,12,540   63,25,555   108,9,

606   108,12,606   τούτους 34,8,521   40,21,528   85,8,

579   109,26,607   αὕτη 38,32,526   84,16,579   1C7,15,

605 108,26,606 115,5,615 121,6,621 <u>ταύτης</u> 14,26,

496 45,12,534 53,27,543 60,21,552 63,13,555 77,1,

570 80,12,574 85,2,579 88,30,583 99,11,595 <u>ταύτη</u>

14,3,495 15,8,497 <u>ταύτην</u> 5,3,484 38,8,525 40,29,

528 68,30,561 81,6,574 82,29,576 87,12,582 94,11,

590 99,14,596 100,28,597 110,25,610 <u>αὗται</u> 68,11,

560 93,24,589 <u>ταύταις</u> 33,10,520 53,21,543 66,6,

558 <u>ταύτας</u> 33,6,519 <u>τοῦτο</u>, <u>τοῦτ'</u> 1,17,480 3,22,

482 3,24,482 5,18,485 8,27,489 11,26,492 13,15,

494 14,12,495 23,31,510 27,8,514 28,31,515 35,11,

521 35,17,522 37,13,524 39,12,526 39,22,527 41,5,

528 46,22,535 48,2,537 48,32,538 49,11,538 51,25,

541 53,32,543 63,28,555 64,22,556 68,3,560 69,22,

562 72,31,565 73,26,566 77,5,570 77,31,571 78,1,

571 82,22,576 84,15,579 86,11,580 88,8,583 91,16,

587 94,23,590 100,6,596. 104,12,602 Οὐεστ μετὰ 'ἔρχε-

ται' (Βουλγ); ἄπεστι παρὰ Κ[4], Λο.   107,18,605 110,17,

610 111,26,611 114,24,615 118,27,619 124,2,625

124,29,626 <u>τουτί</u> 4,14,483 9,5,489 16,7,499 28,28,

515 29,20,516 30,1,517 34,24,521 35,15,522 41,15,

529 44,30,534 54,16,543 55,24,547 61,5,552 64,15,

556 79,30,573 88,25,583 94,17,590 104,5,601 113,

32,614 117,10,617 118,9,618 121,19,622 125,23,627

<u>ταῦτα</u> 2,5,480 4,4,483 8,9,488 9,3,489 9,12,489 9,

25,490 13,32,495 15,14,497 15,21,498 17,19,500 18,

18,501 19,1,502 24,11,510 25,31,512 26,24,513 26,

(ταῦτα) 26,513   29,32,516   38,16,525   39,4,526   39,14,

527   41,32,529   44,9,533   44,16,533   45,5,534   45,29,

535   47,21,536   48,4,537   52,12,541   52,22,542   53,10,

542   55,23,547   57,21,548   58,22,549   58,32,550   59,21,

551   60,24,552   63,1,554   64,9,556   65,3,557   65,10,

557   65,26,557   66,20,558   68,22,561   68,28,561   69,17,

561   70,19,562   76,2,569   76,12,569   79,11,572   82,2,

576   82,31,577   84,10,578   85,13,580   86,30,581   88,14,

583   90,29,586   91,4,586   95,27,592   97,15,593   97,18,

593   99,19,596   99,22,596   104,17,602   105,9,603   105,

16,603   109,28,607   117,3,617   117,17,617   117,19,617

118,29,619   122,20,623   124,14,626   126,30,628

ταυτί 8,1,488   20,1,503   25,26,512   27,31,515   30,15,

517   30,21,517   31,12,518   80,2,573   100,24,597

οὕτως 23,31,510   29,3,516   36,18,523   52,8,541   63,5,554

69,9,561   71,18,563   79,25,573   80,14,574   81,18,575

84,31,579   85,29,580   93,8,589   93,17,589   110,26,610

οὑτωσί 110,17,610   οὕτω 1,2,479   8,31,489   13,28,495

16,3,499   16,16,499   17,31,501. 23,9,509 Κ⁴, Λο (Κ⁴ σ.

XXII); αὐτῷ Οὐεστ.   26,1,512   26,13,513   27,15,514

28,23,515   29,8,516   32,5,518   33,26,520   39,7,526   42,

6,529   43,6,531   45,31,535   46,32,536   53,2,542   61,16,

553   63,17,555   69,14,561   70,2,562   70,25,563   70,26,

563   70,27,563   71,13,563   73,23,566   74,19,567   75,1,

568   78,17,572   79,7,572   83,4,577   83,29,578   87,13,

582   88,22,583   91,11,586   94,6,590   99,17,596   99,18,

596　110,13,610　111,26,611　119,11,619　120,29,621

121,30,622　123,10,624　123,20,624　124,28,626

ὀφείλω　ὀφειλόντων 58,19,549

ὄφελος　74,2,567

ὀφθαλμία　ὀφθαλμίας 101,22,598

ὀφθαλμιάω　ὀφθαλμιῶν 26,22,513

ὀφθαλμός　109,24,607　ὀφθαλμοί 30,20,517　ὀφθαλμῶν 7,27,

488　41,5,528　ὀφθαλμούς 26,19,513　28,25,515　44,23,

533　49,29,539　80,13,574　99,30,596　106,1,604

ὀφρῦς　ὀφρύν 22,14,508　86,15,580　ὀφρύων 41,1,528　61,1,

552　ὀφρῦς 68,31,561

ὄχημα　ὀχήματος 91,21,587　99,28,596

ὄχθη　ὄχθης 65,2,557

ὄψιος　ὀψίαν 51,28,541

ὄψον　ὄψων 30,13,517　ὄψα 52,11,541　92,6,587　98,1,594

ὀψοποιός　ὀψοποιούς 68,10,560

ὀψοφαγέω　ὀψοφαγῆσαι 115,4,615

Παγκράτης　39,4,526

παγκράτιον　62,19,554

πάγος　πάγου 22,30,508

παγχάλεπος　παγχαλέπων 55,25,547

παθητικός　παθητικόν 72,21,565

πάθος　πάθους 22,27,508　68,15, 560　πάθει 76,12,569

πάθη 75,28,569

Παιανιεύς　21,31,507

παίγνιον　παίγνια 31,14,518

παιδαγωγός παιδαγωγοῦ 83,19,578   παιδαγωγοί 106,12,604
   παιδαγωγούς 118,15,618

παίδευσις παιδεύσεως 13,11,494   παίδευσιν 46,12,535   98,
   13,594

παιδεύω παιδεύουσι 13,8,494   παιδεύοι 118,17,618   παιδεύ-
   ειν 117,29,618   παιδεύων 50,5,539   98,17,594   παιδεύ-
   οντι 54,29,544   95,7,591   παιδευόντων 122,17,623
   παιδεύοντας 116,20,617. ἐπαίδευε 126,29,628 Κ⁴, Λο (Κ⁴
   σ. XXIIII); ἐπαίδευσε Οὐεστ.   ἐπαίδευσα 26,31,513
   ἐπαίδευσε(ν) 15,32,498   94,31,591   98,18,594   101,19,
   598   102,15,599   103,9,600   109,25,607   125,19,627   βλ.
   ἐπαίδευε 126,29,628.   ἐπαίδευσαν 125,25,627   παιδεῦ-
   σαι 126,7,627   παιδεύσας 38,27,526   παιδευόμενος 50,
   4,539   ἐπαιδεύοντο 93,29,589   πεπαιδευμένος 18,15,
   501   94,7,590   πεπαιδευμένου 105,18,603   117,19,617
   119,11,619   πεπαιδευμένῳ 118,14,618   120,6,620
   πεπαιδευμένον 96,4,592   96,5,592   πεπαιδευμένων 119,
   14,619   ἐπαιδεύθης 61,30,553   ἐπαιδεύθη 36,20,523
   94,31,591   97,25,594

παιδιά παιδιαῖς 51,1,540   91,25,587

παιδικά παιδικῶν 5,19,485   5,20,485   117,2,617   παιδικά
   107,28,605

παιδίον 76,2,569   76,3,569   76,5,569   89,7,584   παιδίῳ 68,
   24,561   παιδία 80,22,574

παιδοποιία παιδοποιίαν 124,1,625

παιδοτροφία παιδοτροφία 86,18,581

παίζω παίζειν 105,30,603 παῖξαι 94,17,590 παισθέντα 67,
     6,559

Παιονία Παιονία 69,26,562 72,26,565

Παιονικός Παιονικά 77,28,571

Παιόνιος Παιόνια 67,29,560

παῖς 28,17,515 83,16,578 96,29,593 98,14,594 102,19,
     599 110,10,609 121,24,622 παιδός 105,31,603 παιδί
     13,7,494 97,22,593 100,17,597 παῖδα 36,16,523 44,
     28,534 54,27,544 56,21,547 παῖδες 10,17,490 73,9,
     566 91,28,587 106,11,604 παίδων 47,13,536 66,12,
     558 74,10,567 109,19,607 118,21,618 παισί(ν) 75,
     16,568 76,13,569 83,1,577 83,15,577 101,10,598
     101,15,598 123,32,625 124,27,626 παῖδας 42,8,529
     65,6,557 66,11,558 112,3,611 118,16,618

παίω παίειν 92,15,588 παίων 66,2,558

παιώνιος παιωνίους 59,32,551

Πακτωλός Πακτωλοῦ 34,25,521

πάλαι 2,7,480 4,15,483 34,7,521 38,32,526 42,10,530

παλαιός 2,5,480 παλαιοί 4,29,484 παλαιοῖς 72,7,564
     παλαιούς 87,2,582 παλαιᾶς 112,30,613. παλαιότερα
     112,16,612 Κ4, Οὐεστ; πολιώτερα Λο ('Ια σ. 77).

παλαίστρα παλαίστρας 38,16,525 παλαίστραν 28,6,515 51,9,
     540

πάλη πάλης 38,21,526 πάλην 62,20,554

πάλιν 35,28,522 35,31,522 69,8,561 80,31,574 81,4,574
     91,14,587 98,10,594 116,6,616

παλλακή παλλακῇ 105,32,604   παλλακάς 97,3,593

Παμμένης 62,11,553

Παναθήναια Παναθηναίων 58,29,550 59,3,550

Παναθηναικός Παναθηναικοῦ 78,16,572   Παναθηναικούς 109,2,
      607   Παναθηναικῷ 73,10,566   Παναθηναικόν 58,25,549

Παναθηναίς Παναθηναίδι 65,29,557

Γανελλήνια Γανελληνίων 58,28,549 100,23,597

πανηγυρίζω πανηγυρίζουσι 97,8,593

πανηγυρικός 20,29,505   πανηγυρικῆς 100,18,597   πανηγυρι-
      κήν 6,21,486   πανηγυρικάς 113,1,613

πανήγυρις 67,4,559   πανηγύρει 62,8,553   πανηγύρεων 91,26,
      587   πανηγύρεσι 12,10,493   πανηγύρεις 117,26,618

Πάνθεια Πανθείας 37,9,524

Πανιώνιος Πανιωνίῳ 112,19,612

πανουργέω πεπανουργημένης 99,24,596

πανοῦργος πανοῦργον 16,14,499

πάνσοφος πανσόφου 6,25,486

πανταχόθεν 69,29,562 91,22,587

πανταχοῦ 30,31,517

πάντοθεν 73,13,566

πάντως 18,14,501

πάππος 56,18,547 110,9,609 111,21,611   πάππου 76,4,569
      112,1,611   πάππῳ 111,18;611   πάπποι 76,3,569   πάππων
      58,18,549

παρά, παρ' († γενική) 8,27,489 13,7,494 13,14,494 22,1,
      507 23,20,509 40,14,528 45,23,535 51,15,540 51,18,

(παρά, <u>παρ'</u> † <u>γενική</u>) 541   58,15,549   62,4,553   67,8,

559   67,17,559   70,20,563   82,10,576   89,16,584   94,11,

590   97,20,593   111,23,611   121,27,622   126,11,628

(† <u>δοτική</u>) 4,2,483   4,3,483   4,27,484   18,17,501   18,

22,501   18,28,502   22,32,508   25,5,511   34,1,520   54,

11,543   59,25,551   64,23,556   66,24,558   71,8,563   76,

3,569   80,28,574   84,14,579   84,15,579   92,19,588   97,

5,593   97,9,593   97,10,593   97,11,593   97,12,593   105,

29,603   107,21,605   113,28,613   († <u>αἰτιατική</u>) 3,14,

482   3,27,482   4,19,483   5,25,485   5,26,485   13,5,494

14,21,496   16,10,499   19,5,502   22,16,508   23,6,509

29,14,516   39,2,526   40,13,528   43,4,531   49,11,538

49,12,538   54,14,543   57,5,548   59,10,550   59,24,551

67,24,560   70,4,562   72,15,565   74,28,568   77,14,570

78,15,572   85,16,580   103,19,601   103,21,601   104,30,

603   109,32,608   122,8,623

<u>παραβάλλω</u>   <u>παραβεβλῆσθαι</u> 100,25,597

<u>παραγιγνώσκω</u>   <u>παραγιγνώσκοντες</u> 116,4,616

<u>παραγράφω</u>   <u>παραγραφόμενος</u> 124,19,626

<u>παράγω</u>   <u>παρήγαγεν</u> 72,8,564   124,14,626

<u>παράδειγμα</u>   20,8,504   40,16,528   40,25,528

<u>παραδέχομαι</u>   <u>παραδέχεσθαι</u> 40,18,528

<u>παραδηλόω</u>   <u>παραδηλῶν</u> 53,10,542

<u>παραδίδωμι</u>   <u>παρέδωκε(ν)</u> 13,21,494   21,1,505   83,11,577   111,

22,611   <u>παραδοῦναι</u> 32,6,518   33,7,520   90,27,586   120,

18,621   <u>παραδεδωκότος</u> 90,13,585   <u>παραδεδώκει</u> 31,24,

518   _παραδοθέντα_ 110,27,610

παραδοξολογία _παραδοξολογίας_ 11,28,492

παράδοξος _παραδόξους_ 24,32,511   _παράδοξον_ 124,6,625

  παράδοξα 9,2,489   _παραδόξως_ 19,23,503   19,23,503

παράδοσις _παραδόσει_ 44,29,534

παραιτέομαι _παραιτούμενος_ 104,17,602   _παραιτουμένου_ 89,1,

  583   _παραιτουμένω_ 99,23,596   _παραιτούμενον_ 53,6,542

  παραιτούμενοι 85,1,579   89,17,585   _παρητήσατο_ 29,20,

  516   124,1,625   _παρητημένος_ 90,12,585

παραίτησις _παραίτησιν_ 124,18,626

παρακελεύομαι _παρακελεύεσθαι_ 54,17,544   _παρεκελεύετο_ 43,20,

  532   53,25,543   _παρεκελεύσαντο_ 92,14,588

παρακούω _παρακούειν_ 15,11,497

παραλαμβάνω _παραλαβεῖν_ 66,9,558   120,17,621   _παραλαβών_ 24,

  21,511   116,10,616

παραλείπω _παραλείψω_ 40,7,527   _παραλιπόντος_ 90,24,586

  παραλελειμμένοι 51,2,540

παραλλάττω _παραλλάττει_ 104,3,601

παράλογος _παραλόγων_ 124,29,626

παραλύω _παρελύθη_ 109,16,607

παραμείβω _παραμεῖψαι_ 59,9,550

παραμυθέομαι _παραμυθούμενοι_ 114,13,614   _παραμυθουμένων_

  121,10,621

παρανοέω _παρανοούντων_ 24,10,510

παρανομέω _παρηνόμησαν_ 63,15,555   _παρανομῆσαι_ 13,11,494

παραπαίω _παραπαίοντα_ 30,22,517

παραπέμπω παραπεμφθῆναι 67,14,559

παραπέτασμα παραπετάσμασι 64,18,556

παραπλήξ παραπλῆγι 120,5,620

παραπλήσιος παραπλήσιον 108,10,606 108,20,606 παραπλήσια
    17,27,500 51,12,540 παραπλησίως 101,9,598

παραπτύω παρέπτυσε 89,23,585

παρασκευή παρασκευήν 94,25,590

παρατίθημι παρεθέμην 80,26,574 104,17,602

παρατίλτρια παρατιλτρίαις 47,7,536

παρατρώγω παρέτραγε 99,1,595

παρατυγχάνω παρετύγχανεν 26,16,513 παρέτυχες 62,8,553
    παρατυχών 16,31,500 52,3,541 66,3,558

παραφθείρω παρέφθορεν 101,25,598 παρεφθορέναι 18,13,501
    παραφθείρονται 62,4,553

παραχράομαι παραχρῶ 57,1,548

πάρδαλις πάρδαλιν 96,24,593

παρειά παρειῶν 102,3,599

πάρειμι παρεῖναι 88,4,583 παρόντος 102,5,599 124,2,625
    παρόντα 70,8,562 παρόντας 16,30,500 παρόν 51,23,
    541 παρόντων 109,12,607 παρῆν 64,27,556 παρῆσαν
    100,12,597

πάρειμι παριέναι 117,16,617 παριόντα 102,12,599 παρήει
    32,13,519 32,23,519 37,20,524 48,12,537 75,3,568
    118,18,618

παρέρχομαι παρῆλθε(ν) 14,11,495 41,16,529 68,16,560 85,
    15,580 91,12,586 122,2,622 124,16,626 παρῆλθον 5,

2,484   <u>παρέλθοι</u> 90,25,586   <u>παρελθεῖν</u> 49,15,538 64,

23,556 78,12,572 112,21,612 <u>παρελθών</u> 3,20,482 5,

27,485 14,22,496 25,32,512 39,5,526 42,5,529 59,

28,551 62,22,554 63,29,555 68,17,561 81,8,574 84,

26,579 90,19,586 95,12,591 115,17,615 119,18,619

120,24,621 126,21,628 <u>παρελθοῦσα</u> 121,7,621 <u>παρελη-</u>

<u>λυθότος</u> 111,1,610

<u>παρέχω</u> <u>παρέχων</u> 40,4,527 108,18,606 <u>παρέχοντος</u> 67,31,560

<u>παρέχοντα</u> 51,25,541 <u>παρέχοντες</u> 88,31,583 <u>παρέχουσαν</u>

61,8,552 <u>παρεῖχεν</u> 125,6,626 <u>παρέσχε</u> 102,30,600

<u>παρέσχον</u> 110,31,610 <u>παρασχεῖν</u> 83,5,577 93,19,589

110,30,610 <u>παρασχών</u> 92,17,588 <u>παρεχομένην</u> 61,3,552

<u>παρασχομένῳ</u> 105,6,603 <u>παρεσχημένῳ</u> 117,6,617

<u>παρίημι</u> <u>παρῆκεν</u> 63,16,555 <u>παρεῖναι</u> 31,7,518 87,25,582

<u>παρείσθω</u> 37,17,524

<u>παριππεύω</u> <u>παριππεῦσαι</u> 51,13,540

<u>πάρισος</u> <u>πάρισα</u> 15,4,497 19,30,503

<u>παρίστημι</u> <u>παρισταμένας</u> 44,23,533 <u>παρεστήσατο</u> 125,28,627

<u>Παρνασός</u> <u>Παρνασοῦ</u> 62,10,553

<u>πάροδος</u> <u>πάροδον</u> 7,24,488 <u>παρόδους</u> 24,22,511

<u>παροιμία</u> <u>παροιμίας</u> 89,4,584

<u>παροινία</u> 84,16,579 <u>παροινίας</u> 63,12,555 95,16,591

<u>παροξύνω</u> <u>παροξύνει</u> 51,26,541 <u>παροξύνων</u> 12,21,493 <u>παρο-</u>

<u>ξύνοντες</u> 45,8,534 <u>παρώξυνε</u> 58,22,549 109,28,607

<u>παροξύνου</u> 57,23,548 <u>παροξυνθῆναι</u> 109,27,607 <u>παρο-</u>

<u>ξυνθείς</u> 77,18,571

<u>παροράω</u> <u>παρεωραμένος</u> 87,24,582

<u>παρουσία</u> <u>παρουσίαν</u> 78,29,572

<u>παρρησία</u> <u>παρρησίας</u> 91,11,586

<u>παρῳδέω</u> <u>παρῴδουν</u> 6,23,486

<u>πᾶς</u> <u>παντός</u> 3,23,482 16,1,498 81,32,575 86,31,581 123,

25,625 <u>πάντα, πάνθ'</u> 3,23,482 6,31,487 11,8,491 32,

31,519 51,30,541 59,2,550 59,12,550 73,12,566 89,

27,585 92,12,588 102,1,599 106,21,604 107,21,605

121,28,622 122,8,623 124,4,625 <u>πάντες</u> 28,17,515

33,26,520 41,23,529 58,26,549 73,27,566 79,2,572

80,17,574 83,1,577 86,1,580 86,2,580 100,12,597

107,8,605 <u>πάντων</u> 56,5,547 88,10,583 <u>πᾶσι(ν)</u> 1,8,

479 3,30,482 11,13,492 39,22,527 44,5,532 48,21,

537 67,14,559 72,7,564 79,20,573 91,3,586 95,14,

591 96,28,593 98,7,594 121,12,621 <u>πάντας</u> 17,20,

500 18,4,501 41,21,529 42,19,530 74,23,568 90,10,

585 93,16,589 109,32,608 115,18,615 116,19,617

119,16,619 121,21,622 <u>πᾶσα</u> 7,29,488 21,28,507 30,

21,517 38,24,526 52,15,541 73,8,565 105,22,603

107,16,605 107,32,606 <u>πάσης</u> 13,15,494 29,23,516

33,19,520 44,31,534 <u>πάσῃ</u> 37,5,524 76,17,569 77,25,

571 123,21,625 <u>πᾶσαν</u> 27,9,514 43,15,531 46,12,535

78,4,571 106,2,604 <u>πᾶσαι</u> 26,27,513 <u>πασῶν</u> 16,12,

499 63,10,554 <u>πάσαις</u> 13,18,494 <u>πάσας</u> 30,31,517

74,17,567. 110,5,609 Κ⁴, Οὐεστ; <u>ἀπάσας</u> Λο (Κοβ σ. 220).

<u>πᾶν</u> 17,23,500 22,10,507 30,14,517 58,12,549 64,29,

557   74,21,567   108,7,606

πάσχω   πάσχοι 45,3,534   85,12,579   πάσχειν 84,10,578

ἔπαθεν 9,2,489   41,16,529   68,32,561   72,29,565   72,31,

565   110,19,610   πάθοι 79,17,573   παθῶν 5,16,485

113,32,614   βλ. μαθών 86,18,581.   παθόντων 67,15,559

πεπονθέναι 25,18,512

πατήρ   13,4,494   21,17,506   29,27,516   34,5,521   34,19,521

34,22,521   40,11,528   61,17,553   76,28,570   82,17,576

101,32,599   108,27,606   110,10,609   115,16,615   125,19,

627   πατρός 15,29,498   28,17,515   31,8,518   68,4,560

73,9,566   76,4,569   82,8,576   89,7,584   110,12,610

πατρί 1,11,480   34,11,521   96,11,592   96,30,593

πατέρα 1,12,480   1,13,480   10,4,490   11,22,492   15,29,

498   34,17,521   47,10,536   56,22,547   91,28,587. 98,12,

594 Κ4, Οὐεστ; πατέρας Λο.   117,8,617   118,20,618

119,28,620   πάτερ 47,30,537   80,14,574   97,10,593

πατέρων 1,10,480   35,10,521   55,16,545   58,18,549   112,

3,611   112,6,612   112,27,612   πατέρας 1,7,479   βλ. πα-

τέρα 98,12,594

πάτριος   πάτρια 9,15,490   106,4,604

πατρίς   5,17,485   46,27,536   76,27,570   108,25,606   115,15,

615   120,15,620   πατρίδος 124,8,625   πατρίσι 9,23,

490

Πατρόκλεια   Γατροκλείας 35,5,521

πατρώζω   πατρώζοντα 89,6,584

πατρῷος   πατρώῳ 57,4,548   πατρῷον 110,27,610   πατρῷα 56,

17,547   112,24,612   <u>πατρῷαι</u> 112,25,612   <u>πατρῴοις</u> 102,
23,599

<u>Παυσανίας</u> 97,25,594   <u>Παυσανίου</u> 97,24,594   98,4,594   123,
30,625   126,28,628

<u>παύω</u> <u>ἔπαυεν</u> 43,18,532   <u>παῦσαι</u> 55,10,545   <u>παῦσας</u> 55,5,545
55,6,545   <u>παύσονται</u> 88,30,583   <u>ἐπαύσαντο</u> 58,23,549
<u>παύσῃ</u> 25,10,511   <u>παῦσαι</u> 25,9,511   <u>παυσαμένους</u> 20,31,
505   <u>πέπαυμαι</u> 26,21,513   26,24,513   <u>πεπαῦσθαι</u> 117,29,
618   <u>πεπαυμένον</u> 82,13,576

<u>παχύνω</u> <u>πεπαχυσμένον</u> 27,31,515

<u>παχύς</u> 6,2,485   <u>παχύν</u> 66,8,558   <u>παχεῖα</u> 97,29,594   <u>παχείας</u>
30,17,517   <u>παχυτέρα</u> 6,3,485

<u>πεδάω</u> <u>πεπεδημένοι</u> βλ. <u>πεπηδημένοι</u> 28,7,515

<u>πέδη</u> <u>πέδας</u> 30,17,517

<u>πεδίον</u> <u>πεδία</u> 80,32,574   82,1,575   <u>πεδίων</u> 17,28,500
<u>πεδίοις</u> 81,30,575

<u>πεζός</u> <u>πεζῇ</u> 93,22,589

<u>Πειθαγόρας</u> <u>Πειθαγόραν</u> 24,15,511˙

<u>πείθω</u> <u>πείθων</u> 12,16,493   20,31,505   81,31,575   <u>ἔπειθε(ν)</u>
64,21,556   65,5,557. <u>ἔπεισε</u> 6,11,485 Κ[4], Λο, Οὐεστ
(Βαλκ παρὰ Σε σ. 271).   <u>πεῖσαι</u> 16,2,499   42,7,529
<u>πείσας</u> 37,29,525   <u>ἐπεπείκει</u> 51,7,540   68,2,560   <u>πεί-
θομαι</u> 9,25,490   <u>πειθομένῳ</u> 30,15,517   <u>πεπεῖσθαι</u> 71,21,
564   <u>ἐπέπειστο</u> 68,2,560

<u>πειθώ</u> 8,13,488   19,29,503   35,1,521   47,19,536   101,31,599

<u>πεινάω</u> <u>πεινῶντα</u> 92,7,587

πεῖρα πεῖραν 37,32,525 69,30,562

Πειραιεύς Πειραιεῖ 105,20,603 Πειραιᾶ 105,7,603

πειράω πειρωμένου 22,3,507 πειρωμένων 27,29,514

Πεισίστρατος Πεισιστράτου 53,15,542

πεῖσμα 6,8,485 πείσματα 42,26,531

πέλαγος πελάγη 60,7,551

πελαργός πελαργόν 82,21,576

πέλας 41,20,529

Πελασγικός Πελασγικόν 59,9,550

Πελοπίδης Πελοπιδῶν 62,13,554

Πελοποννήσιος Πελοποννησίου 49,2,538

Πελοπόννησος Πελοποννήσῳ 60,3,551

πεμπταῖος πεμπταίων 28,20,515

πέμπω πέμπει 69,31,562 ἔπεμπον 59,16,550 πέμψομεν 86,
    12,580 ἔπεμψας 49,12,538 68,23,561 ἔπεμψε(ν) 44,
    13,533 63,3,554 74,22,567 105,14,603 πέμψαι 49,5,
    538 94,12,590 πέμψαντι 94,16,590 πέμπεται 42,24,
    531

πένης 81,4,574 πένητα 56,22,547 πένητας 2,28,481

πενθερός πενθεροῦ 111,7,610

πενθέω πενθούντων 59,16,550 ἐπένθει 66,5,558 ἐπένθησε
    66,22,558 πενθήσας 66,5,558 πενθεῖσθαι 65,3,557

πένθος 64,28,556 65,28,557

πενία πενίᾳ 120,30,621

πεντακόσιοι πεντακοσίων 44,19,533 57,19,548. πεντακόσια
    34,20,521 Κ4, Οὐεστ; πεντήκοντα Λο (Βαλκ παρὰ Σε σ.

273).

<u>πέντε</u> 44,8,533   49,11,538   58,14,549   104,20,602   112,24, 612

<u>πεντεκαίδεκα</u> 34,21,521   49,6,538   83,3,577

<u>πεντήκοντα</u> 13,28,495   48,30,538   53,1,542   53,31,543   74,4, 567   97,21,593   111,28,611   βλ. <u>πεντακόσια</u> 34,20,521

<u>πεντηκοντούτης</u> 96,1,592

<u>πέπλος</u> <u>πέπλον</u> 59,4,550

<u>πέπνυμαι</u> <u>πεπνυμένου</u> 41,15,529

<u>πέρα</u> 116,31,617   <u>περαιτέρω</u> 71,22,564

<u>πέρας</u> 20,9,504

<u>Περγαῖος</u> <u>Περγαίων</u> 82,18,576   <u>Περγαίας</u> 82,24,576

<u>Πέργαμον</u> 46,17,535   74,21,567   74,22,567   86,25,581   111, 24,611   <u>Περγάμου</u> 74,8,567   95,3,591

<u>Πέργη</u> <u>Πέργης</u> 82,17,576   <u>Πέργη</u> 83,2,577

<u>πέρδιξ</u> <u>πέρδικα</u> 111,25,611

<u>περί</u> († γενική) 2,24,481   2,24,481   3,23,482   13,32,495   13,32,495   16,1,498   16,12,499   16,16,499   16,29,500   20,27,505   21,26,507   27,12,514   27,31,515   30,27,517   36,6,523   37,28,525   40,24,528   44,26,533   45,15,534   49,21,539   51,12,540   54,24,544   55,15,545   56,29,548   59,3,550   62,17,554   63,3,554   63,31,555   63,32,555   64,5,556   67,6,559   70,13,562   70,15,562   73,14,566   76,11,569   76,23,570   86,31,581   89,15,584   90,18,586   93,2,588   96,9,592   105,26,603   105,27,603   113,15,613   126,8,627   126,20,628   126,31,628   126,31,628   127,2,

628 _πέρι_ († _γενική_) 2,25,481 _περί_ († _δοτική_) 45,9,

534 65,4,557 112,8,612 122,24,623 124,11,625

(† _αἰτιατική_) 1,14,480 4,17,483 16,24,499 21,8,505

22,26,508 23,26,510 28,30,515 29,7,516 33,3,519

33,4,519 34,26,521 35,18,522 35,19,522 48,19,537

53,4,542 53,31,543 55,21,547 57,6,548 59,30,551

63,6,554 65,14,557 67,31,560 68,30,561 69,27,562

73,32,567 80,3,573 80,9,573 81,3,574 86,20,581 92,

5,587 93,23,589 93,25,589 94,10,590 94,21,590 98,

27,595 100,26,597 105,6,603 108,32,607 115,22,616

115,24,616 119,13,619 120,20,621 120,32,621 121,25,

622

περιαμπίσχω _περιήμπισχεν_ 106,28,604

περιαρτάω _περιηρτημένος_ 63,28,555

περιβάλλω _περιέβαλεν_ 70,26,563 _περιβαλών_ 35,2,521 45,19,

534 47,28,537 107,22,605 _περιβαλοῦσαν_ 59,8,550

περιεβάλλετο 11,31,492 94,26,590

περίβλεπτος 77,7,570 _περίβλεπτον_ 26,4,512

περιβολή 6,28,486 102,17,599 _περιβολῆς_ 19,32,503 98,16,

594 98,31,595 125,27,627 _περιβολῇ_ 20,5,504 24,29,

511 53,3,542

Περίγης? _Περίγητος_ 126,8,627

περιδέξιος _περιδεξίως_ 24,27,511

περίειμι _περιεῖναι_ 48,20,537 _περιῆν_ 32,12,519 32,31,519

73,1,565 95,18,591

περιέρχομαι _περιέρχεται_ βλ. _ἐπέρχεται_ 36,2,522. _περιελ-_

θών 30,18,517

περιέχω περιέχουσαν βλ. ἐπέχουσαν 109,23,607.   περισχών
    79,23,573   περισχόντος 29,1,516

περικάθημαι περιεκάθηντο 59,15,550

περικαλλής περικαλλέα 86,3,580

Περικλῆς 3,9,482   Περικλέους 3,8,482   Περικλέα 12,6,493
    81,13,575

περικόπτω περικόπτοντος 66,29,559

περιλείχω περιλείξω 10,6,490

περιμένω περιμένων 83,19,578

Πέρινθος Περίνθου 100,21,597

περινοέω περινοοῦντα 95,25,592 95,25,592

περίνοια περίνοιαν 76,11,569

περίοδος περίοδον 48,21,537   περιόδους 21,11,505

περιοράω περιεῖδεν 56,22,547   περιιδεῖν 57,11,548   περι-
    ορώμενον 72,9,564

περιορίζω περιωρίσθω 24,1,510

περιουσία περιουσίας 33,26,520 45,13,534

Περίπατος Περιπάτου 73,29,566 74,11,567 118,1,618

περιπίπτω περιπῖπτον 68,4,560

περίπλους περίπλουν 60,8,551

περιτρέχω περιδραμόντι 121,30,622

περιττός 5,29,485 54,28,544   περιττή 76,29,570   περιτ-
    ταῖς 67,1,559   περιττῶς 14,16,496

περιφοιτάω περιφοιτῶν 3,32,483

περιχαρής 56,25,547

περιωπή περιωπῆς 62,10,553   περιωπήν 56,5,547   117,9,617

πέρνημι πέπραται 97,15,593

Πέρσης Πέρσην 55,18,546   Πέρσαι 13,9,494   Περσῶν 13,3,
    494 81,26,575   Πέρσας 12,22,493 13,8,494

Περσικός Περσικόν 97,1,593   Περσικῆς 13,11,494

πή 47,20,536 47,20,536

πηγή πηγαί 56,16,547   πηγῶν 29,8,516 34,25,521   πηγαῖς
    66,27,559   πηγάς 3,8,482

πήγνυμι πεπηγότων 41,6,528   πηγνυμένου 79,14,573

πηδάω πηδᾷ 96,24,593   ἐπήδησε 111,4,610. πεπηδημένοι 28,
    7,515 Κ⁴, Λο, Ουεστ; πεπεδημένοι 'Ολ, Μο, Κοβ σ. 213.
    The latter must be the right reading because the phrase
    πεπεδημένοι τὴν γλῶτταν   is normal Greek whereas
    πεπηδημένοι τὴν γλῶτταν   is bizarre.

πήδησις πήδησιν 38,4,525

Πηλοπλάτων Πηλοπλάτωνα 76,26,570

πηλός πηλόν 79,29,573

πηνίκα 45,24,535

πήρα πήραις 118,16,618

πηρόω ἐπηρώθη 28,21,515

πῆχυς πήχεσι 38,7,525

πῖ 114,28,615

πιθανός πιθανόν 63,30,555   πιθανῶς 5,13,485   πιθανώτατος
    15,32,498

πίθηκος πιθήκου 89,11,584

πικρός 86,15,580   πικροῦ 69,7,561   πικρῶς 25,15,512   63,

17,555

<u>πῖλος</u> <u>πίλῳ</u> 78,25,572

<u>πινάκιον</u> <u>πινακίου</u> 42,3,529

<u>πίνω</u> <u>πίνων</u> 22,14,508 29,5,516 <u>πιών</u> 10,1,490 81,23,575

<u>πιπράσκω</u> <u>πιπράσκοντας</u> 96,26,593

<u>πίπτω</u> <u>πίπτει</u> 96,16,592. <u>πεσοῦσιν</u> 12,19,493 Κ4, Οὐεστ;
        ἄπεστι παρὰ Λο (Κ1 σ. 14).

<u>πιστέος</u> <u>πιστέα</u> 4,23,483

<u>πιστεύω</u> <u>ἐπίστευσεν</u> 123,8,624 <u>πεπιστευμένου</u> 68,25,561
      <u>πεπιστευμένων</u> 115,1,615 <u>πεπιστευμένην</u> 85,13,580
      <u>ἐπιστεύθη</u> 120,23,621

<u>πιστός</u> <u>πιστόν</u> 102,6,599

<u>πίττα</u> <u>πίττῃ</u> 47,7,536

<u>πίων</u> 5,29,485

<u>πλανάω</u> <u>πλανώμενα</u> 79,13,573 <u>πεπλανημένη</u> 10,12,490

<u>πλάνη</u> <u>πλάνην</u> 78,21,572

<u>πλάσμα</u> 64,9,556

<u>πλάσσω</u> <u>πλασάμενος</u> 48,1,537

<u>Πλαταιαί</u> <u>Πλαταιῶν</u> 35,30,522

<u>πλάτανος</u> <u>πλατάνων</u> 66,28,559

<u>πλατύς</u> <u>πλατύ</u> 27,2,513

<u>Πλάτων</u> 13,23,494 14,12,495 15,7,497 <u>Πλάτωνος</u> 7,2,487
        8,2,488 15,12,497 23,19,509 71,30,564 119,21,620
      <u>Πλάτωνι</u> 5,12,485 <u>Πλάτωνα</u> 79,30,573

<u>Πλατώνειος</u> <u>Πλατωνείους</u> 73,28,566

<u>πλεῖστος</u> <u>πλεῖστον</u> 31,30,518 77,23,571 80,21,574 <u>πλεῖ</u>-

σται 72,23,565   _πλείσταις_ 99,26,596   _πλείστας_ 18,15,

501   37,5,524   110,7,609   _πλείστου_ 29,23,516   43,3,

531   47,4,536   91,19,587   107,6,605   _πλείστοις_ 37,6,

524   83,30,578   _πλεῖστα_ 3,15,482   7,6,487   14,7,495

14,9,495   15,18,498   15,19,498   18,20,501   18,32,502

37,19,524   43,13,531   52,5,541   63,12,555   99,25,596

107,11,605   115,4,615   117,13,617   117,30,618   117,32,

618

πλείων _πλείονος_ 105,25,603   123,28,625   _πλείω_ 17,16,500

26,1,512   52,21,542   55,3,545   61,22,553   65,4,557   83,

20,578   100,24,597   103,5,600   113,17,613   _πλείους_ 17,

22,500   29,29,516   33,18,520   54,4,543   67,20,559   75,

10,568   89,20,585   95,6,591   _πλειόνων_ 3,31,482   4,2,

483   70,5,562   70,5,562   80,26,574   84,5,578   _πλέον_

22,15,508   32,15,519   33,4,519   38,9,525   43,15,531

124,29,626   _πλείοσι_ 27,10,514

πλεονέκτημα 36,12,523   _πλεονεκτήματι_ 16,20,499   _πλεονε-_

κτήματα 81,11,575   119,5,619   _πλεονεκτημάτων_ 95,30,

592   96,15,592   97,28,594

πλέω _πλέων_ 13,19,494   _πλεῦσαι_ 82,27,576   _πλεύσαντα_ 3,13,

482   _πεπλευκότων_ 41,20,529

πλέως 62,29,554   _πλέα_ 51,30,541

πληγή _πληγάς_ 31,5,517   47,14,536

πλῆθος _πλήθεσιν_ 112,10,612   _πλήθη_ 116,9,616

πλημμελέω _πλημμελοῦντας_ 70,17,562

πλήν 54,23,544   96,17,592   101,16,598   126,8,627

πλήρης   πλῆρες 80,27,574   πλήρη 125,1,626   πλήρεσιν 46,30,
536

πληρόω   πεπληρωμέναις 15,19,498

πλήρωμα   106,8,604

πλησίος   πλησίον 41,21,529

πλήττω   ἔπληττεν 33,1,519   πλῆξαι 83,27,578   πληγεῖσαν 63,
24,555

πλούσιος   πλουσίου 56,22,547   105,16,603   πλουσίους 2,29,
481   πλουσιώτατος 37,27,525   101,2,598

πλουτέω   πλουτούντων 15,3,497

πλοῦτος   51,4,540   57,4,548   77,11,570   πλούτου 56,13,547
56,16,547   107,30,605   117,23,618   πλούτῳ 13,5,494
55,24,547   55,26,547   56,8,547   57,4,548   94,19,590
105,17,603   107,9,605   107,23,605   115,21,616   πλοῦτον
30,29,517. 56,2,547 Κ⁴; Πλοῦτον Λο, Οὐεστ (Οὐεστ).
56,6,547   56,11,547   56,11,547   93,15,589

πλύνω   πλύνοντας 65,7,557

πνεῦμα   19,24,503   72,4,564   98,30,595   102,18,599   119,30,
620   πνεύματος 11,28,492   85,23,580   125,26,627

πνέω   πνέων 77,22,571   ἔπνευσεν 8,11,488   39,31,527   πνεύ-
σας 104,22,602   πνεύσαντα 29,16,516

πνιγηρός   πνιγηρόν 79,20,573

πόθεν   36,8,523   36,20,523

ποῖ   65,17,557

ποι   18,3,501   43,17,532   84,11,578   122,6,623   123,27,625

ποιέω   ποιεῖ 51,25,541   ποιεῖν 17,8,500   88,18,583   ποιῶν

29,5,516   ποιοῦντος 64,15,556.   ἐποίει 18,29,502 Κ4,
Λο (Κ4 σ. XXII); ἐποιεῖτο Οὐεστ.   ποιήσοι 79,1,572
πεποίηκας 55,11,545   ποιεῖται 2,6,480   34,4,520   ποι-
ώμεθα 20,8,504   96,25,593   ποιεῖσθαι 12,16,493   29,18,
516   32,21,519   61,10,553   ποιούμενος 44,26,533   69,
30,562   75,14,568   93,5,588   122,10,623   ποιουμένῳ 26,
29,513   ποιούμενοι 63,7,554   ποιουμένων 100,13,597
ἐποιεῖτο 3,32,483   18,28,502   27,4,514   31,31,518   32,
22,519   55,19,546   76,19,570   βλ. ἐποίει 18,29,502.
ἐποιοῦντο 58,9,549   ποιήσομαι 69,25,562   ἐποιήσατο
24,7,510   40,25,528   ποιήσασθαι 118,28,619   πεποίηται
58,12,549   76,21,570   πεποίηνται 121,28,622   πεποιη-
μένοι 36,27,524   πεποιημένη 50,13,539   ἐπεποίητο 9,
26,490   68,10,560

ποίημα   ποιήμασι 32,2,518

ποιητής   12,7,493   95,2,591   ποιητῶν 9,13,489   50,9,539
   ποιητάς 36,17,523

ποιητικός   ποιητικῆς 14,17,496   19,15,502   ποιητικοῖς 17,
   26,500   ποιητικά 11,32,492   ποιητικῶς 85,31,580

ποικίλλω   πεποίκιλται 95,29,592   πεποικιλμένου 94,14,590

ποικίλος   ποικίλῳ 3,28,482   107,10,605   ποικίλοις 14,14,
   496   ποικίλη 40,25,528   ποικίλην 6,22,486   ποικιλω-
   τέρους 80,7,573   ποικιλώτατος 94,23,590   ποικιλώτατον
   123,31,625   ποικιλώτατα 110,3,609

ποιμήν   ποιμένες 61,23,553 Κ4; ποῖμναι Λο, Οὐεστ ('Ιακ2 σ.
   645).

ποίμνη   ποῖμναι βλ. ποιμένες 61,23,553

ποῖος   79,27,573

πολέμαρχος 123,2,624

πολεμικός   πολεμικῶν 5,21,485

πολέμιος   πολέμια 39,1,526   πολεμιωτάτου 9,30,490   πολε-
μιωτάτοις 110,16,610

πόλεμος   36,2,522   70,22,563   πολέμου 5,16,485   35,32,522
49,2,538   53,20,543   70,11,562   81,14,575   πολέμῳ 21,
23,506   πόλεμον 18,4,501   97,1,593   πολέμων 8,17,488
12,19,493. 106,30,604 K⁴, Λο, Ούεστ (K¹ σ. 15).   123,
1,624

Πολέμων   34,31,521   35,5,521   37,21,524   37,26,525   38,17,
525   41,15,529   41,28,529   42,12,530   44,1,532   44,14,
533   45,2,534   45,10,534   45,22,534   45,31,535   46,20,
535   47,9,536   49,10,538   49,28,539   50,6,539   50,8,
539   50,19,540   51,17,540   51,31,541   52,3,541   52,15,
541   52,20,542   Πολέμωνος 37,32,525   41,17,529   41,22,
529   41,24,529   42,16,530   42,20,530   44,32,534   45,18,
534   49,22,539   51,2,540   52,23,542   53,26,543   54,7,
543   54,21,544   54,21,544   93,9,589   98,31,595   100,20,
597   110,9,609   Πολέμωνι 45,9,534   45,20,534   47,4,
536   49,15,538   50,4,539   50,11,539   116,14,616

Πολέμωνα 10,13,490   10,15,490   33,11,520   37,29,525
44,21,533   45,15,534   47,25,536   49,13,538   49,19,539
49,26,539   50,13,539   50,29,540   51,22,541   71,24,564
98,29,595   116,16,616   119,23,620

πολίζω   πολίσαι 69,21,562   πεπολισμένης 29,24,516

πολιορκέω   ἐπολιορκεῖτο 115,29,616

πολιός   πολιώτερα βλ. παλαιότερα 112,16,612

πόλις   5,26,485   43,31,532   50,16,539   76,27,570   86,24,581
        113,17,613   113,24,613   115,16,615   115,30,616   πόλεως
        8,25,489   25,18,512   57,20,548   101,6,598   πόλει 43,4,
        531   57,25,548   87,17,582   πόλιν 7,28,488   24,23,511
        42,29,531   43,28,532   45,18,534   57,12,548   78,21,572
        79,19,573   87,12,582   88,15,583   98,10,594   121,4,621
        121,8,621   123,6,624   πόλεις 12,17,493   18,26,502   37,
        6,524   42,18,530   56,4,547   60,4,551   122,19,623
        πόλεων 5,17,485   7,8,487   14,1,495   14,10,495   36,31,
        524   47,27,537   57,8,548   57,19,548   63,9,554   64,4,
        555   113,7,613   πόλεσι(ν) 7,6,487   45,31,535   99,26,
        596

πολιτεύω   πολιτεύειν 22,6,507   43,1,531   πολιτεύοντες 67,
        21,559   πολιτεύοντας 104,30,603   ἐπολίτευεν 75,4,568
        ἐπολιτεύετο 5,27,485   ἐπολιτεύθη 12,14,493

πολιτικός   πολιτικοῦ 24,31,511   102,16,599   103,11,600
        πολιτικῶν 3,4,481   31,26,518   74,1,567   πολιτικά 20,
        21,505   31,2,517   39,13,527   103,12,600

πολίχνιον   14,12,495

πολλάκις   4,5,483   36,22,523   45,7,534   57,29,549

πολλαπλάσιος   πολλαπλασίους 57,14,548

πολλαχοῦ   12,8,493   94,26,590

πολυάνθρωπος   πολυανθρωποτάτην 42,29,531

πολυγνώμων 19,13,502

πολυγράμματος πολυγραμματώτερον 118,2,618

Πολυδεύκης (τρόφιμος ‘Ηρώδου) Πολυδεύκην 66,21,558

Πολυδεύκης (ὁ σοφιστής) 96,10,592 98,18,594 Πολυδεύκους
    108,29,607 Πολυδεύκει 108,28,607 Πολυδεύκη 96,3,
    592

πολυειδής πολυειδεῖς 96,20,593 πολυειδῶς 5,13,485

πολυήκοος 125,20,627

πολυμάθεια πολυμάθειαν 72,25,565

πολυμαθής 125,20,627

πολύμητις 8,8,488

πολυπρεπής πολυπρεπεῖ 107,10,605

πολύς 8,11,488 8,21,488 28,18,515 80,8,573 89,25,585
    94,21,590 104,21,602 109,30,608 120,20,621 πολλοῦ
    55,20,546 85,10,579 πολλῷ 3,19,482 6,3,485 11,3,
    491 22,15,508 24,22,511 29,16,516 32,15,519 33,4,
    519 69,6,561 105,3,603 107,27,605 116,27,617 116,
    27,617 121,1,621 124,29,626 πολύν 3,12,482 5,26,
    485 10,18,490 60,18,552 πολλοί 16,16,499 21,12,
    506 38,5,525 42,13,530 42,17,530 43,24,532 43,25,
    532 60,29,552 67,4,559 76,26,570 82,21,576 97,27,
    594 98,1,594 100,22,597 πολλῶν 12,3,492 15,2,497
    16,6,499 28,18,515 34,1,520 43,23,532 56,17,547
    83,21,578 87,5,582 107,18,605 πολλοῖς 18,17,501
    22,32,508 25,6,511 41,15,529 68,3,560 69,3,561 94,
    7,590 105,29,603 113,20,613 126,12,628 πολλούς 13,

5,494   31,23,518   94,31,591   103,19,601   104,32,603

109,7,607   112,11,612   113,13,613   113,18,613   _πολλή_

40,24,528   _πολλῆς_ 31,9,518   101,4,598   101,4,598

πολλαί 24,5,510   33,15,520   42,17,530   56,16,547   71,7,

563   87,4,582   96,20,593   98,4,594   _πολλαῖς_ 51,32,541

121,4,621   _πολλάς_ 122,13,623   124,10,625   _πολύ_ 30,9,

517   30,19,517   31,25,518   48,22,537   57,5,548   59,24,

551   68,28,561   73,11,566   102,28,600   111,15,611   114,

3,614   114,12,614   _πολλά_ 1,13,480   2,21,481   5,23,485

7,31,488   11,23,492   23,20,509   25,23,512   29,29,516

41,6,528   41,29,529   43,24,532   43,25,532   44,11,533

44,25,533   64,5,556   64,30,557   64,31,557   80,32,574

97,27,594   101,14,598   102,28,600   104,32,603   113,24,

613   116,14,616   125,29,627

<u>πολυσχήματος</u>   72,3,564

<u>πολυτελής</u>   <u>πολυτελῆ</u> 98,1,594

<u>πολυφαγία</u>   115,4,615

<u>πομπεία</u>   <u>πομπείαν</u> 116,19,617 Κ⁴, Λο, Οὐεστ (Σπ παρὰ Κ³ σ.
282).

<u>πομπεύω</u>   <u>πομπεύουσιν</u> 8,17,488

<u>πομπή</u>   <u>πομπῇ</u> 91,22,587   <u>πομπάς</u> 8,17,488   59,16,550

<u>πονέω</u>   <u>πονεῖν</u> 86,27,581   <u>πεπονηκότα</u> 75,9,568

<u>πονηρός</u>   51,5,540   <u>πονηροί</u> 28,3,515   <u>πονηρόν</u> 35,27,522
      <u>πονήρως</u> 57,9,548   64,28,556   98,1,594   111,3,610
      <u>πονηρῶς</u> 50,16,539

<u>πόνος</u>   <u>πόνου</u> 114,23,614   114,27,615   <u>πόνῳ</u> 114,21,614   125,

28,627   πόνων 61,5,552   πόνους 3,30,482

Ποντικός   Ποντικά 62,2,553

Πόντος   Πόντου 39,24,527   39,25,527   40,13,528   46,26,536

πορεύω   πορεύοιτο 43,27,532   πορεύεσθαι 44,4,532   πορευό-
μενος 99,29,596   πορευομένους 93,31,589

πορθμεύω   πορθμεύειν 100,14,597

πόρρωθεν   88,12,583

πορφύρα   πορφύραν 111,21,611

Ποσειδῶν   Ποσειδῶνος 60,28,552   Πόσειδον 39,31,527   60,15,
552

ποταμός   ποταμῷ 8,26,489   42,15,530   72,6,564   ποταμόν 1,
12,480   ποταμούς 49,4,538   65,1,557

πότε   10,5,490   10,5,490   47,29,537   87,32,582   97,10,593
111,12,611   121,11,621

ποτε, ποτέ, ποτ'   1,6,479   22,22,508   23,26,510   24,7,510
25,8,511   25,28,512   34,6,521   36,13,523   37,7,524   38,
23,526   55,18,546   64,10,556   70,3,562   70,26,563   71,
12,563   83,14,577   83,26,578   86,12,580. 86,13,580 Κ4,
Λο, Οὐεστ ('Ιακ1 σ. 802: εἴποτε); βλ. εἰ 86,13,580.
94,8,590   110,31,610   111,6,610   116,12,616 116,13,616
122,18,623   123,16,624   124,1,625

ποτίζω   ποτίζων 58,1,549

πότιμος   πότιμον 100,19,597   ποτίμως 10,29,491   ποτιμώτερα
119,23,620

ποτός   ποτοῦ 46,20,535

πότος   πότου 90,14,586   95,20,591   πότον 72,15,565   πότοις

91,26,587

ποῦ 65,3,557

που 13,25,495   15,14,497   20,1,503   24,19,511   30,22,517

31,4,517   45,16,534   45,17,534   63,22,555   65,26,557

66,17,558   69,7,561   71,8,563   75,5,568   78,27,572   89,

23,585   112,18,612   114,17,614   116,14,616   117,22,618

119,23,620   125,23,627   βλ. οἴκου 112,7,612.

πούς πόδες 53,28,543   53,29,543   πόδας 60,31,552   70,4,

562

πρᾶγμα 13,21,494   62,13,554   πράγματα 23,10,509   88,31,

583   106,27,604   124,31,626   πραγμάτων 72,2,564

πράγμασι(ν) 15,26,498   27,8,514   73,21,566   89,6,584

Πραξαγόρας Πραξαγόραι 67,20,559

πρᾶος 99,18,596   120,26,621   πράου 29,28,516   45,30,535

117,20,617   πρᾶον 91,29,587   πραότερον 120,32,621

πραότης πραότητος 101,7,598   πραότητι 7,14,487   40,15,528

116,9,616   πραότητα 121,2,621

πράττω 62,24,554   πράττεις 65,4,557   πράττει 105,9,603

πράττειν 11,26,492   25,22,512   45,13,534   πράττων 7,

28,488   29,3,516   πράττοντάς 8,13,488   112,13,612

πράττουσα 43,30,532   115,16,615   πραττούσης 102,27,

600   πραττούσαις 108,27,606   ἔπραττεν 43,28,532

πράξαντας 102,29,600   ἐπράττετο 40,2,527   ἐπράχθη 85,

14,580   πραχθέν 115,25,616

πραύνω ἐπράυναν 65,29,557

πρέπω πρέποντες 66,25,558   πρέπον 121,8,621   126,23,628

πρεσβεία 34,29,521   πρεσβείας 8,2,488   24,3,510   33,20,
     520   33,23,520   34,26,521   πρεσβείαν 33,27,520   πρεσ-
     βεῖαι 33,15,520   πρεσβείαις 103,12,600

πρέσβευσις πρέσβευσιν 95,13,591

πρεσβευτικός πρεσβευτικήν 116,19,617 Κ⁴, Οὐεστ; πρεσβυτικήν
     Λο.   πρεσβευτικά 43,4,531

πρεσβεύω πρεσβεύειν 47,17,536   πρεσβεύων 3,16,482   5,25,
     485   14,21,496   103,21,601   πρεσβεύοντι 33,16,520
     πρεσβεύοντα 42,9,529   πρεσβεύοντε 22,16,508   ἐπρέσ-
     βευε 77,13,570   πρεσβεύσοντος 34,28,521   ἐπρέσβευσεν
     103,13,600   πρεσβεῦσαι 4,26,484   πρεσβεύσας 14,7,495
     πεπρεσβευκώς 34,31,521   πρεσβεύεσθαι 95,11,591
     ἐπρεσβεύθη 33,19,520

πρέσβυς πρεσβύτερον 109,23,607   πρεσβυτέρων 74,9,567   84,
     27,579   πρεσβυτέρους 116,26,617   πρεσβυτάτου 37,18,
     524

πρεσβύτης 29,31,516   πρεσβύτου 30,5,517   πρεσβύτην 30,22,
     517   πρεσβύταις 76,14,569

πρεσβυτικός πρεσβυτικήν βλ. πρεσβευτικήν 116,19,617.

*πρίαμαι πρίασθαι 58,15,549

πρίν 25,21,512   76,6,569   78,13,572   79,6,572   79,9,572
     95,20,591

πρό 2,12,481   31,25,518   43,1,531   70,2,562   74,18,567
     114,24,615   118,13,618   119,20, 619

προάγω προάγειν 89,27,585   προηγμένων 53,22,543   προηγμέ-
     ναις 75,24,569

προαγωνίζομαι προαγωνιζόμενος 23,31,510 43,5,531

προαπαντάω προαπαντῶντες 73,7,565 προαπαντήσας 5,15,485

προάστειον προαστείῳ 68,6,560 84,17,579 104,22,602 104,
    23,602 108,23,606 προαστείοις 108,4,606

προβαίνω προβαίνων 38,2,525 προβαίνοντος 90,18,586
    προΰβαινε(ν) 36,5,522 51,28,541 57,18,548 124,31,
    626 προβήσεσθαι 29,18,516 προΰβη 83,4,577 84,16,
    579 95,32,592 127,5,628 προβάντος 95,19,591

προβάλλω προβάλλετε 3,21,482. προβαλῶ βλ. προβαλοῦμαι 41,
    27,529. προΰβαλε 93,6,588 119,1,619 προΰβαλον 85,7,
    579 προβάλοι 41,24,529 πρόβαλε 88,2,583 προβαλλο-
    μένους 20,13,504. προβαλοῦμαι 41,27,529 Κ⁴, Οὐεστ;
    προβαλῶ Λο (Οὐεσσελ σ. 176).

προβιβάζω προβιβάζοντες 2,4,480

πρόβλημα προβλήματα 81,10,574

πρόγονος πρόγονοι 28,17,515 προγόνων 54,15,543 112,6,
    612

προδίδωμι προὐδίδου 18,1,501 προδεδωκότα 27,21,514

πρόδικος 124,7,625

Πρόδικος 3,32,483 Προδίκου 14,18,496 14,28,496 14,31,
    496 Προδίκῳ 3,25,482 Πρόδικον 4,5,483

προδοσία προδοσίας 27,18,514 προδοσίᾳ 27,17,514

προεδρία προεδρίας 93,12,589

πρόειμι προιών 75,17,568 108,15,606 προιόντος 78,24,572
    προιόντα 65,17,557 προιούσης 78,9,571

προεῖπον προειπεῖν 122,1,622 προειπών 44,10,533. προειπόντος 46,19,535 Κ⁴, Λο, Οὐεστ ('Ρε παρὰ Σε σ. 200).

προερέω προειρήκοι 95,27,592 προειρημένων 115,12,615

προειρημένης 116,1,616 προειρημένα 85,7,579

προέχω προΰχοντας 16,9,499 προΰχοντος 45,31,535 προῦχον

44,18,533

προηχέω προηχεῖ 2,10,480

πρόθυμος 86,16,581 προθύμως 49,14,538

προίξ προικί 111,7,610 προῖκα 13,23,494 32,18,519 108,

9,606

προΐστημι προέστη 115,20,615 προΰστη 38,29,526 38,30,

526 73,17,566 73,25,566 121,17,621 125,30,627

προστῆναι 115,20,615 120,4,620 προεστώς 103,11,600

προϋστήσατο 125,8,626

προΐσχω προισχομένων 99,21,596

προκάθημαι προκαθῆσθαι 42,22,530 προκαθήμενος 52,19,542

πρόκειμαι πρόκειται 36,1,522

προκινδυνεύω προκινδυνευσάντων 99,6,595

Πρόκλος 104,28,603 Πρόκλου 116,18,617 Πρόκλον 104,26,

602

προλαμβάνω προειληφότας 116,28,617

Προμηθεύς Προμηθεῦ 104,13,602

προμνήστρια προμνηστρίας 111,5,610

πρόξενος προξένους 14,25,496

Πρόξενος Πρόξενον 10,30,491

προοιμιάζομαι προοιμιάζεσθαι 84,21,579

προοίμιον 44,25,533 70,9,562 84,22,579 88,28,583 91,12,

586   91,15,587   προοιμίων 2,9,480   71,5,563   προοίμια
2,6,480

προοράω προεωραμένη 106,15,604

Προποντίς Προποντίδα 5,8,484   101,3,598

πρός († γενική)   31,5,517   32,10,519   57,15,548   76,4,569
88,10,583   († δοτική) 30,19,517   35,16,522   36,17,523
55,13,545   56,24,547   57,3,548   66,27,559   68,8,560
87,7,582   94,4,590   106,30,604   († αἰτιατική) 1,4,479
4,24,483   4,25,483   5,23,485   5,24,485   6,12,486   7,1,
487   7,23,488   9,1,489   9,7,489   9,21,490   10,4,490
10,13,490   12,23,493   12,24,493   20,20,504   20,26,505
24,11,510   24,27,511   25,8,511   25,23,512   26,32,513
30,28,517   32,3,518   35,20,522   35,28,522   36,16,523
41,16,529   42,2,529   43,3,531   43,17,532   45,14,534
47,6,536   47,12,536   47,16,536   48,10,537   49,28,539
51,11,540   52,13,541   54,19,544   54,22,544   56,26,547
57,21,548   58,11,549   58,14,549   60,32,552   63,11,555
63,17,555   65,1,557   65,19,557   66,7,558   67,3,559   67,
6,559   67,13,559   67,15,559   68,1,560   69,32,562   70,7,
562   71,3,563   71,10,563   71,11,563   71,17,563   72,12,
564   73,24,566   74,27,568   77,19,571   78,4,571   78,14,
572   79,14,573   79,15,573   79,31,573   84,18,579   86,5,
580   87,1,582   87,14,582   88,18,583   91,13,587   91,28,
587   91,28,587   93,4,588   94,18,590   95,21,591   98,8,
594   102,6,599   103,22,601   103,29,601   103,30,601
104,11,602   105,13,603   109,23,607   110,13,610   111,4,

(<u>πρός</u> † <u>αἰτιατική</u>) 610   116,22,617   116,26,617   116,28,

    617   122,10,623   123,14,624   126,1,627   126,5,627   126,

    17,628   126,20,628   127,7,628

<u>προσαγγέλλω</u>   <u>προσαγγέλλων</u> βλ. <u>προσάγων</u> 53,16,542.   <u>προσ-</u>

    <u>αγγέλλοντα</u> βλ. <u>προσάγοντα</u> 35,26,522.

<u>προσαγορεύω</u>   <u>προσαγόρευσον</u> 97,14,593

<u>προσάγω</u>   <u>προσάγων</u> 53,16,542 Κ⁴, Οὐεστ; <u>προσαγγέλλων</u> Λο (Λο).

    92,6,587   94,26,590.   <u>προσάγοντα</u> 35,26,522 Κ⁴, Οὐεστ;

    <u>προσαγγέλλοντα</u> Λο (Κοβ σ. 229).

<u>προσαίρω</u>   <u>προσῆρεν</u> 80,5,573

<u>προσαιτέω</u>   <u>προσήτει</u> 72,30,565

<u>προσαφαιρέω</u>   <u>προσαφαιρούμενοι</u> 40,31,528

<u>προσβαίνω</u>   <u>προσβαίνων</u> 74,31,568

<u>προσβάλλω</u>   <u>προσβάλλει</u> 63,1,554   <u>προσβάλλω</u> 61,25,553   <u>προσ-</u>

    <u>βάλλουσα</u> 123,13,624   <u>προσέβαλεν</u> 5,28,485   <u>προσβαλεῖν</u>

    19,22,503

<u>προσβολή</u>   <u>προσβολῶν</u> 11,30,492 Κ⁴, Λο, Οὐεστ ('Ολ).

<u>προσγράφω</u>   <u>προσγράφομεν</u> 16,26,499   <u>προσγράφειν</u> 9,13,489

    <u>προσέγραφον</u> 51,16,540   <u>προσέγραψα</u> 1,8,479

<u>προσδιαβάλλω</u>   <u>προσδιαβάλλουσι</u> 56,1,547

<u>προσδίδωμι</u>   <u>προσέδωκεν</u> 34,23,521

<u>προσδοκάω</u>   <u>προσεδοκήθη</u> 99,28,596

<u>προσεγείρω</u>   <u>προσεγείρῃ</u> 88,17,583

<u>προσεικάζω</u>   <u>προσεικάζων</u> 98,21,595

<u>πρόσειμι</u>   <u>πρόσεστιν</u> 102,1,599

<u>πρόσειμι</u>   <u>προσιόντες</u> 121,5,621   <u>προσῄει</u> 25,17,512   <u>προσή-</u>

<u>εσαν</u> 58,16,549

<u>προσεῖπον</u> <u>προσεῖπεν</u> 70,26,563   <u>προσείπω</u> 15,9,497   <u>προσει-</u>
<u>πεῖν</u> 6,31,487   15,17,498   <u>προσειπών</u> 34,24,521   49,6,
538   74,1,567   87,27,582   118,18,618   <u>προσειπόντος</u>
119,26,620

<u>προσερέω</u> <u>προσειρήσθω</u> 15,18,498   <u>προσειρῆσθαι</u> 70,27,563
<u>προσερρήθη</u> 5,12,485   <u>προσρηθεῖεν</u> 107,4,605   <u>προσρη-</u>
<u>θείς</u> 16,1,498   30,20,517   123,7,624   <u>προσρηθέντα</u> 6,21,
486   <u>προσρηθέντες</u> 11,18,492   <u>προσρηθέντας</u> 1,2,479

<u>προσέρχομαι</u> <u>προσῆλθε</u> 38,19,525

<u>προσέχω</u> 77,20,571   <u>πρόσεχε</u> 77,17,571   <u>προσέχειν</u> 77,16,
571

<u>προσήκω</u> <u>προσήκοι</u> 56,7,547   <u>προσήκοντες</u> 92,18,588   <u>προση-</u>
<u>κόντων</u> 121,10,621   <u>προσήκουσιν</u> 110,23,610

<u>προσηχέω</u> <u>προσηχεῖ</u> 7,3,487

<u>προσίημι</u> <u>προσεμένου</u> 49,7,538

<u>προσκάθημαι</u> <u>προσκαθημένους</u> 118,15,618

<u>πρόσκειμαι</u> <u>προσκείμενον</u> 43,6,531   <u>προσκείμενοι</u> 45,8,534
<u>προσέκειτο</u> 32,1,518   72,7,564   <u>προσκείσεται</u> 110,18,
610

<u>προσκρούω</u> <u>προσκρούων</u> 17,4,500   <u>προσέκρουον</u> 73,18,566
<u>προσέκρουσε(ν)</u> 58,4,549   84,27,579   122,3,623   122,3,
623   <u>προσκρούσας</u> 25,16,512   <u>προσκεκρούκει</u> 92,10,588

<u>προσκυνέω</u> <u>προσκυνήσας</u> 94,3,590

<u>προσμείγνυμι</u> <u>προσέμιξεν</u> 105,10,603

<u>πρόσοικος</u> 42,15,530   97,24,594   101,21,598

προσομιλέω προσομιλήσας 6,26,486

προσποιέω προσεποίησεν 126,14,628

προσρέω προσρυείς 121,25,622

πρόσρησις προσρήσεων 34,1,520

προσρητέος προσρητέον 2,28,481

προσρίπτω προσερριμμένης 89,5,584

πρόσταγμα προστάγματος 25,13,512

προστάτης 37,14,524 106,2,604

προστάττω προσέταξεν 70,27,563 73,30,566 προστάξαι 63,
    23,555 64,7,556 προστεταγμένον 111,24,611 προσε-
    τάχθη 7,25,488 69,24,562 125,11,626 προσταχθείς 23,
    3,509

προστήκομαι προσετετήκει 72,8,564

προστίθημι προσθεῖναι 49,12,538 προσθεμένων 10,14,490

προστρέχω προσδραμών 79,22,573 119,8,619

προσφερής 76,30,570

προσφιλοσοφέω προσφιλοσοφήσας 64,25,556

προσφυής προσφυέστερος 120,22,621

πρόσχωσις προσχώσεις βλ. προχώσεις 108,3,606.

πρόσω 98,24,595 πόρρω 54,5,543 85,17,580

πρόσωπον προσώπου 8,28,489 26,15,513 41,1,528 102,1,599
    109,10,607 προσώπῳ 32,14,519 48,13,537 78,23,572
    114,4,614

προτείνω προτείνουσαι 3,29,482

προτεραῖος προτεραίας 106,15,604

πρότερος προτέρῳ 120,29,621 προτέρων 5,1,484 προτέρους

      26,19,513   προτέραν 78,20,572   πρότερον 27,28,514

      34,32,521 55,8,545 78,15,572 111,9,611

Προυσαῖος Προυσαῖον 6,30,486

πρόφασις προφάσεις 122,22,623

προφέρω προφέροντος 15,13,497   προφέροντες 72,26,565

    προΰφερον 4,20,483

πρόχειρος πρόχειρον 123,17,624

πρόχωσις προχώσεις 108,3,606 Κ4, Οὐεστ; προσχώσεις Λο.

Πρωταγόρας 13,1,494 13,11,494 Πρωταγόραν 13,23,494

πρωτεῖον πρωτεῖα 50,28,540

Πρωτεύς 71,13,563 96,19,593 Πρωτέως 71,18,563 Πρωτέα

    71,11,563

πρῶτος 3,22,482 13,20,494 13,20,494 19,31,503 23,15,

    509 38,30,526 59,14,550 73,25,566 113,5,613

    πρῶτου 3,9,482 πρῶτον 15,5,497 17,4,500 38,27,526

    46,2,535 64,7,556 85,5,579 86,20,581 92,24,588

    100,28,597 105,4,603 112,1,611 123,5,624   πρώτη 48,

    30,538   πρώτη 60,30,552   πρώτην 21,30,507 48,25,538

    84,14,579 108,19,606   πρῶτα 42,29,531 66,9,558 82,

    3,576 107,32,606

πταῖσμα πταίσματος 21,25,506

πτερόεις πτερόεντας 83,12,577

πτερόν πτερά 83,13,577

πτερόω ἐπτερώθη 34,17,521

Πτολεμαῖος 98,25,595 114,27,615 Πτολεμαίου 99,8,595

    Πτολεμαίῳ 113,14,613 114,25,615

πτωχός 8,9,488

Πυγμαῖος Πυγμαῖα 26,7,512

πυγμή πυγμήν 62,20,554

Πύθια, τά Πυθίων 115,20,615   Πύθια 42,4,529   97,12,593

Πυθικός Πυθικόν 12,11,493   Πυθικῶν 115,21,616   Πυθική 67,
    4,559

Πύθιος 81,15,575   81,18,575   Πυθίου 2,15,481   12,12,493
        Πυθίῳ 59,29,551   Πύθιον 59,10,550

Πυθοῖ 59,29,551   62,9,553

Πύθων Πύθωνος 3,11,482   27,16,514   Πύθωνα 27,21,514

πυλαγόρας 22,31,508

Πυλαία Πυλαίαν 23,2,509

πύλη πυλῶν 31,20,518   πύλαις 24,24,511   πύλησιν 53,8,542
        πύλας 54,14,543   79,21,573   85,16,580

πυνθάνομαι πεύσῃ 118,22,619

πύξινος πύξινον 4,8,483

πῦρ 4,13,483   28,23,515   71,14,563   96,22,593   104,10,602
        104,12,602   104,17,602   πυρός 85,30,580   πυρί 104,8,
        602

πύργος πύργοι 68,6,560   πύργων 68,14,560

Πυρρώνειος Πυρρώνειοι 11,5,491   Πυρρωνείους 11,5,491

πυρσός πυρσόν 82,22,576

πυρφόρος πυρφόρε 104,14,602

πω 34,13,521   73,26,566   80,27,574   105,15,603

πωλέω πωλεῖν 39,30,527   πωλουμένη 39,32,527

Πῶλος 15,3,497   15,6,497   Πῶλον 15,1,497   15,5,497   Πῶλε

15,8,497

πῶς   27,3,513   61,30,553   89,19,585   97,7,593   97,8,593
114,3,614   121,19,622   126,20,628.   βλ. ὡς 12,1,492.

Ῥάβεννα   125,17,627   125,18,627

ῥάδιος ῥᾶστα 12,1,492

ῥαθυμέω ῥαθυμεῖν 17,9,500

ῥάθυμος ῥάθυμοι 17,9,500

ῥάκος ῥακέων 8,8,488

Ῥαμνούσιος Ῥαμνούσιον 15,16,498

ῥαμφώδης ῥαμφῶδες 82,22,576

ῥαπτός ῥαπτόν 61,10,553

ῥαστώνη ῥαστώνης 31,24,518

ῥαφανίς ῥαφανῖδας 65,6,557   65,10,557

ῥεῦμα ῥεύματος 99,31,596

ῥέω ῥεῖν 65,2,557   ῥέοντα 3,12,482   ῥεόμενον 52,7,541
ῥυῆναι 3,9,482

Ῥήγιλλα Ῥηγίλλης 63,26,555   Ῥηγίλλη 59,19,551   65,28,
557   Ῥήγιλλαν 63,21,555   64,8,556   65,9,557

ῥήγνυμι ῥῆξαι 60,28,552

ῥῆμα ῥήματος 84,11,578   102,8,599

Ῥῆνος Ῥῆνον 25,12,512   25,31,512

ῥητορεία ῥητορείας 76,22,570 Κ4 (Κ4 σ. XXIIII); θεωρίας Λο
(Κ3); ἱστορίας Οὐεστ.

Ῥητορική 115,9,615   Ῥητορικήν 115,9,615

ῥητορικός ῥητορικῶν 15,30,498   ῥητορικοῖς 19,30,503
ῥητορικούς 29,14,516   ῥητορικῆς 74,1,567   ῥητορικῇ

34,6,521   ῥητορικήν 2,1,480   15,27,498   16,13,499

ῥήτωρ   21,13,506   83,19,578   83,19,578   ῥήτορος 26,20,513

ῥήτορι 25,4,511   54,32,544   ῥήτορα 72,17,565   122,12,

623   ῥήτορες 95,2,591   ῥητόρων 4,30,484   32,8,518

34,7,521   122,26,623   123,31,625   ῥήτορας 16,18,499

ῥίπτω ῥίψων 72,32,565   ῥῖψαι 71,14,563   82,1,575

ῥίς 77,9,570   ῥινός 82,22,576   ῥῖνα 62,31,554

'Ροδανός 'Ροδανῷ βλ. 'Ηριδανῷ 8,26,489.

'Ρόδιος 'Ροδίοις 4,27,484   24,6,510

'Ρόδος 'Ρόδου 3,14,482   23,10,509   'Ρόδῳ 3,5,481   'Ρόδον

23,12,509

ῥοῖζος ῥοίζου 93,9,589   ῥοῖζον 98,30,595

'Ρουσιανός βλ. 'Ρουφινιανός 110,10,609.

'Ρουσινιανός βλ. 'Ρουφινιανός 110,10,609.

'Ρουφινιανός   110,10,609 Κ4, Λο, Ούεστ (Ούεστ); χειρόγρ.

'Ρουσινιανός, 'Ρουσιανός.

'Ρουφῖνος ('Απολλωνίου)   102,19,599

'Ρουφῖνος (ὁ Σμυρναῖος) 'Ρουφίνου 110,1,608

'Ροῦφος (ὁ λογιστής)   25,14,512   25,29,512   'Ροῦφον 25,27,

512   26,1,512

'Ροῦφος (ὁ σοφιστής) 'Ροῦφον 100,21,597

ῥυθμός ῥυθμοῦ 19,32,503   106,25,604   ῥυθμῷ 11,12,492

ῥυθμοί 17,15,500   86,5,580   ῥυθμῶν 37,11,524   90,21,

586   104,18,602   ῥυθμοῖς 79,8,572   108,31,607

ῥυθμούς 13,31,495   21,10,505   80,7,573   93,23,589   104,

3,601   104,19,602

Ῥωμαῖος 123,3,624.   Ῥωμαῖοι βλ. Ῥωμαίων 112,29,613.

  Ῥωμαίων 63,30,555   65,21,557   76,32,570. 112,29,613

  Κ4; Ῥωμαῖοι Λο, Οὔεστ (Βαλ σ. 93).   123,22,625

  Ῥωμαίοις 8,13,488   59,22,551   Ῥωμαίους 115,31,616

ῥώμη   ῥώμην 71,1,563

Ῥώμη   Ῥώμης 8,16,488   44,7,533   116,8,616   126,3,627

  Ῥώμη 10,8,490   10,16,490   74,12,567   77,24,571   93,29,

  589   100,9,596   103,21,601   125,16,627   Ῥώμην 11,7,

  491   65,16,557   85,24,580   93,18,589   93,32,589   95,10,

  591   98,5,594   100,5,596   100,12,597   121,24,622   123,

  29,625   125,9,626   125,13,626   125,31,627   126,30,628

ῥώννυμι   ἔρρωται 98,2,594   ἔρρωσο 1,19,480   25,16,512   97,

  13,593   ἐρρώσθων 116,3,616   ἐρρῶσθαι 93,4,588   ἐρρω-

  μένος 120,21,621.   ἐρρωμένη 70,25,563   βλ. ἐπερρωμένη

  61,16,553.   ἐρρωμένον 76,10,569   ἐρρωμένα 119,23,

  620   ἔρρωτο 13,28,495   18,11,501   32,29,519   71,11,

  563   106,17,604

σάλπιγξ   52,25,542

Σάρδεις   Σάρδεσι 37,22,524   Σάρδεις 37,24,525

σατραπεία   σατραπείας 95,25,592

σατράπης   σατράπου 96,31,593   σατράπην 37,1,524

σαφήνεια   126,26,628   σαφηνείας 23,21,510   σαφήνειαν 109,

  10,607   120,19,621

σαφής   σαφῆ 2,11,481   σαφῶς 77,6,570   126,23,628   βλ. σοφῶς

  100,16,597.

σβέννυμι   ἐσβέσθη 65,28,557   85,21,580

σεαυτοῦ 65,3,557   σεαυτῷ 38,12,525   σεαυτόν 79,31,573
    σαυτόν 38,13,525

Σεβῆρος Σεβήρου 93,2,588   109,3,607   109,19,607   113,30,
    614   Σεβῆρον 103,21,601   111,10,611

Σειρήν 19,27,503

σεισμός σεισμῶν 87,13,582

σείω σείεσθαι 33,10,520   ἐσείσθη 69,9,561

Σεκοῦνδος 54,27,544   Σεκούνδου 54,25,544   Σεκούνδῳ 71,26,
    564

σέλας 39,21,527

Σελεύκεια 76,27,570   Σελευκείας 77,14,570

σεμνολογέω σεμνολογῆσαι 19,13,502

σεμνολογία 23,21,510   52,26,542   σεμνολογίαν 19,14,502

σεμνοπρεπής 104,4,601

σεμνός σεμνή 17,26,500   σεμνῷ 114,4,614   σεμνῶς 13,23,
    494   80,28,574

σεμνότης 20,6,504   20,15,504   σεμνότητος 11,32,492   20,8,
    504   σεμνότητι 13,24,494   103,18,601

σεμνύνω σεμνυνόμενος 120,30,621

Σέξτος 66,3,558   Σέξτον 65,14,557   65,19,557

σῆμα 38,25,526   121,15,621   σήματι 19,28,503   54,17,544
    76,17,569

σημαίνω σημαίνοντι 11,11,491   σημαινόμενον 110,7,609

σημεῖον 60,19,552   σημείων 80,20,574

σήμερον βλ. τήμερον

Σικελία 11,20,492   Σικελία 80,10,574   89,15,584   Σικελίαν

16,24,499

Σικελικός _Σικελικοί_ 14,12,495

Σικελιώτης _Σικελιώτην_ 24,15,511   _Σικελιώτας_ 17,3,500   17,
6,500

Σιμωνίδης _Σιμωνίδην_ 106,17,604

σίνομαι _σίνεσθαι_ 28,25,515

Σίρμιον _Σιρμίῳ_ 67,29,560

σιτευτός _σιτευτόν_ 72,17,565

σιτέω _σιτοῦμαι_ 61,26,553   _σιτοῖτο_ 61,21,553   _σιτεῖσθαι_
111,25,611   _σιτούμενος_ 65,10,557   _σιτουμένῳ_ 52,12,
541   _σιτουμένοις_ 37,3,524

σίτησις _σίτησιν_ 44,7,533   _σιτήσεις_ 93,12,589   111,20,611

σῖτος 39,24,527   _σίτου_ 24,19,511   39,2,526   39,8,526   43,
9,531   61,6,552   _σῖτον_ 75,7,568   89,17,585

σιωπάω _σιωπῶν_ 95,28,592   _σιωπῶντος_ 78,18,572   _σιωπῶντα_
54,18,544   _σιωπωμένοις_ 100,31,597

σιωπή _σιωπῇ_ 41,11,529

σκάπτω _σκάπτων_ 7,30,488

σκέπτομαι _ἐσκέψατο_ 29,22,516

Σκέπτος 90,6,585   _Σκέπτου_ 79,28,573

σκευοφόρος _σκευοφόρα_ 43,24,532   80,19,574

σκηνή _σκηνῆς_ 11,26,492   11,26,492   26,16,513   45,25,535
98,31,595   _σκηνήν_ 48,9,537   93,25,589

σκηνόω _ἐσκήνου_ 68,6,560

σκηπτός 68,14,560   _σκηπτοῦ_ 29,1,516   29,9,516   _σκηπτῶν_
28,22,515

σκῆπτρον σκήπτρου 44,29,534

σκιά 26,26,513   σκιαῖς 66,28,559

σκιαγραφέω ἐσκιαγραφημένη 95,32,592

σκιάζω σκιάζων 78,26,572

σκίρτημα 91,30,587

σκληρός σκληρότατοι 29,10,516

Σκοπελιανός 28,26,515 30,32,517 33,12,520 Σκοπελιανοῦ
      27,27,514 29,31,516 . 30,25,517 31,6,517 31,15,518
      35,1,521 Σκοπελιανῷ 34,12,521 34,21,521 Σκοπελια-
      νόν 33,26,520 35,7,521 47,6,536 47,16,536 71,25,
      564 80,1,573

σκοπέω σκοπεῖν 4,14,483 97,16,593

Σκύθης Σκύθαι 119,32,620 Σκυθῶν 79,3,572 79,13,573 81,
      21,575 Σκύθας 78,20,572

σκῶμμα σκώμματος 33,13,520 89,8,584

σκώπτω σκώπτοιμεν 106,9,604 σκώπτεσθαι 84,5,578

σμικρός βλ. μικρός

Σμύρνα 10,15,490 29,25,516 31,19,518 42,18,530 43,2,
      531 50,12,539 50,28,540 113,11,613 113,24,613
      Σμύρνης 25,3,511 37,29,525 43,21,532 44,11,533 49,
      17,539 87,10,582 Σμύρνη 24,23,511 31,15,518 42,28,
      531 43,8,531 43,28,532 47,8,536 87,21,582 88,12,
      583 113,25,613 Σμύρναν 29,22,516 45,1,534 45,15,
      534 46,13,535 47,26,537 51,3,540 52,17,541 54,3,
      543 54,11,543 87,9,582 100,15,597 107,25,605 113,
      6,613 113,16,613 115,10,615 118,12,618 119,14,619

Σμυρναῖος 42,13,530   118,9,618   Σμυρναίου 110,2,608

    Σμυρναῖον 24,20,511   29,15,516   100,1,596   Σμυρναῖοι

    113,29,613   Σμυρναίων 26,4,512   31,26,518   33,17,520

    47,18,536   50,18,540   119,19,619   Σμυρναίοις 34,28,

    521   43,7,531   Σμυρναίους 25,15,512

σοβαρός σοβαρώτερος 11,31,492

σοβέω σεσοβημένος 32,24,519

σολοικίζω ἐσολοίκισεν 52,21,542

σολοικισμός σολοικισμῶν 51,29,541

Σόλων 53,14,542   Σόλωνα 18,16,501

σός σοῦ 30,15,517   σῶν 70,17,562   σή 5,17,485   σόν 57,2,

    548   σῷ 30,9,517   σά 35,3,521

Σοῦσα 23,8,509

σοφία 19,8,502   σοφίας 18,24,501   18,27,502   31,30,518   34,

    3,520   38,13,525   113,15,613   113,18,613   σοφίᾳ 12,20,

    493   14,19,496   35,7,521   36,32,524   100,25,597

    σοφίαν 43,13,531   48,5,537   54,2,543   91,13,587   92,32,

    588

σοφιστεύω σοφιστεύων 82,20,576.   σοφιστεῦσαι 1,1,479 Κ4,

    Λο (Μο); σοφιστεύσαντας Οὐεστ.   11,18,492.   σοφιστεύ-

    σας 102,20,599.   σοφιστεύσαντας βλ. σοφιστεῦσαι 1,1,

    479.

σοφιστής 2,5,480   5,12,485   6,9,485   13,1,494   13,27,495

    17,29,501   26,6,512   26,9,512   39,16,527   41,16,529

    41,22,529   42,12,530   45,11,534   52,5,541   54,27,544

    55,16,545   79,28,573   83,14,577   94,21,590   95,1,591

98,11,594   101,18,598   114,2,614   120,19,621   123,7,

624   σοφιστοῦ 2,21,481   7,18,487   19,28,503   27,27,

514   34,5,521   95,8,591   97,24,594   110,10,609   119,25,

620   σοφιστῇ 10,3,490   10,26,491   52,9,541   54,1,543

108,25,606   110,1,608   114,25,615   120,15,620

σοφιστήν 1,5,479   1,9,479   6,20,486   10,24,491   15,2,

497   40,7,527   40,32,528   41,2,528   50,21,540   73,16,

566   74,32,568   88,20,583   92,11,588   92,19,588   94,29,

590   100,2,596   100,21,597   103,22,601   125,17,627

σοφισταί 5,2,484   11,18,492   80,16,574   107,4,605

σοφιστῶν 1,7,479   5,7,484   11,21,492   23,11,509   23,16,

509   24,18,511   27,30,514   32,7,518   33,7,520   35,19,

522   37,19,524   40,24,528   51,12,540   52,29,542   72,21,

565   75,28,569   80,25,574   83,5,577   83,25,578   89,24,

585   90,18,586   92,30,588   94,25,590   99,25,596   103,3,

600   106,10,604   109,30,608   113,7,613   114,20,614

115,12,615   117,21,618   119,26,620   119,29,620   120,6,

620   124,5,625   126,4,627   σοφισταῖς 5,6,484   6,15,

486   8,24,489   11,28,492   15,11,497   74,7,567   98,25,

595   σοφιστάς 1,2,479   4,17,483   4,29,484   6,29,486

9,27,490   46,6,535   74,12,567   84,4,578   92,5,587

σοφιστικός σοφιστικοί 17,23,500   σοφιστικούς 96,12,592

σοφιστική 2,22,481   σοφιστικῆς 21,27,507   75,27,569

σοφιστικῇ 24,28,511   σοφιστικήν 2,1,480   σοφιστικάς

80,4,573   93,3,588   σοφιστικοῦ 108,14,606   σοφιστικόν

24,29,511   σοφιστικοῖς 24,26,511   108,10,606   σοφισ-

262

τικά 7,18,487   24,27,511   110,2,608   112,31,613

σοφιστικώτερος 17,24,500   75,27,569   108,14,606   σο-

φιστικώτατοι 8,20,488   σοφιστικωτάτην 90,3,585

Σοφόκλειος Σοφοκλείω 108,20,606

σοφός 8,10,488   64,20,556   σοφοῦ 39,12,526   102,22,599

σοφόν 12,8,493   15,29,498   σοφοί 62,12,554   σοφῶν 5,

10,484   102,28,600   σοφοῖς 10,19,490   36,18,523

σοφούς 46,10,535   σοφῶς 6,6,485   10,28,491   72,4,564

99,15,596. 100,16,597 Κ4, Οὐεστ; σαφῶς Λο ('Ρε παρὰ Σε

σ. 201).   σοφώτερον 16,12,499   20,24,505   σοφωτάτω

18,21,501

σπανιστός σπανιστόν 111,26,611   σπανιστοῖς 106,13,604

σπάραγμα σπαράγματ' 91,4,586

σπάργανον σπαργάνοις 28,19,515

Σπαρτιάτης 40,17,528

σπάω ἔσπασε(ν) 46,23,535   82,11,576   92,18,588   94,11,590

101,22,598   σπάσαι 95,21,591. ἐσπασμένη 84,28,579 Κ4,

Οὐεστ; διεσπασμένη Λο (Κοβ σ. 218).

σπερματολογέω ἐσπερματολογῆσθαι 36,28,524

σπλάγχνον σπλάγχνων 92,16,588   σπλάγχνοις 117,17,617

σπονδή σπονδῶν 76,11,569 Κ4, Λο, Οὐεστ (Σπ παρὰ Κ3 σ. 246).

σπονδάς 89,17,585

σπουδάζω σπουδάζομεν 13,22,494   σπουδάζοι 114,26,615   123,

19,624   σπουδάζοιεν 93,23,589   σπουδάζειν 7,19,487

7,32,488   117,29,618   σπουδάζων 22,19,508   26,24,513

32,1,518   σπουδάζοντος 16,29,500   31,15,518   σπουδάζοντες 93,28,589   ἐσπούδαζε(ν) 31,29,518   65,13,557

72,15,565   119,28,620   σπουδάσειε 91,21,587   ἐσπουδά-

κει 4,28,484   σπουδάζεται 18,23,501   σπουδαζόμενος

125,16,627   σπουδαζομένης 78,31,572   101,22,598

ἐσπούδασται 7,17,487   ἐσπουδάσθησαν 24,18,511   σπου-

δασθῆναι 19,9,502   σπουδασθεῖσα 80,9,573   σπουδασθέν-

των 1,6,479   21,2,505

σπουδαῖος 64,24,556   σπουδαίων 16,17,499   65,12,557

   σπουδαίοις 64,23,556   113,21,613   115,8,615   σπουδαία

   59,21,551

σπουδή   σπουδῆς 11,8,491   50,32,540   95,20,591   σπουδήν 4,

   11,483   σπουδαί 17,9,500   σπουδαῖς 23,17,509   108,22,

   606   σπουδάς 91,21,587   108,16,606

σταδιαῖος   σταδιαίας 38,20,526

στάδιον   σταδίου 59,11,550   σταδίῳ 58,31,550   στάδιον 58,

   24,549   58,32,550   59,29,551   107,16,605   σταδίων 60,

   8,551

στασιάζω   στασιάζειν 33,21,520   στασιάζουσαν 12,14,493

   104,29,603   ἐστασίαζε(ν) 5,26,485   43,2,531   ἐστασί-

   αζον 42,1,529

στάσις 102,2,599   122,4,623   στάσεως 55,4,545   στάσει 41,

   5,528   στάσιν 55,5,545   55,9,545

στασιώτης   στασιωτῶν 47,10,536

στέλλω   στείλας 50,7,539   ἐσταλμέναι 3,27,482   ἐσταλμένον

   54,7,543   ἐστάλη 92,29,588   121,24,622   σταλῆναι 102,

   26,599

στενάζω στενάξατε 35,29,522

στενός στενή 81,28,575   στενάς 122,9,623   στενόν 24,21,
    511   στενοῖς 63,15,555

στέρνον στέρνα 61,6,552

στεφανηφόρος στεφανηφόρον 113,28,613

στέφανος 28,18,515   στεφάνους 42,20,530 72,30,565 111,
    19,611

στεφανόω στεφανούσθω 62,21,554   στεφανουμένους 62,20,554
    100,3,596   ἐστεφανοῦτο 22,24,508   στεφανωθείς 58,28,
    549

στέφω ἐστέφθη 127,4,628

στιβάς στιβάδων 58,2,549

στιγμή στιγμῇ 112,14,612

στοά 107,16,605   στοῶν 113,22,613

Στοά Στοᾶς 73,29,566

στοιχεῖον στοιχείων 97,31,594

στολή στολῆς 92,2,587   στολήν 122,4,623

στόμα 10,6,490 38,6,525 39,25,527 47,29,537   στόματος
    47,29,537

στοχάζομαι στοχαζόμενοι 2,13,481

στρατεύω στρατεύειν 6,11,485 20,31,505 81,25,575 στρα-
    τεύοντος 77,29,571 στρατεύοντι 5,14,485 6,13,486

στρατηγέω ἐστρατήγησε 15,18,498   στρατηγήσας 38,31,526

στρατιά στρατιάν 81,22,575

στρατιώτης 112,5,612   στρατιώτας 8,4,488 8,12,488

στρατόπεδον 124,11,625   στρατοπέδων 125,14,627 στρατόπεδα 8,3,488   25,19,512

στρεβλόω   στρεβλοῦντος 52,1,541

στρέβλωσις   στρέβλωσιν 30,16,517

στρέφω   στρέφειν 38,1,525   στρέψον 98,10,594

στρυφνός   στρυφνῷ 100,19,597

Στωικός   Στωικῷ 40,29,528

σύ 25,10,511   31,30,518   38,8,525   38,12,525   64,1,555   68,
23,561   71,19,563   77,20,571   84,6,578   97,10,593   122,
14,623   122,16,623   σοῦ 64,32,557   70,24,563   111,23,
611   σου 10,5,490   47,30,537   77,20,571   80,16,574
88,1,583   104,14,602   σοί 4,14,483   35,4,521   70,14,
562   85,31,580   85,32,580   86,1,580   88,8,583   102,9,
599   103,30,601   σοι 1,3,479   1,4,479   1,18,480   28,
28,515   49,28,539   62,27,554   62,28,554   66,2,558   66,
3,558   70,15,562   81,21,575   81,27,575   82,29,576   83,
18,578   102,1,599   102,10,599   103,29,601   114,28,615
118,27,619   118,28,619   119,10,619   124,18,626   σέ 9,
21,490   15,9,497   30,12,517   σε 8,19,488   10,5,490
15,9,497   26,30,513   30,7,517   38,2,525   70,20,563   86,
7,580   87,28,582   101,30,598   105,16,603   121,6,621
123,22,625   ὑμῖν 44,14,533   50,20,540   67,1,559   86,
11,580   121,8,621   ὑμᾶς 46,9,535   58,29,550   75,4,568
86,12,580   121,2,621

συγγενής   ξυγγενεῖς 54,22,544   89,9,584   συγγενῶν 111,8,
611   ξυγγενές 104,11,602

συγγίγνομαι   συνεγένετο 71,29,564   ξυνεγένετο 47,21,536

48,29,538   ξυγγενέσθαι 48,28,538   77,3,570   συγγενό-
μενος 46,23,535   ξυγγενόμενος 96,11,592   110,1,608
ξυγγεγονώς 34,13,521   87,19,582

συγγνώμη   συγγνώμην 25,27,512   44,16,533   44,17,533   45,13,
534   ξυγγνώμην 99,20,596

συγγνώμων   βλ. ξυγγνώμων

συγγνωστός   συγγνωστοί 10,19,490

σύγγραμμα   συγγράμμασι 127,1,628

συγγράφω   ξυγγράφειν 7,14,487   123,11,624   συνέγραφεν 20,
27,505   ξυνέγραψεν 50,22,540   ξυγγράψαι 109,6,607
συγγεγραμμένους 3,18,482   ξυγγεγραμμένη 126,19,628
συνεγέγραπτο 3,25,482

συγκάθημαι   βλ. ξυγκάθημαι

συγκαλέω   βλ. ξυγκαλέω

συγκατάκειμαι   βλ. ξυγκατάκειμαι

σύγκειμαι   ξύγκειται 12,21,493   21,4,505   ξυγκεῖσθαι 74,30,
568   ξυγκείμενος 6,32,487   ξυγκειμένου 116,23,617
ξυγκείμενον 91,6,586   ξυγκειμένους 11,3,491   16,5,499
ξυγκειμένης 70,31,563   συγκειμένην 19,16,503   ξυγκει-
μένην 16,15,499   44,13,533   56,27,548   ξυγκειμέναις
100,30,597

συγκεράννυμι   συγκεράσας 100,19,597   ξυνεκέκρατο 73,23,566

συγκλείω   συγκλείουσι 54,17,544

σύγκλητος   συγκλήτου 93,26,589   ξυγκλήτου 107,7,605

συγκλύζω   βλ. ξυγκλύζω

σύγκλυς   βλ. ξύγκλυς

συγκρούω βλ. ξυγκρούω

συγχωρέω ξυγχωρεῖ 69,2,561 ξυγχωρῶν 119,32,620 ξυγχω-
ρούσης 114,21,614 συνεχώρει 124,14,626 ξυγχωρήσει
60,15,552 συγχώρησον 39,32,527 συγχωρήσαντα 31,10,
518

συκῆ 104,24,602

συκοφαντέω συκοφαντοῦσι 99,15,596 συκοφαντεῖν 15,12,497
συκοφαντοῦντα 15,14,497

συλλαβή συλλαβαί 39,27,527

συλλαμβάνω βλ. ξυλλαμβάνω

συλλέγω ξυλλεγομένοις 106,7,604 ξυνελέγοντο 78,7,571
συνελέξατο 72,23,565 ξυνελέξατο 85,3,579

συμβαίνω ξυμβαίνων 110,20,610 συνέβη 121,19,622 ξυνέβη-
σαν 58,13,549 ξυμβῆναι 1C2,32,600

συμβάλλω ξυμβάλλειν 34,27,521 61,2,552 ξυνέβαλλε 96,13,
592 συμβαλεῖν 82,23,576 ξυμβαλεῖν 40,23,528 98,4,
594 ξυμβάλλονται 62,5,553 συνεβάλετο 19,29,503
ξυνεβάλετο 11,23,492 ξυμβαλομένοις 39,14,527

συμβόλαιον βλ. ξυμβόλαιον

συμβολή βλ. ξυμβολή

σύμβολον βλ. ξύμβολον

συμβουλεύω βλ. ξυμβουλεύω

συμβουλία βλ. ξυμβουλία

σύμβουλος βλ. ξύμβουλος

συμμαχέω συμμαχήσειν 81,16,575

συμμαχία ξυμμαχίας 112,30,613 συμμαχίαν 85,1,579

σύμμαχος συμμάχων 86,12,580   ξυμμάχους 55,18,546

συμμετέχω βλ. ξυμμετέχω

συμμετρέω βλ. ξυμμετρέω

σύμμετρος ξύμμετρος 77,9,570   ξύμμετρον 114,23,614   συμ-
     μέτρου 13,25,495   ξυμμέτρου 46,32,536   103,6,600
     ξυμμέτρως 61,1,552

σύμπας βλ. ξύμπας

συμπίνω βλ. ξυμπίνω

συμπίπτω βλ. ξυμπίπτω

συμπλέκω συμπλακείς 62,23,554

συμπολιτεύω συνεπολιτεύετο 36,14,523

σύμπρεσβυς συμπρέσβεσιν 22,18,508

συμφέρω ξυμφέρουσι 61,26,553   συμφέρον 4,3,483   συνή-
     νεγκαν 42,20,530

σύμφημι βλ. ξύμφημι

συμφιλοσοφέω συμφιλοσοφοῦντα 6,20,486   συνεφιλοσόφησε 18,
     20,501

συμφοιτάω βλ. ξυμφοιτάω

συμφορά συμφοράν 69,17,561

σύμφωνος σύμφωνα 97,30,594

σύν 1,10,480   10,29,491   13,22,494   21,9,505   23,22,510
     48,22,537   64,26,556   71,32,564   90,23,586   98,32,595
     123,18,624   125,26,627   ξύν 4,31,484   7,3,487   12,20,
     493   22,16,508   23,14,509   23,28,510   26,29,513   32,15,
     519   32,27,519   53,2,542   59,5,550   61,7,552   62,14,
     554   66,28,559   67,16,559   68,3,560   75,30,569   77,7,

(ξύν) 570 80,29,574 87,6,582 88,19,583 91,22,587

93,22,589 94,2,590 109,12,607 111,30,611 112,12,

612 116,2,616 117,2,617 124,8,625 125,8,626 125,

32,627 126,14,628

συνάγω συνῆγεν 103,28,601 ξυνήγαγε 68,31,561

συναιρέω συνελεῖν 27,9,514 ξυνελεῖν 60,9,551

συναίρω βλ. ξυναίρω

συνακολουθέω βλ. ξυνακολουθέω

συναναγκάζω συνηνάγκασε 45,3,534

συναποδημέω βλ. ξυναποδημέω

συνάπτω συνῆψε 107,13,605 ξυνάψαι 60,7,551 συνάψας 24,

23,511 συνῆπται 121,17,621

συνδιαφέρω βλ. ξυνδιαφέρω

σύνδικος βλ. ξύνδικος

σύνειμι βλ. ξύνειμι

συνεῖπον συνειπεῖν 22,30,508

συνεμφέρω βλ. ξυνεμφέρω

συνεπινεύω βλ. ξυνεπινεύω

συνεργός βλ. ξυνεργός

σύνεσις βλ. ξύνεσις

συνέχω ξυνεῖχεν 8,1,488 συνείχοντο 58,21,549

συνηγορέω συνηγορῶν 3,16,482

συνηγορία συνηγοριῶν 125,9,626

συνήγορος συνήγορον 37,28,525 ξυνηγόρους 50,18,540

συνήθης ξύνηθες 97,30,594 συνήθως 114,6,614

συνθάπτω βλ. ξυνθάπτω

συνθήκη   ξυνθήκη 21,7,505   συνθήκης 20,1,503   συνθηκῶν 20,
19,504   συνθήκαις 76,15,569

συνίημι   ξυνίημι 77,20,571   ξυνιᾶσιν 99,19,596   συνιέναι
31,13,518   ξυνιείς 41,28,529   84,23,579   84,24,579
98,15,594   συνιέντι 34,24,521   ξυνιέντα 109,9,607
συνιέντας 16,18,499   ξυνίει 36,23,523   ξυνῆκα 26,24,
513   ξυνῆκεν 63,5,554   118,17,618   124,30,626   ξυν-
εῖναι 112,32,613

συνίστημι   βλ. ξυνίστημι

συννεάζω   βλ. ξυννεάζω

συννέφω   συννενοφώς 22,13,508 Κ4, Λο, Οὐεστ (Κ2 σ. 234).

σύννοια   41,2,528

συνοικία   βλ. ξυνοικία

συνοράω   βλ. ξυνοράω

συνουσία   ξυνουσίας 75,11,568   ξυνουσία 47,26,537   ξυνου-
σίαν 13,7,494   108,19,606   113,10,613   ξυνουσίαις 106,
10,604   συνουσίας 40,3,527

συντακής   βλ. ξυντακής

συνταράσσω   συνταράξας 23,2,509

συντάττω   ξυνέταττεν 32,18,519   συνετάττετο 49,27,539

συντείνω   βλ. ξυντείνω

συντίθημι   ξυνετίθει 30,2,517   ξυνέθεσαν 2,13,481   10,22,
491   συνθεῖναι 122,26,623   ξυνθεῖναι 10,31,491   32,6,
518   ξυνθείς 59,2,550   59,20,551   ξυνθέντος 116,19,
617   ξυνθέμενος 93,2,588.   συντεθείη 21,2,505 Κ4, Λο
(Κ4 σ. XXII); συντεθείς Οὐεστ.   συντεθείς βλ. συντε-

θείη 21,2,505.   ξυντεθεῖσα 63,21,555   συντεθέντος 3, 31,482

συντρέφω βλ. ξυντρέφω

συντρέχω ξυνδραμεῖν 113,9,613   συνδραμόντες 9,28,490

Συρία Συρίας 54,14,543

συρίττω συρίττοιμεν 106,8,604

συρρέω βλ. ξυρρέω

σῦς βλ. ὗς

συσπουδάζω βλ. ξυσπουδάζω

συσσιτέω βλ. ξυσσιτέω

συστέλλω συστέλλων 97,31,594

συχνός συχνά 39,11,526

σφαγεύς σφαγέας 43,19,532

Σφακτηρία Σφακτηρίας 40,18,528

σφάλλω ἐσφάλη 1,16,480   σφαλῆναι 32,27,519 73,2,565

σφεῖς σφῶν 36,23,523 58,12,549 66,25,558 109,22,607
σφίσι(ν) 22,1,507 29,19,516 44,11,533   σφισι(ν) 22,
30,508 57,13,548 73,23,566 120,29,621   σφᾶς 42,4,
529

σφόδρα 32,4,518 119,25,620

σφοδρός 75,24,569 120,21,621   σφοδροῦ 17,18,500   σφοδρόν
72,4,564   σφοδρῶς 47,3,536

σχεδιάζω σχεδιάζειν 3,13,482 5,7,484 41,4,528 86,32,
581 88,22,583 89,26,585 101,4,598 125,27,627 126,
14,628   σχεδιάζοντος 83,8,577   ἐσχεδίαζε 40,1,527
σχεδιάσαι 3,16,482 10,29,491 72,19,565

σχέδιος σχεδίου 3,19,482   90,32,586   113,31,614   114,4,614
    σχεδίῳ 3,14,482   127,2,628   σχεδίων 3,8,482   σχεδίους
    74,13,567

σχετλιάζω σχετλιάσας 9,31,490

σχέτλιος σχετλίων 62,15,554   σχέτλια 25,24,512

σχῆμα 28,15,515   53,22,543   59,14,550   64,17,556   75,23,
    569   83,29,578   93,21,589   100,29,597   σχήματι 122,25,
    623

σχηματίζω σχηματίσαι 33,2,519   σχηματίσας 68,19,561
    ἐσχηματισμένων 53,4,542   ἐσχηματισμένας 100,27,597
    110,6,609

σχολικός σχολικωτάτῳ 87,32,582

σῴζω σῴζουσιν 53,23,543   σῶσαι 68,5,560

Σωκράτης 9,32,490   Σωκράτει 18,19,501   53,14,542

σῶμα σώματος 14,21,496   70,13,562   100,13,597   σώματι 69,
    22,562   101,30,598   σῶμα 12,31,494   54,20,544   79,16,
    573   101,8,598   108,16,606   115,6,615

Σῶσος Σῶσοι 107,2,605

Σῶσπις 95,6,591

Σώτηρος Σώτηροι 107,2,605 Κ[4], Λο; Σωτῆροι Οὐεστ.

Σωτῆρος Σωτῆροι βλ. Σώτηροι 107,2,605.

Σώφιλος Σώφιλον 15,30,498

σωφρονίζω σωφρονίσας 94,20,590

Σωφρονίσκος Σωφρονίσκου 18,19,501

σωφροσύνη σωφροσύνην 48,6,537

σώφρων σωφρόνως 26,21,513   38,11,525   113,19,613   113,19,

613   σωφρονεστέρους 104,19,602   σωφρονέστατος 37,7,
524

τάλαντον ταλάντῳ 103,11,600   ταλάντων 48,30,538   111,28,
611   τάλαντα 34,20,521   46,17,535   53,1,542   80,20,
574

ταμιεῖον ταμιείου 120,24,621

ταμιεύω ἐταμιεύετο 35,20,522

Ταμύναι Ταμύναις 22,23,508

Τάνταλος Ταντάλου 26,25,513   98,20,595

τάξις τάξιν 13,30,495   29,25,516   106,23,604

ταπεινός ταπεινῶς 89,4,584

ταράσσω ταραχθείς 4,13,483   6,1,485

ταριχεύω ταριχεύσαντας 100,14,597

Ταρσοί 83,3,577   Ταρσοῖς 77,24,571

τάττω τάττει 35,8,521   ἔταξεν 46,14,535   110,4,609   τάξαι
39,19,527   τεταγμένος 94,24,590

ταῦρος ταύρῳ 62,23,554   ταύρων 61,12,553

Ταῦρος Ταύρῳ 71,29,564

τάφος 38,24,526   54,3,543   115,6,615   τάφῳ 73,13,566
τάφον 54,18,544

τάχα 102,5,599

τάχος τάχει 22,25,508

ταχύς ταχείας 119,15,619   ταχέως 39,21,527   90,6,585
θᾶττον 94,2,590   105,29,603   124,12,625

ταχυτής ταχυτῆτι 20,5,504

ταώς ταώ 116,25,617

<u>τε</u>, <u>τ'</u> 1,15,480 1,16,480 2,9,480 2,12,481 2,14,481 2,
16,481 2,25,481 3,16,482 3,17,482 3,28,482 4,1,
483 4,5,483 4,30,484 5,9,484 5,10,484 7,5,487 7,8,
487 7,21,488 7,27,488 7,30,488 8,1,488 9,27,490
10,4,490 10,7,490 10,10,490 11,2,491 11,10,491 11,
24,492 11,25,492 11,26,492 11,27,492 11,30,492 12,
8,493 12,21,493 12,22,493 13,6,494 14,1,495 14,8,
495 14,10,495 14,26,496 15,21,498 15,22,498 15,28,
498 15,31,498 17,12,500 17,25,500 17,26,500 18,7,
501 18,21,501 19,13,502 19,18,503 20,5,504 20,7,
504 20,22,505 20,22,505 20,25,505 20,29,505 21,3,
505 22,9,507 22,13,508 22,14,508 22,17,508 22,19,
508 22,25,508 23,7,509 23,12,509 23,19,509 23,21,
510 23,28,510 23,30,510 24,2,510 24,27,511 24,32,
511 25,12,512 25,20,512 25,31,512 26,10,512 26,15,
513 27,8,514 28,4,515 28,11,515 28,16,515 28,19,
515 28,24,515 28,27,515 29,27,516 29,32,516 30,13,
517 30,16,517 30,20,517 30,26,517 31,4,517 31,7,
518 31,7,518 31,16,518 31,17,518 31,21,518 31,22,
518 31,24,518 31,27,518 32,6,518 32,12,519 32,14,
519 32,23,519 32,28,519 32,32,519 33,1,519 33,5,
519 33,6,519 33,7,520 33,32,520 34,1,520 34,1,520
34,2,520 34,19,521 35,23,522 36,26,523 37,8,524
38,10,525 38,12,525 38,13,525 38,13,525 38,32,526
39,13,527 39,16,527 41,29,529 42,8,529 42,21,530
42,31,531 42,32,531 43,9,531 43,14,531 44,7,533

(ιε, ι') 45,8,534   45,29,535   46,29,536   47,1,536   47,24,
536   48,6,537   48,8,537   50,23,540   51,8,540   51,9,540
51,29,541   53,6,542   53,12,542   53,22,543   54,16,543
55,21,547   55,26,547   56,10,547   56,17,547   57,9,548
57,10,548   57,18,548   58,8,549   58,18,549   58,20,549
58,27,549   59,10,550   59,26,551   59,30,551   60,22,552
61,1,552   61,3,552   61,10,553   61,18,553   61,22,553
61,23,553   61,24,553   61,27,553   65,30,557   66,24,558
67,25,560   68,1,560   69,11,561   69,14,561   70,13,562
70,14,562   70,18,562   71,28,564   71,32,564   72,1,564
72,4,564   72,17,565   72,24,565   74,16,567   74,16,567
74,26,568   74,27,568   74,29,568   75,5,568   75,8,568
75,11,568   75,11,568   75,12,568   75,31,569   76,17,569
76,20,570   76,22,570   77,7,570   77,9,570   77,10,570
77,23,571   80,5,573   80,7,573   80,28,574   81,26,575
82,7,576   87,2,582   87,7,582   87,11,582   87,13,582
87,17,582   87,32,582   88,16,583   89,12,584   89,19,585
90,6,585   90,26,586   90,26,586   90,29,586   91,1,586
91,2,586   91,6,586   91,7,586   91,28,587   92,21,588   93,
11,589   93,12,589   93,15,589   93,22,589   95,1,591   95,
2,591   95,5,591   95,14,591   98,16,594   98,21,595   99,1,
595   99,9,595   99,15,596   100,3,596   101,5,598   101,12,
598   101,20,598   101,27,598   102,11,599   102,21,599
102,30,600   103,10,600   103,12,600   103,13,600   103,14,
600   104,4,601   105,11,603   105,18,603   105,26,603
105,27,603   105,27,603   106,14,604   106,23,604   106,24,

276

(τε, τ') 604   107,2,605   107,3,605   107,9,605   107,12,605
         107,21,605   107,28,605   108,1,606   108,4,606   108,4,
         606   108,19,606   109,2,607   109,10,607   110,7,609   110,
         23,610   111,2,610   111,19,611   112,6,612   112,6,612
         112,15,612   112,27,612   113,8,613   113,18,613   113,20,
         613   113,21,613   114,14,614   115,21,616   115,26,616
         116,3,616   116,11,616   116,27,617   117,14,617   117,20,
         617   117,25,618   118,6,618   118,7,618   118,8,618   118,
         15,618   118,16,618   118,32,619   119,18,619   120,26,621
         121,26,622   122,26,623   124,15,626   124,21,626   124,26,
         626   125,24,627   125,26,627   125,27,627   125,27,627
         125,29,627   126,3,627   127,5,628

Τεγέα   Τεγέαν 81,19,575

τείνω   τείνει 126,21,628

τειχίζω   τετειχίσμεθα 27,15,514

τειχισμός   τειχισμόν 89,1,583

τεῖχος   τείχους 27,12,514   τείχει 89,3,584   τεῖχος 2,18,
         481   τείχη 18,2,501

τεκμήριον   99,10,595

τέκνον   100,10,596   τέκνοις 69,17,561

τεκτονικός   τεκτονικῆς 16,12,499

τέκτων   54,32,544   τέκτονος 54,26,544

τελευταῖος   113,5,613   τελευταῖα 82,3,576

τελευτάω   τελευτᾷ 21,11,505   τελευτῶν 10,6,490   66,18,558
         τελευτῶντος 30,18,517   ἐτελεύτα 21,24,506   53,31,543
         54,10,543   73,3,565   74,30,568   82,9,576   82,32,577

(ἐτελεύτα) 83,21,578   94,1,590   94,5,590   97,21,593

98,22,595   99,29,596   101,14,598   102,32,600   104,20,

602   108,22,606   112,22,612   115,5,615   115,7,615   120,

3,620   122,29,623   123,32,625   ἐτελεύτησεν 35,27,522

50,15,539   τελευτῆσαι 82,11,576   102,10,599   τελευ-

τήσαντος 100,9,596   110,12,610   τελευτήσαντι 55,2,544

121,9,621

τελευτή τελευτῆς 76,23,570   τελευτῇ 79,19,573   τελευτήν

19,5,502

τελέω ἐτέλει 55,16,545   74,9,567

τέλος τέλει 9,29,490   τέλος 71,6,563   τέλεσιν 31,26,518

τελώνης τελώνου 25,7,511

τεμάχιον τεμάχια 80,16,574

τέμνω τέμνειν 53,25,543   ἔτεμεν 60,6,551   τετμημένης 20,

17,504   ἐτμήθη 107,23,605

τερατεύομαι τερατευόμενος 94,9,590

τέρμα 50,14,539   119,13,619   121,14,621

τέταρτος 23,24,510   τέταρτον 24,4,510

τετρακόσιοι τετρακοσίων 15,25,498

τέτταρες τεττάρων 46,24,536   59,1,550   84,3,578   117,22,

618   τέτταρας 66,10,558   85,14,580   τέτταρα 122,21,

623

τεῦχος τεύχεα 35,3,521

τέχνη τέχνης 16,16,499   17,23,500   37,12,524   40,24,528

75,14,568   83,23,578   τέχνῃ 36,11,523   53,3,542   94,

24,590   96,13,592   117,14,617   τέχνην 1,4,479   3,6,

481   11,21,492   36,27,524   78,11,571   108,32,607   115,

28,616   116,11,616   τέχναι 36,9,523   112,7,612

τέχναις 36,7,523   τέχνας 16,9,499   36,10,523   94,8,

590

τεχνικός τεχνική 39,17,527   τεχνικώτατος 39,16,527   51,10,

540   89,24,585

τεχνίτης τεχνιτῶν 85,15,580   τεχνίταις 100,6,596

τεχνογράφος τεχνογράφου 37,13,524

τέως 59,14,550   72,9,564   126,16,628

τηλεφανής 43,11,531

τηλικοῦτος τηλικούτων 50,23,540

τήμερον 48,1,537   86,7,580   86,8,580   88,1,583   111,23,611

τηρέω τηροῦμεν 86,11,580   τηρῇ 20,11,504

τίθημι τίθησι 122,32,624   τίθενται 113,29,613   τιθέμενος

84,25,579   τιθεμένου 71,1,563   τιθέμενοι 16,13,499

16,19,499   99,10,595   τιθεμένους 9,13,489   θήσομαι

102,9,599   θησόμενος 121,25,622   ἔθετο 78,30,572   92,

31,588   θέσθαι 9,18,490

τίκτω ἐτέχθη 8,26,489

Τίμαρχος Τιμάρχου 24,2,510

τιμάω τιμῶσι 16,9,499   τιμῶν 123,29,625   τίμησον 81,22,

575   τιμᾶσθαι 53,17,542   73,2,565   121,9,621

τιμή τιμῇ 94,5,590   τιμήν 50,11,539   τιμαί 100,3,596

τιμαῖς 45,16,534   τιμάς 72,29,565

Τιμοκράτης Τιμοκράτους 46,23,535   47,9,536   52,13,541

Τιμοκράτει 47,6,536   Τιμοκράτην 46,25,536

τιμωρία 52,2,541   τιμωρίαν 55,10,545   69,15,561

τιμωρός τιμωρούς 64,15,556

τις 3,26,482   4,7,483   8,31,489   18,5,501   20,10,504   23,
25,510   27,23,514   33,16,520   33,24,520   41,19,529   42,
24,531   44,16,533   46,4,535   54,6,543   63,14,555   68,
32,561   70,28,563   74,24,568   76,8,569   76,31,570   79,
27,573   83,17,578   84,32,579   85,28,580   89,19,585   92,
6,587   101,31,599   112,18,612   113,32,614   114,15,614
115,13,615   115,27,616   118,17,618   120,11,620   120,13,
620   124,19,626   124,25,626   125,11,626   τινος, τινός
33,11,520   41,7,528   43,27,532   72,26,565   111,12,611
τω 118,14,618   τινα, τινά 18,27,502   32,20,519   50,22,
540   86,30,581   92,17,588   94,13,590   94,18,590   105,8,
603   106,27,604   108,18,606   112,20,612   117,13,617
121,31,622   τινες, τινές 6,24,486   13,16,494   28,8,
515   35,11,521   36,28,524   42,13,530   54,26,544   88,27,
583   88,32,583   91,1,586   96,17,592   99,3,595   99,8,
595   102,25,599   τισίν 101,23,598   τινάς 70,17,562
117,10,617   τινί 65,6,557   108,23,606   τι 13,28,495
17,31,501   20,24,505   21,19,506   21,21,506   25,16,512
26,1,512   26,13,513   28,9,515   29,5,516   29,8,516   29,
21,516   30,13,517   32,5,518   33,26,520   41,3,528   42,6,
529   42,19,530   43,6,531   45,31,535   46,32,536   47,14,
536   61,4,552   61,16,553   61,24,553   62,5,553   67,15,
559   70,13,562   70,19,562   75,1,568   79,7,572   83,29,
578   84,5,578   87,13,582   87,30,582   89,24,585   90,15,

(τι) 586   91,17,587   94,6,590   102,5,599   109,5,607
110,13,610   110,19,610   111,26,611   112,13,612   120,25,
621   123,13,624   126,11,628   <u>του</u> 67,32,560

<u>τίς</u>   16,30,500   26,22,513   36,18,523   52,2,541   70,25,563
82,4,576   84,6,578   84,9,578   97,9,593   99,17,596   99,
18,596.   101,30,598   126,32,628   127,1,628   127,1,628
127,1,628   <u>τίνι</u> 84,14,579   <u>τίνα</u> 118,27,619   <u>τίνες</u>
86,4,580   <u>τίνων</u> 61,30,553   <u>τίσι</u> 50,3,539   76,12,569
<u>τίνας</u> 92,25,588   <u>τοῦ</u> 70,1,562   90,25,586   <u>τί</u> 4,11,
483   5,16,485   6,1,485   8,19,488   14,30,496   25,3,511
37,26,525   38,9,525   38,9,525   41,24,529   49,28,539
55,8,545   55,9,545   56,29,548   66,2,558   66,3,558   67,
1,559   71,17,563   79,17,573   79,24,573   86,18,581   87,
28,582   104,9,602   111,22,611   116,15,616   120,12,620
120,12,620   126,9,627

<u>τιτρώσκω</u>   <u>τρωθέντες</u> 80,10,574

<u>τλάω</u>   <u>ἔτλη</u> 69,24,562

<u>τοι</u>   91,30,587

<u>τοιγαροῦν</u>   102,8,599

<u>τοίνυν</u>   33,25,520   40,10,528   48,29,538   54,27,544   84,8,
578   104,28,603   107,5,605   115,15,615   121,22,622

<u>τοῖος</u> 6,26,486

<u>τοιόσδε</u>   40,9,528   55,12,545   <u>τοιάδε</u> 36,4,522   70,24,563
83,17,578   105,22,603   <u>τοιᾶσδε</u> 46,6,535   68,20,561
<u>τοιᾶδε</u> 15,6,497   <u>τοιάνδε</u> 47,5,536   <u>τοιαίδε</u> 17,9,500
114,9,614   <u>τοιαῖσδε</u> 110,22,610   <u>τοιοῖσδε</u> 30,17,517

τοιοῦτος 27,24,514 29,19,516 71,9,563 82,25,576 85,27,
   580 116,9,616 τοιούτου 47,32,537 88,13,583 τοιού-
   τῳ 24,8,510 116,18,617 τοιοῦτον 25,28,512 64,7,556
   64,11,556 τοιούτων 7,19,487 9,16,490 10,24,491 53,
   11,542 92,13,588 102,27,600 103,17,601 120,14,620
   τοιούτους 4,16,483 τοιαύτη 2,9,480 76,7,569 τοιαύ-
   την 16,20,499 111,14,611 τοιαύτας 122,13,623 τοι-
   αῦτα 2,21,481 7,31,488 44,3,532 51,26,541 64,5,556
   64,29,557 80,23,574 81,27,575 84,16,579 101,14,598
   105,23,603 107,27,605 120,13,620 123,8,624 124,23,
   626

τοιουτοσί τοιαυτί 30,7,517

τοιχωρυχέω τοιχωρυχοῦσιν 60,25,552

τοκάς τοκάδες 61,23,553

τόκος τόκῳ 51,16,540 63,25,555 τόκους 105,25,603

τόλμα τόλμη 80,4,573 96,12,592

τολμάω τολμῶντος 110,2,608

τομή 60,26,552

τόνος τόνῳ 80,7,573 τόνον 123,15,624 τόνων 125,24,627

τόξον 96,32,593

τόπος τόπον 82,4,576

τορός τορόν 52,24,542

τοσοῦτος 6,2,485 60,4,551 τοσούτου 111,23,611 τοσαύτας
   49,12,538 τοσοῦτον 11,15,492 14,18,496 27,13,514
   48,20,537 66,30,559 72,32,565 81,3,574 95,18,591
   τοσούτῳ 43,15,531 τοσαῦτα 11,17,492 34,22,521 73,

14,566   126,31,628   τοσούτων 46,4,535

τότε   34,10,521   49,26,539   53,29,543   56,30,548   70,11,562
   111,6,610   114,8,614

τοὖργον βλ. ἔργον

τραγικός τραγικοῦ 89,11,584   τραγικάς 89,20,585

τραγῳδία τραγῳδίας 12,7,493   16,27,499   32,2,518   45,21,
   534   52,16,541   72,22,565   94,23,590   95,2,591   109,8,
   607   115,24,616   115,27,616   τραγῳδίᾳ 11,23,492   62,
   11,553   94,28,590   τραγῳδίαν 17,7,500   119,26,620
   τραγῳδίαις 17,13,500

Τραιανός 8,15,488   44,3,532

Τράλλεις Τραλλέων 49,9,538   71,28,564

τράπεζα 37,4,524   τράπεζαν 26,18,513   τραπέζαις 58,17,
   549

τραχύς 74,14,567

τρεῖς 27,19,514   41,12,529. 53,16,542 Κ4, Λο, Οὐεστ (Κ2 σ.
   284).   70,3,562   τρισί 24,1,510   27,20,514   τριῶν
   48,27,538   τρία 9,3,489

τρέπω τρέπων 12,15,493   17,3,500   ἔτρεψε 68,31,561   69,13,
   561   ἐτράπετο 113,7,613   τράποιτο 51,11,540

τρέφω τρέφει 36,2,522   τρέφοιτο 76,3,569   ἐτρέφετο 29,9,
   516

τρέχω δραμεῖν 59,5,550

τριάκοντα 18,6,501   65,24,557   119,31,620

τριακόσιοι τριακοσίας 57,13,548   57,24,548

τριακοστός τριακοστῇ 92,16,588

τρίβω τρίβεσθαι 15,15,497

τρίβων τρίβωνι 120,29,621

τριετής τριετεῖ 68,24,561

τριήρης 42,25,531 τριήρους 42,23,530 54,8,543 τριήρων
    53,18,543 τριήρεσι 15,19,498 τριήρεις 13,18,494

τρίπους τρίποδος 52,27,542

τρίς 100,10,596

Τριτογενής Τριτογενεῖ 2,18,481

τρίτος τρίτη 49,3,538. τρίτην 48,26,538 Κ4, Λο, Οὐεστ (Γρ
    καὶ Σ παρὰ 'Ολ). 87,21,582 108,19,606

Τροία Τροίᾳ 14,5,495

τρόπαιον τρόπαια 12,28,494 49,1,538 τροπαίων 12,27,494
    49,21,539 55,22,547

τρόπος τρόπου 57,16,548 126,9,627 τρόπον 4,1,483 24,19,
    511 82,20,576 108,5,606 τρόποις 77,5,570

τροφεύς τροφέα 118,21,618

τροφή τροφῆς 7,31,488 τροφῇ 66,24,558 τροφήν 105,27,603
    τροφῶν 39,1,526 τροφάς 39,26,527

τρόφιμος τροφίμους 66,22,558

τρυγάω τρυγῶν 26,25,513

τρυφάω τρυφῶντα 81,8,574 ἐτρύφα 51,3,540

τρυφή τρυφήν 3,30,482 6,23,486

τρῦχος τρύχεσι βλ. τρύχεσθαι 8,4,488.

τρύχω τρύχεσθαι 8,4,488 Κ4, Οὐεστ; τρύχεσι Λο (Κοβ σ. 209).

Τρωάς Τρωάδα 57,8,548

Τρῶες Τρῶας 67,7,559 67,9,559

Τρωικός 14,4,495

Τυανεύς 7,21,488   35,6,521   Τυανέα 77,2,570

τυγχάνω τυγχάνοι 40,9,528   45,26,535   τυγχάνειν 60,21,552

     ἐτύγχανε(ν) 14,27,496   31,6,517   34,10,521   41,3,528

     84,13,578   85,4,579   87,18,582   ἐτύγχανον 85,20,580

     ἔτυχεν 3,28,482   21,20,506   29,3,516   33,32,520

τυμπανίζω 33,13,520   τυμπανίζειν 33,12,520

τύπος τύποι 51,21,541   τύπους 51,20,541   51,32,541

τύπτω τυπτῆσαι 63,23,555   τετυπτηκότος 92,23,588

τυραννεύω τυραννεύειν 16,28,499.   τυραννευομένων βλ. τυ-

     ραννουμένων 67,12,559.

τυραννέω τυραννουμένων 67,12,559 Κ[4], Οὐεστ; τυραννευομένων

     Λο (Κ[4] σ. XXIII).

τυραννικός τυραννικαῖς 56,19,547   τυραννικά 18,23,501

τυραννίς τυραννίδι 19,6,502   τυραννίδων 7,28,488   τυ-

     ραννίδας 17,21,500

τύραννος 17,13,500   τυράννου 8,11,488   16,25,499   16,29,

     500   τυράννῳ 17,4,500   τύραννον 76,7,569   123,21,625

     123,24,625   τύραννοι 17,10,500   τυράννων 15,25,498

     τυράννους 2,29,481   17,17,500

Τύριος 7,21,488   Τυρίου 46,30,536   Τυρίῳ 64,25,556   71,

     29,564

Τύρος 89,32,585

τυφλός 56,3,547   τυφλόν 56,2,547

τῦφος τύφῳ 111,7,610

τυφόω τετυφωμένον 95,24,592

τύχη   33,16,520   124,4,625   124,27,626   τύχης 34,32,521

62,25,554   88,13,583   98,23,595   124,6,625   τύχη 1,16,

480   10,23,491

Τύχη   56,22,547   Τύχης 59,11,550

τωθάζω   τωθάζων 91,1,586   ἐτώθαζεν 4,10,483

Ὑακίνθια   97,11,593

ὑβρίζω   ὑβρίζοντας 61,12,553   ὑβριζούσαις 7,5,487   ὕβρισαν

55,23,547   ὑβρίζεται 104,14,602   ὕβριστο 9,32,490

ὕβρις   ὕβριν 4,9,483   7,7,487   43,14,531   56,1,547

ὑβριστής   124,13,625

ὑγιαίνω   ὑγιαίνει 62,6,553   ὑγιαίνειν 70,14,562   84,9,578

ὕδωρ   22,14,508   57,9,548   57,13,548   59,30,551   79,11,572

96,21,593   ὕδατος 26,3,512   68,28,561   122,9,623   124,

17,626   ὕδατι 57,17,548   60,2,551   ὑδάτων 57,10,548

79,12,573

υἱός   30,7,517   30,20,517   57,25,548   υἱοῦ 100,8,596   υἱῷ

57,24,548   82,14,576   105,26,603   120,4,620   121,9,621

122,29,623   υἱόν 34,9,521   66,6,558   100,16,597   110,

24,610

ὑλακτέω   ὑλακτῶν 25,9,511   ὑλάκτει 92,9,588

ὕλη   59,20,551   ὕλης 82,1,575

ὑλομανέω   ὑλομανοῦντα 126,17,628 Κ[4], Λο, Οὐεστ (᾿Ια σ. 82).

ὑμέτερος   ὑμετέραν 121,3,621

ὕμνος   ὕμνων 118,6,618   ὕμνους 12,28,494

ὑπάγω   ὑπήγετο 23,4,509   51,16,540   ὑπήγοντο 58,20,549

ὑπηγάγετο 5,17,485   ὑπήχθη 18,11,501   ὑπαχθείη 94,8,

590   ὑπαχθῆναι 23,23,510   69,10,561

ὑπαλλάσσω   ὑπήλλαξε 64,17,556

ὑπανίσταμαι   ὑπανίστασθαι 46,32,536

ὑπάρχω   ὑπάρχει 98,3,594   116,29,617   ὑπαρχούσης 101,4,598

      ὑπάρχον 98,28,595   121,21,622

ὕπατος 25,14,512   47,24,536   82,19,576   110,11,609   ὑπάτου

      9,1,489   50,2,539   64,12,556   93,3,588   ὑπάτῳ 1,προσ-

      φώνησις,479   ὕπατοι 10,16,490   42,17,530   100,22,597

      ὑπάτων 10,17,490   47,24,536   ὑπάτοις 63,27,555   109,

      14,607   ὑπάτους 74,9,567   75,2,568

ὑπαυγάζω   ὑπαυγάζον 72,6,564

ὑπεγείρω   ὑπεγείρων 33,1,519

ὑπεκπλέω   ὑπεκπλεύσας 104,31,603

ὑπέξειμι   ὑπεξιών 32,30,519   103,5,600

ὑπεξέρχομαι   ὑπεξῆλθεν 23,3,509   ὑπεξῆλθον 67,23,560

ὑπέρ († γενική)   1,6,479   2,2,480   5,1,484   7,17,487   7,19,

      487   7,31,488   9,16,490   9,22,490   9,31,490   10,23,

      491   11,1,491   11,2,491   11,17,492   11,32,492   12,13,

      493   12,23,493   14,7,495   14,11,495   17,24,500   19,7,

      502   22,20,508   22,31,508   27,27,514   28,18,515   31,26,

      518   32,19,519   32,26,519   33,17,520   33,17,520   33,18,

      520   33,25,520   33,30,520   34,28,521   34,29,521   34,32,

      521   37,19,524   40,8,527   42,9,529   43,18,532   45,5,

      534   45,10,534   46,4,535   46,5,535   47,12,536   47,18,

      536   49,5,538   50,7,539   50,12,539   50,15,539   50,22,

      540   50,23,540   52,8,541   52,21,542   53,27,543   57,23,

(ὑπέρ † γενική) 548 58,17,549 62,21,554 63,22,555
64,20,556 64,30,557 70,5,562 70,10,562 71,1,563
74,8,567 75,11,568 75,11,568 76,4,569 76,9,569 76,
15,569 77,13,570 78,15,572 82,15,576 85,20,580 89,
10,584 92,25,588 92,29,588 94,9,590 95,11,591 99,
23,596 100,13,597 101,15,598 102,29,600 102,32,600
103,13,600 103,23,601 103,26,601 103,31,601 105,9,
603 107,29,605 109,25,607 110,23,610 112,30,613
118,20,618 118,21,618 († αἰτιατική) 5,9,484 25,12,
512 49,19,539 51,4,540 51,8,540 56,32,548 57,23,
548 59,1,550 59,2,550 74,3,567 106,17,604 107,21,
605 115,6,615 123,27,625 123,32,625 βλ. ὑπὲρ θαῦ-
μα ἄγων 49,19,539.

ὑπεραίρω ὑπεραίροντος 47,21,536

ὑπεραποδίδωμι ὑπεραπέδωκε 44,8,533

ὑπερασπάζομαι ὑπερασπασάμενος 47,28,537

ὑπερβαίνω ὑπερβάντες 24,14,511

ὑπερβακχεύω ὑπερβακχεύων 113,2,613

ὑπερβάλλω ὑπερβαλλούσῃ 12,20,493 ὑπερεβάλλετο 18,6,501
    ὑπερεβάλετο 20,4,504

ὑπερβολή ὑπεοβολήν 60,23,552 115,25,616 ὑπερβολαῖς 30,
    30,517 66,5,558 ὑπερβολάς 116,12,616

Ὑπερείδης 21,13,506 K⁴, Λο, Οὐεστ (Οὐεστ). Ὑπερείδην
    93,6,588

ὑπερήδομαι ὑπερησθείς 87,31,582 ὑπερησθέντα 80,17,574
    94,15,590

ὑπὲρ θαῦμα ἄγων 49,19-20,539 Κ4, Οὐεστ; ὑπερθαυμάζων Λο
    (Βαλκ παρὰ Σε σ. 273).

ὑπερθαυμάζω ὑπερθαυμάζων βλ. ὑπὲρ θαῦμα ἄγων 49,19-20,539.

ὑπεροράω ὑπερεωρακώς 75,21,569 ὑπερῶφθαι 49,7,538

ὑπερόριος ὑπερορίων 108,11,606

ὑπεροψία ὑπεροψία 107,9,605

ὑπερπενθέω ὑπερπενθῆσαι 64,8,556

ὑπερπνέω ὑπερπνέοντος 91,16,587

ὑπερσοφιστεύω ὑπερσοφιστεύουσιν 74,6,567

ὑπερφέρω ὑπερήνεγκε 115,21,616 ὑπερενεγκών 35,6,521

ὑπερφρονέω ὑπερφρονῶν 32,24,519

ὑπέρφρων 45,30,535 ὑπέρφρονος 45,30,535

ὑπερφωνέω ὑπερφωνοῦντας 4,30,484 ὑπερφωνῆσαι 112,20,612

ὑπέχω ὑποσχών 51,31,541

ὑπήνη ὑπήνῃ 60,30,552

ὑπισχνέομαι ὑπισχνεῖται 81,17,575

ὕπνος ὕπνου 29,12,516 95,20,591 ὕπνων 72,16,565

ὑπό, ὑπ᾽, ὑφ᾽ († γενική) 4,8,483 4,13,483 6,1,485 6,6,
    485 7,29,488 10,1,490 11,26,492 11,30,492 12,3,
    492 12,31,494 13,15,494 16,24,499 17,31,501 18,12,
    501 19,3,502 23,27,510 24,27,511 30,23,517 34,17,
    521 37,7,524 37,23,524 38,12,525 41,7,528 44,15,
    533 51,7,540 53,21,543 61,30,553 68,15,560 69,9,
    561 71,12,563 71,21,564 76,9,569 77,28,571 80,11,
    574 82,8,576 83,9,577 84,6,578 85,21,580 87,13,
    582 91,5,586 94,31,591 97,25,594 98,23,595 99,13,

(ὑπό, ὑπ', ὑφ' † γενική) 596   99,31,596   101,11,598

108,21,606   109,4,607   109,27,607   111,24,611   115,8,

615   115,24,616   117,22,618   117,28,618   119,7,619

119,13,619   123,7,624   123,9,624   125,22,627   126,3,

627   († δοτική) 17,5,500   20,16,504   23,4,509   28,29,

515   34,11,521   54,8,543   54,9,543   59,22,551   66,28,

559   († αἰτιατική) 41,12,529

ὑπόβακχος   24,31,511

ὑπόγειος   ὑπογείοις 59,6,550

ὑπογράφω   ὑπογράφοντος 14,31,496   ὑπογράψω 90,20,586

ὑποδέχομαι   9,24,490   ὑποδέξομαι 58,31,550.   ὑπεδέξατο βλ.
   ὡς δὲ οὐχ ὑπεδέξατο 121,22,622.

ὑπόδημα   ὑποδήματι 63,28,555

ὑποδίδωμι   ὑποδιδοῦσαν 31,4,517   ὑπεδίδου 117,25,618   ὑπο-
   δεδωκός 60,1,551   ὑποδεδωκότα 107,12,605

ὑποζύγιον   ὑποζυγίων 59,6,550

ὑπόθεσις   55,4,545   76,7,569   78,20,572   80,10,574   85,1,
   579   ὑποθέσεως 40,19,528   78,31,572   80,12,574   85,2,
   579   88,30,583   119,6,619   119,12,619   ὑπόθεσιν 21,2,
   505   27,9,514   41,25,529   55,7,545   88,9,583   96,28,
   593   99,15,596   118,32,619   119,17,619   ὑποθέσεων 33,
   4,519   48,20,537   48,23,537   49,3,538   52,31,542   53,5,
   542   53,11,542   75,24,569   75,32,569   81,12,575   89,18,
   585   94,22,590   99,5,595   100,27,597   100,30,597   104,
   6,601   110,4,609   ὑποθέσεσι 94,10,590   ὑποθέσεις 3,1,
   481   3,5,481   41,12,529   41,23,529   48,14,537   48,28,

(ὑποθέσεις) 538 82,20,576 83,31,578 85,6,579 89,21,
    585 93,4,588 99,9,595 103,4,600 112,15,612

ὑποθωπεύω ὑποθωπεύων 30,5,517

ὑποκάθημαι ὑποκαθημένου 114,6,614 ὑποκαθήμενοι 2,3,480
    ὑπεκάθητο 73,20,566

ὑπόκειμαι ὑποκείμενος 53,24,543 ὑποκειμένους 75,30,569
    ὑποκειμένοις 8,22,488

ὑποκορίζομαι ὑποκοριζομένους 91,32,587

ὑποκρίνομαι ὑποκρίνωμαι 90,29,586. ὑπεκρίνετο 33,9,520 Κ4,
    Λο, Οὐεστ (Κ3). 101,1,597 ὑποκρίνασθαι 52,12,541

ὑποκριτής 115,27,616 ὑποκριτοῦ 45,21,534 ὑποκριτήν 45,
    24,535 109,8,607 115,24,616 ὑποκριτῶν 116,6,616
    ὑποκριταῖς 22,12,507

ὑπολαμβάνω ὑπολαβών 5,19,485

ὑπολείπω ὑπολείπεσθαι 60,19,552

ὑποποιέω ὑποποιουμένου 69,6,561 ὑπεποιεῖτο 91,25,587

ὑποπτεύω ὑποπτεύουσι 16,14,499 ὑπώπτευσε 67,26,560

ὑπορρέω ὑπορρείτω 81,21,575

ὑπορχέομαι ὑπορχήσαιτο 120,10,620

ὑπόσεμνος ὑποσέμνῳ 78,29,572

ὑποστέλλω ὑπέστειλε 47,12,536

ὑποτέμνω ὑπετέμετο 9,19,490

ὑποτίθημι ὑποτίθεται 14,5,495 ὑποτιθεμένη 2,23,481

ὑποτραγῳδέω ὑπετραγῴδησεν 22,12,507

ὑποτυπόω ὑπετυπώσατο 2,28,481

ὑποφέρω ὑπηνέχθη 98,29,595

ὑποψία ὑποψίαι 114,9,614

ὕπτιος 122,5,623 ὑπτία 52,26,542 ὑπτιωτέρα 98,2,594

ὑπωρόφιος ὑπωρόφιον 59,23,551

ὗς σῦν 96,23,593 συῶν 61,11,553

ὑστεραῖος ὑστεραίας 84,17,579 87,26,582 ὑστεραίαν 62,31,
    554

ὕστερος ὕστερον 15,25,498 26,5,512 47,17,536 54,24,544
    85,23,580

ὑφειμένως 47,13,536

ὑφέρπω ὑφέρπων 17,2,500 ὑφέρπουσα 71,31,564

ὑφίημι ὑφειμένου 45,32,535 47,20,536 ὑφειμένῳ 47,16,536
    110,8,609

ὑφοράω ὑφεωρᾶτο 114,8,614

ὑψηλός ὑψηλῷ 11,24,492 ὑψηλόν 8,7,488 ὑψηλήν 104,8,602

ὑψηχής ὑψηχές 50,1,539

ὕω ὕοι 107,18,605

Φαβωρῖνος 52,14,541 82,6,576 Φαβωρίνου 10,10,490 82,9,
    576 82,20,576 Φαβωρίνῳ 10,13,490 Φαβωρῖνον 8,23,
    489 10,24,491 10,31,491 47,12,536 71,25,564

φαιδρός φαιδρῷ 78,22,572 φαιδρόν 118,8,618

Φαῖδρος Φαῖδροι 107,2,605

Φαίδων 8,1,488

φαίνω φαίνομαι 61,29,553 φαίνῃ 61,31,553 φαίνεται 18,
    10,501 22,6,507 110,16,610 115,14,615 φαίνοιτο 15,
    23,498 26,21,513 75,22,569 79,28,573 110,21,610
    113,23,613 φαίνοιντο 51,2,540 φαίνεσθαι 14,6,495

17,17,500 37,8,524 42,30,531 ἐφαίνετο 5,29,485 9,

28,490 22,13,508 22,18,508 51,29,541 101,19,598

117,28,618 ἐφαίνοντο 69,5,561. πέφαται 6,26,486 K4,

Οὐεστ; ἐφάνη Λο (Μο). ἐφάνη βλ. πέφαται 6,26,486.

φανείη 25,30,512 φανέντος 93,25,589

φανερός φανεροῖς 64,24,556 φανερᾶς 83,10,577 φανεράν

73,19,566 φανεροῦ 7,26,488 13,13,494 φανερά 69,10,

561 φανερώτατος 98,13,594

φαντασία φαντασίᾳ 98,21,595

Φάριος 96,19,593

φάρμακον φάρμακα 30,11,517 φαρμάκοις 1,19,480

φαρμακοποσία φαρμακοποσίαι 17,18,500

φάσκω φάσκειν 13,10,494 φάσκοντος 52,2,541 φάσκοντες

50,30,540 52,28,542 φάσκουσιν 18,12,501 ἔφασκε(ν)

67,17,559 123,26,625

φαῦλος φαῦλον 15,17,498 φαύλως 23,31,510

φείδομαι ἐφείσατο 8,5,488

φειδώ φειδοῖ 56,11,547

φέρω φέρε 51,32,541 φέρειν 20,14,504 48,22,537 φέροντα

64,14,556 ἔφερεν 112,11,612 ἤνεγκεν 11,20,492 42,

14,530 90,1,585 125,18,627 ἤνεγκαν 73,7,565 75,1,

568 83,3,577 86,23,581 ἐνεγκόντες 92,14,588 φέ-

ρονται 88,19,583 φερόμενος 84,14,579 ἐφέροντο 21,

30,507 ἠνέγκατο 23,15,509 ἐνεχθείς 68,14,560

φεύγω φεύγειν 23,3,509 53,19,543 70,27,563 φεύγων 125,

5,626 φεύγοντα 18,5,501 φεύγοντας 99,12,596

φυγεῖν 7,26,488   40,1,527   69,24,562   φυγόντι 69,19, 562

φήμη   φήμης 99,29,596   119,15,619   φήμη 93,2,588

φημί 88,14,583   φησί(ν), φησι(ν) 3,12,482   15,8,497   23, 29,510. 48,2,537 Κ⁴, Λο (Κ² σ. 277); ἔφησε Ουεστ.   48, 18,537   49,5,538   49,13,538   50,6,539   61,15,553   81, 17,575   118,10,618   φαμεν 21,27,507   φασί(ν), φασι(ν) 2,5,480   3,9,482   3,13,482   15,2,497   15,4,497   35,10, 521   36,29,524   46,9,535   61,14,553   67,4,559   69,20, 562   77,2,570   80,15,574   82,12,576   88,10,583   89,30, 585   100,20,597   113,30,614   φάναι 49,10,538   ἔφην 35,15,522   ἔφη 4,11,483   4,14,483   5,16,485   5,20,485 6,1,485   9,20,490   9,32,490   16,32,500   24,10,510   25, 6,511   26,24,513   26,30,513   37,26,525   37,27,525   37, 31,525   38,15,525   41,9,529   41,11,529   41,27,529   45, 11,534   45,19,534   48,1,537   49,23,539   49,25,539   49, 31,539   50,4,539   50,22,540   52,4,541   52,15,541   55,8, 545   56,30,548   57,1,548   60,18,552   60,24,552   61,20, 553   61,21,553   61,29,553   61,32,553   62,9,553   62,18, 554   62,27,554   62,32,554   64,1,555   64,4,555   65,9, 557   65,18,557   65,21,557   66,4,558   67,1,559   67,8, 559   68,26,561   69,1,561   70,1,562   71,17,563   71,19, 563   72,13,565   76,5,569   76,12,569   77,18,571   77,20, 571   77,20,571   77,32,571   78,6,571   79,23,573   79,31, 573   79,31,573   81,15,575   83,15,577   83,18,578   84,6, 578   84,7,578   84,8,578   84,14,579   84,15,579   84,20, (ἔφη) 579   86,19,581   87,28,582   87,29,582   88,1,583

88,8,583   89,7,584   89,9,584   90,20,586   90,27,586

100,16,597   102,23,599   105,29,603   111,6,610   111,14,

611   111,20,611   114,18,614   114,28,615   116,16,616

116,32,617   117,17,617   118,22,619   118,24,619   118,28,

619   119,9,619   119,28,620   121,8,621   122,11,623   123,

20,624   125,2,626   ἔφασαν 50,20,540   50,24,540   58,25,

549   65,8,557   83,11,577   87,25,582   121,6,621.   ἔφησε

βλ. φησι 48,2,537.   φήσας 29,21,516   69,16,561   φή-

σαντος 33,12,520   45,22,534   68,25,561   79,29,573

φήσαντα 47,31,537.   πέφαται βλ. φαίνω.

φθαρτός   φθαρτά 60,23,552

φθέγγομαι   φθέγγεται 126,26,628   φθέγγεσθαι 19,11,502

φθεγγόμενος 14,23,496   φθέγξασθαι 109,10,607

φθέγμα   32,32,519   48,16,537   85,21,580   91,32,587   φθέγ-

ματος 11,11,491   20,22,505   93,22,589   123,18,624

φθέγματι 8,29,489   122,25,623

φθείρω   φθαρεῖσαν 57,12,548

φθονέω   φθονεῖν 85,28,580

φθόνος   φθόνου 4,7,483   114,6,614   φθόνῳ 112,22,612

φθόνον 10,18,490   20,23,505

Φίλαγρος   83,24,578   84,10,578   85,5,579   85,11,579   86,14,

580   Φιλάγρου 85,26,580   Φιλάγρῳ 84,15,579   106,22,

604

φιλάνθρωπος   φιλανθρώπου 117,20,617   φιλάνθρωπος 70,25,563

φιλανθρώπως 68,1,560

<u>φίλαυτος</u> <u>φίλαυτον</u> 116,11,616

<u>φιλέω</u> <u>φιλῶ</u> 8,19,488   <u>φιλεῖ</u> 67,10,559   106,10,604

<u>φιλία</u>   127,7,628   <u>φιλίαν</u> 86,10,580

<u>φιλικός</u> <u>φιλικά</u> 105,18,603

<u>Φιλιππισμός</u> <u>Φιλιππισμοῦ</u> 85,19,580 Κ⁴, Οὔεστ; <u>Φιλιππισμόν</u> Λο
      (Κοβ σ. 218).   <u>Φιλιππισμόν</u> βλ. <u>Φιλιππισμοῦ</u> 85,19,580.

<u>Φίλιππος</u> 27,18,514   93,8,589   <u>Φιλίππου</u> 22,3,507   22,20,
      508 53,19,543   72,28,565   89,9,584   125,5,626   <u>Φιλ-</u>
      <u>ίππῳ</u> 5,14,485   27,22,514   <u>Φίλιππον</u> 5,24,485   6,10,485
      20,26,505   21,31,507   22,2,507   22,16,508   23,1,509
      <u>Φίλιππε</u> 5,15,485

<u>Φιλίσκος</u> 95,1,591   121,16,621   122,23,623   <u>Φιλίσκου</u> 122,11,
      623   122,14,623   <u>Φιλίσκον</u> 121,21,622   122,7,623

<u>φιλόγελως</u> <u>φιλόγελω</u> 32,12,519   <u>φιλόγελων</u> 26,14,513

<u>φιλοκαλέω</u> <u>φιλοκαλεῖν</u> 76,22,570

<u>φιλολογέω</u> <u>φιλολογεῖν</u> 6,23,486

<u>φιλολοίδορος</u> 7,6,487   32,18,519   <u>φιλολοιδόρως</u> 92,9,588

<u>φιλομαθής</u> <u>φιλομαθεῖς</u> 66,24,558

<u>φιλοποσία</u> <u>φιλοποσίας</u> 26,11,513

<u>φιλοπότης</u> 22,9,507

<u>φίλος</u> <u>φίλε</u> 70,10,562   86,7,580   <u>φίλοι</u> 86,10,580   <u>φίλους</u>
      56,4,547

<u>φιλοσοφέω</u> <u>φιλοσοφοῦντι</u> 9,19,490   <u>φιλοσοφοῦντα</u> 62,16,554
      <u>φιλοσοφοῦντες</u> 2,3,480   <u>φιλοσοφούντων</u> 71,13,563   <u>φιλο-</u>
      <u>σοφοῦσαν</u> 2,2,480   <u>ἐφιλοσόφει</u> 9,17,490   46,27,536   65,
      25,557   74,13,567   <u>ἐφιλοσόφουν</u> 7,21,488   <u>φιλοσοφῆσαι</u>

124,3,625   βλ. φιλοσοφήσαντας 1,1,479. φιλοσοφήσας
39,5,526 74,11,567   φιλοσοφήσαντα 6,28,486   φιλοσο-
φησάντων 11,17,492 95,5,591. φιλοσοφήσαντας 1,1,479
Κ^4, Λο (Μο); φιλοσοφῆσαι Οὐεστ.   φιλοσοφουμένους 11,
4,491   φιλοσοφούμενα 2,22,481   ἐφιλοσοφεῖτο 69,17,
561   φιλοσοφηθέντων 68,29,561

φιλοσοφία 7,29,488   φιλοσοφίας 6,9,485 7,11,487 7,23,
488   φιλοσοφίαν 46,31,536

φιλόσοφος 66,4,558   φιλοσόφου 46,23,535 52,13,541 121,
24,622   φιλόσοφον 8,23,489 65,15,557 65,19,557
φιλοσόφων 4,31,484   φιλοσόφοις 121,26,622   φιλοσόφους
9,27,490   φιλόσοφοι 17,25,500   φιλοσόφως 6,16,486

Φιλόστρατος (ὁ τοὺς τῶν Σοφιστῶν Βίους συγγεγραφώς) 1,προσ-
φώνησις,479

Φιλόστρατος (ὁ Αἰγύπτιος) Φιλοστράτου 6,25,486   Φιλόστρα-
τον 6,19,486

Φιλόστρατος (ὁ Λήμνιος) 123,16,624 123,22,625 126,15,628
Φιλοστράτου 126,31,628   Φιλοστράτῳ 117,11,617 122,20,
623 126,19,628   Φιλόστρατον 126,1,627

φιλοτιμία φιλοτιμίας 10,18,490 10,20,491   φιλοτιμίᾳ 15,8,
497   φιλοτιμίαν 11,14,492 89,24,585

φιλότιμος φιλότιμον 10,20,491 10,26,491

φιλοχρήματος 32,17,519 105,23,603   φιλοχρήματον 16,14,
499

φίλτατος φιλτάτοις 54,16,543   φιλτάτους 69,27,562

φίσκος φίσκῳ 114,18,614

Φλαύιος   1,προσφώνησις,479

φλαῦρος   φλαῦρον 116,23,617

φλεγμαίνω   ἐφλέγμαινε 70,23,563

φοβερός   φοβερόν 125,7,626

φοβέω   φοβοῦμαι 25,6,511   φοβεῖται 68,26,561

φόβος   φόβου 25,6,511   φόβον 99,22,596

Φοινίκη   Φοινίκης 91,15,587

Φοῖνιξ   127,4,628   Φοίνικα 89,32,585   Φοίνικας 31,21,518

Φοῖνιξ (ὁ σοφιστής)   106,20,604

φοιτάω   φοιτᾷ 10,27,491   65,23,557   φοιτῶσιν 5,19,485
     φοιτᾶν 117,26,618   φοιτῶν 43,4,531   65,15,557   φοιτῶ-
     σιν 108,17,606   φοιτῶσαι 3,26,482   ἐφοίτα 5,11,485
     22,1,507   39,24,527   51,19,541   74,20,567   105,11,603
     105,20,603   ἐφοίτων 69,30,562   ἐφοίτησε(ν) 29,14,516
     71,26,564   90,4,585   ἐφοίτησαν 77,15,570   φοιτήσας
     108,29,607   πεφοιτηκότων 106,22,604

φονικός   φονικήν 92,3,587   125,12,626

φόνος   φόνου 63,20,555   63,26,555   64,15,556   76,9,569   92,
     19,588   φόνῳ 64,14,556

φορά   φορᾷ 49,22,539   88,11,583   124,32,626

φοράδην   48,13,537

φόρος   φόρον 57,20,548   φόρων 96,27,593   120,28,621

φράζω   φράζει 86,29,581   φράζοιμι 120,12,620   φράζειν 48,
     23,537   98,31,595

φρέαρ   φρεάτων 57,10,548

φρήν   φρεσίν 53,9,542

φρικώδης φρικωδεστάτην 102,8,599

φρίσσω ἐπεφρίκει 86,29,581

φρονέω φρονεῖν 8,12,488 ἐφρόνει 16,28,499

φρόνημα 2,10,480 21,5,505 33,8,520 48,4,537 52,12,541

φρονηματώδης φρονηματῶδες 46,22,535

φρόνιμος φρονιμώτατος 39,17,527 75,19,568

φροντίζω πεφροντισμένοις 14,15,496

φροντίς φροντίδα 38,9,525 φροντίδας 9,26,490

φρόντισμα 1,17,480. 10,32,491 Κ4, Λο; φροντίσματα Οὐεστ

    (Βουλγ). 24,4,510 37,13,524 114,22,614 φροντίσμα-

    τα 19,9,502 βλ. φρόντισμα 10,32,491. φροντισμάτων

    3,19,482 4,9,483 21,3,505 31,32,518 76,19,570 109,

    1,607

φροντιστήριον 23,11,509

φρουρά φρουράν 53,15,542

Φρυγία Φρυγία 49,27,539

Φρύγιος Φρυγίῳ 107,23,605 Φρυγίου 43,27,532

Φρύξ 49,25,539 Φρυγῶν 31,18,518 42,14,530 113,9,613

φυγή φυγῆς 19,4,502 Κ4, Οὐεστ; Φυλῆς Λο (Βε παρὰ Κ2 σ.

    226). φυγῇ 70,26,563 φυγήν 7,24,488 69,19,562

φύλαξ 117,24,618

Φύλαξ Φύλακες 107,3,605

φυλάττω φυλάξας 40,20,528 φυλαττόμενος 13,18,494

    φυλαττομένη 113,20,613 φυλάξαιτο 104,4,601

φυλή 92,21,588 φυλαῖς 14,10,495 φυλάς 57,31,549

Φυλή Φυλῆς βλ. φυγῆς 19,4,502.

φύλλον 81,1,574   φύλλα 111,27,611

φυσάω φυσῶσι(ν) 4,12,483 4,13,483

φυσιογνωμονέω φυσιογνωμονούντων 118,11,618

φυσιολογέω ἐφυσιολόγησεν 81,31,575

φυσιολογία φυσιολογία 76,17,569

φύσις 8,30,489 63,5,554 II2,1,611 120,17,621 φύσεως
     10,20,491 18,18,501 23,20,509 32,10,519 36,12,523
     80,18,574 87,1,582 90,3,585 109,31,608 114,22,614
     125,27,627 φύσει 28,1,515 31,27,518 32,9,519 60,
     27,552 67,25,560 85,22,580 96,13,592 φύσιν 14,16,
     496 16,7,499 16,20,499 19,16,503 27,7,514 35,7,
     521 35,15,522 40,14,528 58,8,549 89,4,584 100,32,
     597 106,18,604 117,6,617 φύσεις 45,8,534 46,8,535
     88,17,583 φύσεων 51,6,540

φυτεύω φυτεύειν 33,23,520 33,28,520 φυτεύων 7,29,488
     φυτευόντων 33,29,520 πεφυτευμένας 33,22,520

φυτόν φυτά 81,1,574

φύω φύει 4,16,483 16,31,500 ἔφυ 112,28,612 φύντες 107,
     7,605 ἐπεφύκει 96,14,592 101,1,597 φύεται 22,8,
     507 43,20,532 φυέν 81,3,574

Φωκαεύς 109,31,608

Φώκαια Φωκαίας 110,11,609 Φωκαία 112,19,612

Φωκικός Φωκικοῦ 22,27,508

φωνή 62,7,553 122,12,623 φωνῆς 11,9,491 100,4,596
     φωνῇ 82,31,577 97,19,593 123,6,624 φωνήν 41,26,529
     62,4,553 77,17,571 85,22,580 102,4,599 108,9,606

119,29,620   122,5,623   123,6,624   125,24,627   <u>φωναῖς</u>

80,23,574   <u>φωνᾶς</u> 67,12,559   92,26,588   103,16,601

<u>φωνητικός</u>   <u>φωνητικοῦ</u> 85,22,580

<u>φῶς</u>   23,21,510

<u>Χαιρεφῶν</u>   4,7,483   4,10,483

<u>χαίρω</u> 86,19,581   <u>χαίροι</u> 86,18,581   <u>χαῖρε</u> 70,10,562

<u>χαίρειν</u> 86,6,580   <u>χαίροντα</u> 80,6,573   80,23,574   <u>χαι-</u>

<u>ρόντων</u> 36,23,523   <u>ἔχαιρον</u> 14,3,495

<u>Χαιρώνεια</u> 35,27,522   <u>Χαιρωνείᾳ</u> 35,24,522   <u>Χαιρώνειαν</u> 21,

24,506   35,25,522   53,16,542

<u>χαίτη</u>   <u>χαίτας</u> 47,2,536

<u>Χαλδαῖος</u>   <u>Χαλδαῖοι</u> 2,12,481   <u>Χαλδαίοις</u> 36,7,523

<u>χαλεπός</u> 29,28,516   69,31,562   121,30,622   <u>χαλεπόν</u> 6,10,

485   51,20,541   <u>χαλεποί</u> 100,7,596   <u>χαλεπή</u> 100,29,597

<u>χαλεπήν</u> 53,2,542   58,7,549

<u>χαλινός</u>   <u>χαλινῷ</u> 7,7,487

<u>χάλκεος</u>   <u>χαλκοῦν</u> 87,8,582   <u>χαλκοῖ</u> 29,7,516   <u>χαλκοῖς</u> 54,9,

543   <u>χαλκῆν</u> 9,29,490   10,1,490

<u>Χαλκιδεύς</u>   <u>Χαλκιδέα</u> 84,7,578

<u>χαλκός</u>   <u>χαλκοῦ</u> 16,29,500   <u>χαλκόν</u> 16,31,500

<u>χαρακτήρ</u> 82,25,576   85,26,580   <u>χαρακτῆρα</u> 71,24,564   96,25,

593   <u>χαρακτῆρας</u> 90,20,586

<u>χαρακτηρίζω</u>   <u>χαρακτηρίζει</u> 69,14,561   <u>χαρακτηρίζοιμεν</u> 14,30,

496   <u>ἐχαρακτήριζε</u> 80,2,573   <u>ἐχαρακτήρισεν</u> 13,26,495

<u>χαρίζομαι</u>   <u>χαριζομένων</u> 21,30,507   123,8,624   <u>χαρισάμενος</u>

127,6,628   <u>κεχαρισμένον</u> 102,3,599

χάρις   101,31,599   χάριν 39,32,527   45,12,534   70,1,562
        87,4,582   90,25,586

χαροπός   χαροπήν 61,3,552

χάσμα   χασμάτων 87,13,582

χειμάδιον   χειμαδίων 70,11,562

χείρ   63,1,554   109,25,607   χειρός 39,8,526   χειρί 35,21,
        522   52,21,542   χεῖρα 65,21,557   124,23,626   χεῖρε
        51,31,541   χεῖρες 53,30,543   63,15,555   χειρῶν 63,7,
        554   114,24,615   χερσί(ν) 73,6,565   92,22,588   χεῖρας
        30,11,517   53,28,543

χειροποίητος   χειροποίητοι 108,2,606

χειροτονέω   ἐχειροτονεῖτο 34,31,521   ἐχειροτονήθη 124,7,
        625   χειροτονηθείς 47,18,536

χείρων   χεῖρον 46,25,536

χερείων   χέρηι 9,9,489

χηρεύω   χηρεύσαντες 73,9,566

χθές   41,8,528

χίλιοι   χιλία 59,8,550   χιλίας 43,8,531

Χίος   Χίου 21,14,506

χλαμύς   118,26,619   χλαμύδος 124,24,626   χλαμύδας 59,14,
        550

χοῖνιξ   χοίνικας 61,26,553

χολή   74,26,568   χολῆς 85,21,580   87,5,582   χολήν 68,21,
        561   75,5,568   84,1,578

χορός   χορῶν 17,15,500

χράομαι   χρῶμαι 41,11,529   χρῶ 56,30,548   χρῆσθαι 73,21,
    566   102,23,599   107,23,605   109,15,607   125,22,627

    χρώμενος 67,30,560   χρωμένου 105,17,603   χρώμενον 56,
    8,547 94,19,590   χρωμένην 123,7,624   ἐχρῆτο 34,26,

    521 57,28,549 92,7,587 116,10,616   ἐχρησάμην 70,18,

    562   ἐχρήσατο 19,6,502 47,17,536 48,6,537 48,9,537

    50,3,539 55,24,547 100,27,597   χρήσασθαι 88,12,583

    115,3,615   χρησάμενος 19,32,503 22,25,508 69,13,561

    83,28,578 94,5,590 94,28,590   χρησάμενον 77,19,571

χράω   ἔχρησεν 27,23,514   χρήσαντι 27,21,514

χρή 2,1,480 6,30,486 9,21,490 11,26,492 14,6,495 21,
    27,507 28,7,515 30,21,517 35,21,522 46,8,535 55,

    15,545 84,23,579 96,9,592 100,13,597 126,20,628

χρῆμα 28,2,515 52,14,541 56,23,547   χρήματα 14,9,495
    21,32,507 30,14,517 31,5,517 39,11,526 39,14,527

    44,9,533 51,15,540 51,18,541 56,12,547 75,9,568

    104,32,603 107,12,605   χρημάτων 14,11,495 14,26,496

    15,2,497 16,6,499 28,18,515 30,30,517 39,9,526 39,

    30,527 43,18,532 44,12,533 44,14,533 102,29,600

    107,9,605 107,18,605 117,24,618   χρήμασι(ν) 44,17,

    533 56,14,547

χρηματιστής 101,7,598

χρήσιμος χρησιμωτέρους 95,22,591

χρησμός χρησμῷ 81,16,575   χρησμόν 81,14,575   χρησμῶν 27,
    17,514   χρησμούς 23,18,509

χρηστηριώδης χρηστηριώδει 2,14,481

χρηστός 15,17,498   χρηστοῦ 73,9,566   105,6,603   χρηστόν

15,17,498 62,13,554   126,11,628   χρηστά 17,16,500

Χρῆστος 95,27,592 προστίθ. Λο μετὰ 'δ' ('Ε παρὰ Κ² σ. 355);

ἄπεστι παρὰ Κ⁴, Οὐεστ.   101,21,598 115,1,615   Χρή-

στου 95,11,591 98,15,594 103,2,600   Χρῆστον 92,10,

588 94,29,590

χρόα χρόας 102,2,599

χρόνος χρόνου 34,13,521   36,15,523   44,21,533   61,22,553

χρόνῳ 47,17,536   60,24,552   85,23,580   116,27,617

χρόνον 5,26,485   14,14,496   22,12,507   25,17,512   26,

10,512   37,16,524   43,2,531   49,19,539   56,3,547   60,

18,552   70,2,562   74,10,567   74,14,567   74,19,567   105,

3,603   106,6,604   χρόνοις 26,5,512   χρόνους 7,20,487

47,26,537   63,9,554   73,18,566   92,28,588   98,17,594

101,20,598   115,28,616

χρύσεος χρυσοῦς 12,12,493   χρυσῆν 8,16,488   113,27,613

χρυσός χρυσοῦ 72,6,564   80,21,574   χρυσῷ 94,14,590

χρυσόν 93,14,589

χρώζω κεχρωσμένον 7,13,487

χρῶμα 40,27,528   χρώματα 40,28,528   χρωμάτων 95,31,592

χρώμασι 64,18,556

χώομαι χώσεται 9,9,489

χώρα 23,27,510   χώραν 12,17,493   20,20,504   81,27,575

123,27,625

χωρέω χωρεῖ 6,4,485   96,23,593   ἐχώρουν 79,15,573   93,30,

589

304

χωρίον   28,31,515   35,28,522   69,22,562   122,31,624   χωρίῳ

   19,22,503   χωρίων 120,20,621   χωρίοις 48,24,538

ψαιστός   ψαιστόν 111,27,611

ψάμμος   ψάμμου 2,16,481

ψελλίζω   ψελλιζομένῳ 68,3,560   ψελλιζόμενα 80,22,574

ψευδής   ψευδεῖς 71,21,564

ψεύδω   ψεύδεται 81,18,575   ἐψεύσθη 84,25,579

ψῆγμα   72,6,564

ψηφίζω   ἐψηφίζοντο 95,10,591   ἐψηφίσατο 50,27,540   94,1,

   590   122,21,623   ψηφισάμενοι 42,21,530   65,30,557

ψῆφος   74,24,568   116,7,616   ψήφου 13,16,494   ψῆφον 4,25,

   483   16,13,499   ψήφων 23,5,509   ψήφους 30,31,517

ψιττακός   ψιττακοῦ 7,16,487

ψυχή   30,21,517   ψυχῆς 32,19,519   36,12,523   52,8,541

   ψυχήν 94,4,590   ψυχάς 29,6,516

ψυχρός   ψυχροῦ 46,20,535

ὥ̔   69,7,561

ὧ̔   4,12,483   5,15,485   6,1,485   9,20,490   9,24,490   15,8,

   497   30,7,517   31,30,518   35,27,522.   35,28,522 K⁴, Λο

   (K² σ. 255); ἄπεστι παρὰ Οὐεστ.   37,26,525   38,11,525

   39,31,527   46,9,535   47,30,537   49,9,538   50,24,540

   52,11,541   52,17,541   56,27,548   57,22,548   58,30,550

   64,29,557   65,21,557   68,26,561   69,1,561   80,16,574

   87,29,582   88,4,583   88,6,583   100,10,596   101,29,598

   114,16,614   125,2,626

ὧδε   8,7,488   9,19,490   20,15,504   39,24,527   39,30,527   40,

(Ὧδε) 19,528   40,26,528   44,13,533   46,9,535   49,26,

539   53,27,543   55,8,545   56,27,548   60,12,552   63,20,

555   65,28,557   68,11,560   69,17,561   70,30,563   79,20,

573   81,9,574   81,16,575   81,25,575   81,31,575   83,20,

578   88,30,583   89,2,584   90,8,585   91,14,587   92,3,

587   96,28,593   100,16,597   101,29,598   106,5,604   116,

26,617

ᾠδή   ᾠδῇ 26,29,513   93,23,589   ᾠδήν 11,13,492   ᾠδάς 95,19,

591

ὠθισμός   63,13,555

ὠκύπους   ὠκυπόδων 49,32,539

ὦμος   ὦμον 38,20,526   ὤμοιιν 35,3,521   ὤμοις 50,9,539

ὠμός   ὠμῷ 63,25,555   ὠμά 17,21,500

ὠμότης   ὠμότητι 18,5,501   ὠμότητα 121,3,621

ὠνέομαι   ὠνουμένῳ 52,10,541   ἐωνημένον 115,10,615

ὥρα   19,22,503   103,29,601   112,8,612   114,28,615   ὥρᾳ 23,

28,510   61,7,552   77,7,570   78,26,572   ὥραν 81,8,574

82,10,576   ὥραις 79,18,573   ὥρας 123,14,624

ὡραΐζω   ὡράισται 107,22,605   ὡραισμένη 40,15,528

Ὠρικόν   60,1,551   69,20,562

ὡς (ἐπίρρημα)   2,6,480   3,28,482   4,3,483   4,5,483   4,18,

483   4,21,483   4,21,483   4,24,483   7,10,487   8,19,488

9,2,489   9,16,490   9,19,490   9,30,490   13,15,494   13,

16,494   15,2,497   16,2,499   16,4,499   16,14,499   17,2,

500   18,32,502   20,28,505   21,16,506   22,4,507   22,6,

507   22,27,508   23,7,509   23,29,510   24,9,510   25,4,

(<u>ὡς [ἐπίρρημα]</u>) 511   27,10,514   27,17,514   30,2,517

31,25,518   32,23,519   32,25,519   33,29,520   34,9,521

35,9,521   35,10,521   35,15,522   35,22,522   36,7,523

36,29,524   38,5,525   40,24,528   40,27,528   42,12,530

42,13,530   44,20,533   44,32,534   45,12,534   47,7,536

47,18,536   48,3,537   48,25,538   48,26,538. 48,27,538

Κ⁴, Λο, Οὐεστ (Γρ καὶ Σ παρὰ 'Ολ).   48,31,538   49,24,

539   49,25,539   51,23,541   52,9,541   52,30,542   53,12,

542   54,7,543   54,26,544   55,20,546   56,2,547   57,15,

548   58,6,549   58,9,549   58,19,549   58,21,549   58,22,

549   59,12,550   60,12,552   60,22,552   63,8,554   63,14,

555   63,25,555   64,9,556   66,7,558   66,32,559   67,4,

559   67,5,559   67,17,559   67,22,560   68,19,561   69,5,

561   69,13,561   70,15,562   70,18,562   72,32,565   75,20,

569   75,31,569   76,20,570   76,30,570   77,15,570   77,19,

571   78,10,571   78,26,572   79,4,572   79,19,573   79,32,

573   80,28,574   81,7,574   84,12,578   84,19,579   84,22,

579   84,27,579   85,14,580   87,20,582   87,32,582   88,14,

583   88,27,583   89,4,584   89,6,584   90,1,585   90,17,

586   91,1,586   91,5,586   91,7,586   91,28,587   92,20,

588   92,22,588   93,3,588   94,12,590   97,2,593   97,30,

594   98,3,594   98,19,594   99,3,595   99,4,595   99,8,595

99,15,596   103,8,600   103,26,601   112,23,612   114,31,

615   116,25,617   116,28,617   120,32,621   121,21,622

121,25,622   121,30,622   123,11,624   123,29,625   123,31,

625   124,28,626   125,10,626   125,13,626   127,6,628